Single Reisen

Patrick Krause

Barfuß lesen im Park: in Freiburg

City-Trips

Erleben und Kultur

Freunde finden beim Radeln: im Cilento

Single-Reisen

Vorbereitung, Planung, Tipps

»Das San Miguelito, eine Art Restaurant und ›Pilgerstätte‹ in einem, fungiert seit 1995 als Quelle des Trostes für die Singles von Morelia. Damals entdeckte der Besitzer Servando Canela, dass sein Bundesstaat Michoacan den höchsten Prozentsatz an alleinstehenden Frauen im Alter von 30 und 40 Jahren hat, und entschied, etwas dagegen zu tun. Seine Lösung? Er widmete einen Teil seines beliebten Restaurants dem Heiligen Antonius, dem Schutzheiligen der einsamen Herzen. Und so kommen die Singles nun ins San Miguelito, um Antonius darum zu bitten, ihre wahre Liebe zu finden. Danach bleiben sie zum Abendessen und verwöhnen sich mit Spezialitäten wie Solteronas (Ledige), fein geschnittene Lendenstreifen in einer pikanten Marinade aus Limone, Cilantro und Oliven …« (Quelle: TimeOut Mexico, 2004)

Liebe Käufer des ersten Single Guide für Europa, man muss nicht gleich bis Mexiko reisen, um sozialen Anschluss zu finden … aber es ist doch gut zu wissen, dass Singles einen Schutzpatron haben. Und in jeder Stadt gibt es die netten Kneipen, in denen man sich nicht alleine fühlt und vielleicht auch nicht allein bleibt. Bars, in denen Ihnen vielleicht nicht nur der Keeper zuhört. Die allabendliche Kochschule, wo man füreinander kocht und miteinander isst. Oder den Tanzladen, der für den Ernstfall auf seiner Website einen Kontaktraum zur Verfügung stellt. Wobei eines von Beginn an klar sein muss: Hätten wir einen Reiseführer geschrieben, der es nur auf ›das Eine‹ abgesehen hätte, dann könnten wir ihn ja auch gleich unter dem Ladentisch verkaufen.

Statt Baggertreffs, Ü-30-Parties und Billig-Cluburlaub bietet der Single Guide Europa 30 Orte mit Priorität auf Alleine-Wohlfühlen – und da gehört unter Umständen ein spaßiger Gruppenurlaub dazu. Die Idee zu einem ›Reiseführer für Alleinreisende‹ entsprang aus dem laut gewordenen Bedürfnis von Millionen von Singles, nicht nur Reiseführer für Zwei lesen zu wollen, sondern sich auch allein zurechtzufinden. Das bedeutet: Nicht im Hotelzimmer zu Abend zu essen, weil in der Welt draußen an jeder Ecke romantische Restaurants mit Kerzenlicht den Frust zu steigern drohen. Oder, schlimmer noch: halbleere Läden mit drei hungrigen Typen, deren Beuteschema auf den Nenner ›Freiwild‹ gebracht werden kann.

Stattdessen finden Sie bei den 30 ausgesuchten Reisezielen verschiedene Adressen, die Ihren Aufenthalt angenehmer gestalten. Erst einmal ein paar Hotels, Restaurants und Bars, die jeder Schwellenangst vorbeugen, weil sie möglichst freundlich, (niveau)voll und kommunikativ sind. Dann ein straffes Tagesprogramm, das gar keinen Leerlauf aufkommen lässt: Von sportlichen Gruppenaktivitäten bis zum Kochkurs (z. B. in Berlin) oder auch einem Gruppenurlaub im Freundeskreis (Prag, Schottland), hier soll für jeden etwas dabei sein. Zum bierseligen Junggesellenabschied nach Bratislava, zum Nacktbaden und Sich-gegenseitig-Anziehendfinden nach Cadaqués, zum Rundum-Entspannen nach Irland (z. B. nach einer enttäuschenden Beziehung) … Jeder soll sich irgendwo wiederfinden, Inspirationen und Anreize entdecken, um einfach mal ›die Kurve zu kriegen‹ und sich irgendwo in Europa eine nette Zeit zu machen.

Um die Sache einzukreisen, gibt es drei Schwerpunkte: Die **Citytrips,** die naturgemäß zum Bummeln, Shoppen und zur Abendunterhaltung einladen. Die Abteilung **Kultur und Erholung** mit einem stärkeren Akzent auf Urlaub, wobei der Anspruch nicht außen vor bleiben soll. Und **Sport und Wellness,** das der Körperertüchtigung dient, sei es gemeinsames Surfen, Radfahren, Wellness oder die Stärkung mit alkoholischen Getränken. Dies sind nur Schwerpunkte, Überschneidungen in den Rubriken sind Absicht!

Auf unserer Rundreise waren wir teilweise überrascht, wie viele Gelegenheiten es gibt, Fremde zu Freunden zu machen. Dazu gehört auch die Erfahrung, dass man selbst aktiv werden muss. Hat man aber einmal seine Konsumhaltung in puncto Urlaub und Kennenlernen überwunden (und vielleicht noch andere Interessen), kommt man eben nicht in den Ferienclub mit schlechter Animation, sondern überall hin: zum Sprach- und Tauchkurs in Cefalù, zum Herrenkochen in San Sebastián oder von Disco zu Disco in Manchester. Selbst für Leute, die unbedingt alleine bleiben wollen, ist etwas dabei, etwa der einsame Strandspaziergang (Juist), die bewusst flüchtige Bekanntschaft (Sitges) oder der Portweinmarathon (in Porto).

Jemandem dabei zu begegnen, mit dem man mal ein Wörtchen wechseln kann, ist auch nicht falsch – deshalb tauchen immer wieder Namen von Menschen auf, an die Sie sich vor Ort vertrauensvoll wenden können, vom leutseligen Restaurantchef (Massimo in Köln) bis zum Fremdenführer Hans, mit dem wir aus der Arbeit zu diesem Buch heraus einen baskischen Kochkurs initiiert haben, weil Sie in San Sebastián nie in einem lokalen Kochclub Zutritt finden würden, schon gar nicht als Frau.

Sie sehen: Man muss nicht unbedingt beten, sondern kann einiges dafür tun, um unterwegs nicht allein zu sein. Vor allem in der Vorbereitung. Wir können Sie nicht mit jemand bekannt machen, aber an Orte führen, wo man sich wie zuhause fühlt. Wo auch Urlaub alleine Spaß macht. Und wo das Kennenlernen eine Option ist. Da wir wirklich jedem Leser etwas bieten wollen, haben wir auch jene berücksichtigt, die nach Fehlern suchen. Sollten sich also aufgrund aktueller Veränderungen Telefonnummern verdreht oder geändert, Webseiten aufgelöst, Anbieter umgezogen oder dergleichen geschehen sein, sind wir für jeden Hinweis dankbar – selbstverständlich auch für neue Dinge, die Sie an den Reisezielen erlebt haben. In diesem Sinne, viel Spaß und nette Erlebnisse!

Vorbereitung im Web

Hin und weg: TUIfly-Blog

Wer hat gesagt, Sie müssten alleine losfahren und erst vor Ort schauen, wie Sie zurechtkommen? Vor die Alleinreise haben zahlreiche Schöpfer Kennenlern-Foren gesetzt. Neben den üblichen Single-Plattformen gibt es auch solche, die gemeinsame Ziele – sowohl geografische als auch persönliche Ziele – bündeln. Als erste Fluglinie hat **TUIfly** einen Blog eingerichtet, in dem man sich auf gemeinsame Reiseziele hin verabreden kann, natürlich auch schon vor der Buchung (www.TUIfly.com).

Alle haben nur ein Ziel: Singlebörsen

Warum nicht direkt mit einem gemeinsamen Urlaub ins Glück starten, haben sich wohl so manche Singlebörsen gedacht. Viele Reiseportale bieten zwar ›Singlereisen‹, verweisen dann aber auf pauschale Reise-Angebote, bei denen man am Ende selbst sein Glück suchen muss. Hier ein paar Ausnahmen:

www.datingcafe.de bietet direkt auf der Homepage Single-Reisen an – von ›Gemeinsam mit Singles verreisen‹ bis ›Blind Date-Reisen‹ – außerdem eine Übersicht über aktuelle Single-Events in Deutschland. Auch www.travelark.de vermittelt reisewillige Singles untereinander.

www.travelflirt.de bietet Leuten, die ganz gezielt ihre eigene Reise planen, die Gelegenheit, direkt jemanden mit ins Handge-

päck zu nehmen – auch Last Minute! Dazu muss man nur Reiseziel und Reiseart auswählen und die Interessenten im Chat kontaktieren und etwas näher einkreisen.
www.marcopolo-reisen.de hat eine Youngline-Mitreisebörse. Je nach Reisewunsch und -ziel kann der User schauen, ob eine Reise für ihn/sie dabei ist, oder eine, Er/Sie, der/die mit auf die Reise geht.
www.bundesverband-der-alleinreisenden.de hat Themenwochen (z. B. Norderney, Binz) mit Workshops im Programm.
www.koelner-club.de bietet Sport-, Kultur- und Gruppenreisen bei Weitem nicht nur für Singles (sondern sogar für Familien, Alleinerziehende etc.). Dazu wird auf gut kölsche Art regelmäßig gemeinsam gefeiert, sodass man zuhause an Urlaubsbekanntschaften anknüpfen kann.

Zu guter Letzt: www.singleboersen-vergleich.de differenziert sehr gekonnt zwischen Singles, die was erleben wollen, Singles, die allein reisen wollen, oder auch Singles, die einen Single als Reisepartner suchen – und bietet ein gutes Rating der aktuellen Anbieter auf dem Sektor.

Planung nach Interessen

Es muss ja nicht immer gleich in die Vollen gehen, wenn man Singles zum Reisen sucht. Die Urlaubsplanung kann ja auch nach einem bestimmten Interesse ausgerichtet sein, z. B. als Sport-, Bildungs-, Sprachurlaub, Event- oder Festivalreisen. Das erleichtert die Planung und sorgt für unverkrampfte Sozialisierung. Um Gleichgesinnte zu finden, gibt es Reiseveranstalter mit spezieller Ausrichtung: So richtet www.govoyage.de speziell Jugendreisen aus und bietet neben Kids- und Teencamps auch Funsport- und Sprachreisen. In deutschen Großstädten gibt's www.eatundflirt.de als Pendant zum ›perfekten Dinner‹, wo sich z. B. drei Frauen und drei Männer treffen und reihum als Gastgeber fungieren. Sehr sportliche Reiseveranstalter sind www.frosch-sportreisen.de, Sprachreisen findet man bei www.lal.de, und www.studiosus.de bietet Reisen für Kulturbegeisterte, vor allem im me&more-Programm. Ansonsten: Aktuell googeln.

Sich wörtlich wie zuhause fühlen: Wohnungstausch

In dem Film ›Liebe kennt keine Ferien‹ hat man's vorgemacht. Einfach mal in das Leben eines ›Einwohners‹ schlüpfen, indem man die Wohnungen tauscht – und die Lebensart, die Nachbarn, vielleicht auch Freunde und Bekannte kennenlernen, die einen abends mit ins Restaurant oder die Bar schleppen: Home-Swapping heißt auf Amerikanisch der Trend, mal das Apartment zu wechseln. Der Vorteil: Feriendomizil zum Nulltarif, reines Tauschgeschäft. Unter den größten Anbietern in Deutschland sind www.homelink.de und www.hausaustausch. com mit über 12 000 ›Einladungen‹ auf der ganzen Welt.

Gadgets

Wir sind von keinem bestochen worden, haben aber mit folgenden Single-Reise-Requisiten wunderbare Erfahrungen gemacht:

Reiseführer, die das Leben schreibt: Moleskine Stadtbücher

Wer kennt sie mittlerweile nicht, die dicken schwarzen Bücher, die schon Bruce Chatwin und Picasso mit guten Gedanken, Adressen oder Bildern vollgesudelt haben. Die italienische Firme Mode E Modo hat sie vor einiger Zeit wieder herausgebracht und verfeinert. Der neueste Coup sind die **City Notebooks,** mit denen man sich auf Reisen jederzeit wunderbar auseinandersetzen kann. Statt sich einsam in Cafés herumzudrücken, notiert man dort das vor Ort Erlebte in sein persönliches Tagebuch: Neben den lebenswichtigen Dingen wie Verkehrspläne auch leere Seiten für persönliche Eindrücke und Erinnerungen, Stadtpläne mit abwaschbaren Folien, auf denen man seine persönlichen Hot Spots markieren kann. Denn beim nächsten Mal ist das Stadt-Tagebuch natürlich auch wieder dabei und wächst mit. Folgende in diesem Buch präsentierte Reiseziele sind dabei: Barcelona, Berlin, Prag, Wien

(13 € zzgl. Mwst.). Als wäre das nicht genug, kann man unter **www.moleskinecity.com** auf Städte-Blogs gehen, um sich über seine Lieblingsorte auszutauschen.

Für Herumgekommene: Wallpaper City Guide

Die Themenschwerpunkte des Wallpaper-Magazin sind Großstädte, Design, Architektur, Mode – und wenn es geht, alles zusammen. Nicht mit dem Schwerpunkt ›Selber eintragen‹, aber als eine Art hippes Stadtmagazin in Buchform kommen jetzt **City Guides** aus dem Hause **Wallpaper,** was sehr trend- und designorientierte, sprich auch sehr abgehobene Stadtbücher sind. So hat man die neuesten Architektur-, Shopping- und anderen Lifestyle-Trends immer in der Handtasche dabei. Wallpaper City Guides für unsere Ziele Berlin, Bilbao, Prag (ab 7,49 €, www.phaidon.com/travel).

Lockstoff: Logstoff

Apropos Handtasche, da hätten wir auch etwas Spezielles für Alleinreisende anzubieten: eine Single-Börse im wahrsten Sinne des Wortes. Das Grundthema von logstoff.com sind eigentlich nicht Brief- oder Handtaschen, sondern Kommunikation. Die Idee ist, dass man sich durch die Tasche mitteilt. Jeder Käufer hat auf diese Weise eine eigene E-Mail-Adresse. Unter www.logstoff.com existiert eine Kommunikationsplattform mit bereits über 10 000 Mitgliedern. Auf diese Weise wird man unter Umständen unverhofft angesprochen oder angemailt.

Tipps zum Alleinreisen

Allein unterwegs, aber nie einsam – so funktioniert's:

1. Kommunizieren! Wer die Zähne nicht auseinander bekommt, bekäme auch in der billigsten Anmach-Disco keine Schnitte. Die beste Erfahrung ist: Fragen, Fragen, Fragen. Reden Sie, ohne zu baggern – und wenn Sie sich nach dem Weg erkundigen.

2. Nach der Ankunft: keine Hektik, keine Termine. Grooven Sie sich 24 Stunden in den Ort ein, den Sie ›erobern‹ wollen. Wer hetzt, kommt nie an. Hören Sie lieber, wie diese Stadt klingt, riecht, und beobachten Sie, wie die Leute miteinander umgehen.

3. When in Rome, do as the Romans: Das alte Sprichwort bewährt sich auf der ganzen Welt. Machen Sie die Dinge, die man an Ort und Stelle so macht. Benehmen Sie sich nicht wie ein Tourist. Gehen Sie mal in den Waschsalon.

4. Reden Sie lieber Englisch, als etwas zu radebrechen, wofür Sie nur eine Antwort ernten, die Sie nicht verstehen. Machen Sie auf ›Amerikanischer Tourist‹ – neugierig, gesprächig und dabei unverbindlich. Im Frühstücksraum, unterwegs, oder im Club: Fragen Sie drauflos. Sonst bleiben Sie immer auf verlorenem Posten.

5. Wo Sie gehen und stehen: Nehmen Sie sich immer etwas zu lesen mit. Das beruhigt ungemein und zeugt von Bildung. Alter Trick von Vivienne Westwood.

6. Wenn Sie ins Grübeln kommen – sofort aufstehen und weiter. Bewegung vertreibt vorzeitige Verkopfung. Vor allem abends, sonst trinkt man zuviel oder überlastet die Handy-Rechnung.

7. Gutes Wetter ist für Strand und Straße, schlechtes Wetter für Museen und Cafés. Schreiben Sie viel, z. B. an die Leute zuhause, die Sie vermissen. Es wird Ihnen Klarheit verschaffen, was Ihnen wichtig ist.

8. Aus Urlaubsbekanntschaften wird in der Regel nichts Langfristiges. Legen sie's also nicht drauf an, einen Partner fürs Leben zu finden. Machen Sie sich einfach eine gute Zeit. Relaaax!

9. Legen Sie grundsätzlich beim Frühstück eine ›Marschroute‹ fest, nach der Sie im Groben vorgehen wollen. Nehmen Sie sich aber immer nur den nächsten Schritt vor. Der Rest ist ›Serendipity‹ – sehen, wo es Sie hintreibt.

10. Meiden Sie hochromantische Locations, z. B. die berühmten einsamen Buchten, lauschige Candlelight-Restaurants oder Anhöhen zum Betrachten des Sonnenuntergangs. Da treffen Sie nur auf Paare. Für den Rest gibt es in diesem Buch Alternativen.

Berlin City-Trips
Palermo Kultur und Erholung
Biarritz Sport und Wellness
Schottland
Nordse
Glasgow-Abbotsichn (GLA)
Edinburgh (EDI)
IRLAND
Dublin
GROSSBRITANNIEN
Manchester
Manchester-Ringway (MAN)
Liverpool-John Lennon (LPL)
Shannon-Limerick (SNN)
Dingle
Kerry
Killarney-Kerry County (KIR)
NIEDER LAND
Amsterd
London
Antwerpen
Brussels-Zaventem (BRU)
Paris-Charles de Gaulle (CDG)
Paris
Paris-Orly (ORY)
Atlantischer Ozean
FRANKREICH
Lyon-Saint Exup
Biarritz-Bayonne-Anglet (BIQ)
Perpigna Rivesalte (PGF)
Biarritz
Bilbao-Sondica (BIO)
Bilbao
San Sebastián
Collioure
Cadaques
Girona-Costa Brava (GRO)
Porto- Sá Carneiro (OPO)
Porto
Barcelona
Barcelon (BCN)
Barcelona-Reus (REU)
Sitges
PORTUGAL
Madrid
Valencia (VLC)
Valencia
Mal
Lissabon
SPANIEN
ALGERIEN

SCHWEDEN
LETTLAND
DÄNEMARK
Ostsee
LITAUEN
Kopenhagen
København-Castrup (CPH)
Malmö
Malmö-Sturup (MMX)
Juist
Hamburg
Worpswede
Bremen-Neuenland (BRE)
Berlin
Berlin-Schönefeld (SXF)
Warschau
POLEN
DEUTSCHLAND
Köln
Köln-Bonn (CGN)
Praha-Ruzyne (PRG)
Prag
TSCHECHIEN
Karlsruhe-Baden-Baden (FKB)
Baden-Baden
SLOWAKEI
Bratislava
Bratislava-Stefanik (BTS)
München
Wien
Freiburg
Basel-Europort (BSL)
Wien-Schwechat (VIE)
Budapest
ÖSTERREICH
SCHWEIZ
Genf-Cointrin (GVA)
UNGARN
hamonix
RUMÄNIEN
KROATIEN
BOSNIEN-HERZEGOWINA
SERBIEN
Adria
ITALIEN
Korsika
MONTENEGRO
Rom
MAZE-DONIEN
ALBANIEN
Sardiniens Norden
hero-Fertilia (AHO)
Porto Cervo
Olbia-Costa Smeralda (OLB)
Neapel (Napoli)-Capodichino (NAP)
Alghero
Cilento
Sardinien
Ionisches Meer
Mittelmeer
Palermo
Palermo-Punta Raisi (PMO)
Athen
GRIECHENLAND
Sizilien
TUNESIEN

Diamonds are forever
Antwerpen

Kosmopoliten der Welt vereinigt euch ... am besten in Antwerpen! Hier tobt das multikulturelle Leben, hier blüht nicht nur der Diamantenhandel. Auch wer sich nicht auf Spurensuche begibt, wird auf jeden Fall welche finden. Flaniert man durch die von gotischen Gildehäusern gesäumten Straßen oder passiert die zahlreichen Plätze, spürt man die Lebensfreude, die der Antwerpener in sich trägt. Gastfreundschaft wird hier groß geschrieben. Der Hafen eröffnet nicht nur Seefahrern die große weite Welt, Antwerpen, so scheint es, erweitert auch das Bewusstsein.

Anziehen, was anmacht: Dries van Noten

Die Stadt an der Schelde blickt auf eine bewegte Vergangenheit zurück. Die Spanier waren hier, Napoleon ebenfalls. Savoir Vivre macht den Antwerpener bis heute zum perfekten Bonvivant. Kontakte kann man am besten knüpfen, wenn man ebenfalls Weltoffenheit demonstriert. Doch wenn Sie versuchen, auf Flämisch zu bestellen, bringt das meist gar nichts. Sie werden sowieso an ihrem Akzent erkannt und müssen eine perfekte Antwort in Ihrer eigenen Sprache hinnehmen. Das Leben beginnt hier sympathisch spät am Tag und endet auf Wunsch erst am frühen Morgen.

Warum Antwerpen?

Gepackt vom Diamantenfieber oder auf der Suche nach der Kunst alter Meister? Nix wie hin! Im **Diamantenviertel** ist (fast) alles echt. Immerhin ist hier der größte Umschlagplatz der Welt. Antwerpen ist auch Mekka für Fashion Victims und spielt seit einigen Jahren mit in der Oberliga der Mode. Den Grundstein für diesen Erfolg legten die ›Antwerp Six‹, zu denen erfolgreiche Designer wie Dries van Noten, Ann Demeulemester oder Dirk Bikkembergs gehörten. Noch heute sind sie hier beheimatet und weltberühmt für ihr Avantgarde-Design. Auch Besseresser kommen in der Gourmet-Metropole voll auf ihre Kosten. Seit jeher gilt Antwerpen als Stadt der Feinschmecker.

Dabei kommt weder die flämische noch die internationale Küche zu kurz. Belgische Pommes Frites (nur echt in der fettigen spitzen Tüte) sind obligat, kombiniert mit Muscheln eine feine belgische Spezialität.

orientieren

Am besten erreicht man Antwerpen per Bahn. Der **Thalys** fährt in 2,5 Std. von Köln nach Brüssel, von dort braucht der belgische Intercity noch weitere 45 Min. bis Antwerpen Berchem oder **Centraal,** Antwerpens Hauptbahnhof (www.thalys.com).

Mit dem **Flugzeug** landen Sie in **Brüssel Zaventen** und nehmen den SN Brussels Airline-Bus nach Antwerpen. Abfahrtszeiten unter www.biac.be. Fliegt man Antwerpen direkt an, dann steigt man in den Bus Nr. 16, Endstation Pelikaanstraat.

informieren

Vorwahl von Belgien: **0032,** dann die erste Null der Ortsvorwahl weglassen.

Tourismus Antwerpen, Grote Markt 13 oder Kon. Astridplein 26 (im Bhf), Tel. 03-232 01 03. Hier gibt es alle Informationen über Sehenswürdigkeiten, kulturelle und sonstige Veranstaltungen, Bars, Restaurants, auch Hotels kann man hier buchen. Alles Nähere auf www.visitantwerpen.be.

Für Singles empfehlenswert sind die 3-Std.-Programme der Touristeninformation: **Rundgänge** durchs Diamantenviertel, die hippsten Orte der Stadt, Architektouren oder Fashion-Walks stehen fast täglich auf dem Programm. Einen besseren Ausgangspunkt zum **Leute-Kennenlernen** gibt es kaum.

unterkommen

Klein, aber fein: **Hotel Antigone** liegt im historischen Zentrum und als einziges Hotel Antwerpens direkt an den Kais. Berühmt für seinen sensationellen Blick auf die Schelde, vermittelt es einem hier sofort ein Gefühl von Wellen, Wind und Weite. Mit einem Katzensprung steht man auf dem Grote Markt, Kathedrale oder Shoppingstraßen sind in wenigen Minuten zu erreichen (Jordaenskaai 11–12, 2000 Antwerpen, Tel. 03-231 66 77, www.antigonehotel.be, EZ 75–125 €.

Stilsicher: Wer es luxuriös liebt und auf stilvoll modernes Interieur steht, der wohnt am besten im **Julien.** Unter dem Dach zweier historischer Gebäude finden sich 11 geschmackvolle Zimmer. Der Service ist ausgezeichnet, die Atmosphäre entspannt (Korte Nieuwstraat 24, Tel. 03-229 06 00, www.hoteljulien.com, Julien's Room 165–190 €, Room with a View 260 €, immer inkl. Frühstück).

Alte Meister: Das **Prinse** Ist zwar auch nicht ganz geschenkt, dafür logiert man dort aber im Haus eines echten alten Meisters des 16. Jh., Keizerstraat 63, Tel. 03-226 40 50, www.hotel-prinse.be (EZ ab 104 €, Weekend-Preis 116 €).

Das eleganteste: **De Witte Lelie.** Hinter einer 500 Jahre alten Fassade kann man sich in zehn Suiten ausgiebig verwöhnen lassen. Die Einrichtung ist edel, der Sherry wird in Kristallkaraffen gereicht, man sitzt auf weißen Sofas, geht über persische Teppiche. Mit unaufdringlichem Charme, stilsicher und absolut detailverliebt bietet De Witte Lelie dem anspruchsvollen Gast ein wirklich besonderes Flair. Paul Smith wohnt hier, wenn er Antwerpen besucht (Keizerstraat 16–18 Tel. 03-226 19 66, www.dewittelelie.be, EZ 180–495 € für die Mega-Suite).

Wenn Sie genug haben vom Leben im Hotel und sich wie ein echter ›Sinjoor‹ (so nennt sich der Antwerpener seit dem 16. Jh.) fühlen wollen, dann buchen Sie **The Noir.** Für 120 € pro Nacht wohnen sie in einer stilvollen, perfekt möblierten Wohnung mit kobaltblauen Badezimmern und kolonial eingerichteten Schlafzimmern. Ein Wochenende kostet 200 €, für 500 € kann man eine Woche bleiben. Und für 20 € zusätzlich pro Nacht kann man sogar jemanden mitbringen . .

(Napoleonkaai 1, Tel. 03-227 20 99, www.thenoir.be).

Tipp: Während des Modefestivals bieten einige Hotels Sondertarife an.

essen und trinken

Brotzeit: Will man den Tag nach einer durchtanzten Nacht mit einem kräftigenden Frühstück beginnen, dann nichts wie hin ins **Dagelijks Brood.** Aber auf gar keinen Fall, wenn man seine Ruhe haben will. Denn hier sitzt man unter Umständen mit fünfzehn Leuten am einzigen, dafür riesigen Tisch dieser wunderbaren Bäckerei. Kontakt garantiert. Schwärmerisches Seufzen über den guten Milchkaffee ist dafür meist ein guter Anfang (Steenhouwersvest 48 und Mechelesteenweg 45).

Bierzeit: Wer lieber ›echt flämisch‹ frühstücken möchte – also erst ein Bier und dann noch eins – der finde sich ein im **Paters Vaetje,** direkt an der Kathedrale. Bei über 100 Biersorten ist auch hier ein längerer Vormittag einzuplanen (Blauwmoezelstraat 1).

Mahlzeit: Mittagshunger wird seit über 30 Jahren gut gestillt bei der angesagten **Hungry Henrietta** (Lombardenvest 19) oder ein Stück weiter in der Snackbar **Lombardia:** Hier erkennt man an den Designertüten rasch Gleichgesinnte. Weil sie einfach den genialsten Blick aufs Wasser bietet, darf **Het Zuiderterras** direkt an der Schelde nicht unerwähnt bleiben. Hier wird der Lunch im schwarzweißgestreiften Gebäude des flämischen Baumeisters Bob van Reeth eingenommen (Ernest van Dijkkaai 37, www.zuiderterras.be).

Längster Tisch Antwerpens: Dagelijks Brood

Schön und gut: Das frühere Matrosenhotel **De Kleine Zavel.** Unbedingt reservieren, unbedingt probieren: die Scampis mit Thai-Vinaigrette (Stoopstraat 2, Tel. 03-231 96 91, Samstag mittags geschlossen). Hardcore-Ökofood-Bekenner sind in **De Biologisch-Dynamische Bakkerij** bestens bedient. Bioburger werden hier wahlweise mit Ayurveda-Tee oder Ökowein serviert. Das Interieur stammt vom Flohmarkt (Volksstraat 17, Tel. 03-216 00 42, Mo–Fr 8–20 Uhr, Sa 8–18 Uhr, So 10–18 Uhr).

tagsüber

Abgefahren ankommen: Wenn man in Antwerpen Centraal aus dem Zug steigt, starrt man erst einmal andächtig auf die altehrwürdige Bahnhofshalle von 1905. So viel Prunk ist man an Bahnhöfen nicht gewöhnt. Zum Glück kann man sich direkt im Bahnhofscafé bei einem Heißgetränk beruhigen, und zwar in ebenfalls filmreifer Kulisse – eindeutig mehr Versailles als Bahnhofskneipe.

Der **Zoo** liegt direkt nebenan. Die historischen Tiergehege aus dem 19. Jh. sind garantiert nicht nur für Familien mit Kindern spannend, für manch' einen Besucher gelten sie gar als architektonische Perlen (Koningin Astridplein 26, Tel. 03-202 4540).

Auch immer zu empfehlen, wenn man in eine Hafenstadt (Antwerpen hat den zweitgrößten Hafen Europas) reist: **die Hafenrundfahrt.** Abfahrt tgl. um 14 Uhr am Kai 13 (Londenbrug-Eilandje).

Hip hoppen: Die meisten Bars und Restaurants findet man in der angesagten **Südstadt, der Altstadt, dem Quartier Latin.** Sehr angesagt ist das Hafenviertel, **t'Eilandje** (›das Inselchen‹) genannt. Hier, zwischen Rotlichtbezirk und nördlichem Teil der City standen die riesigen alten Speicher an den

Docks lange leer, nun haben hier viele Designer und Künstler ihre Ateliers. In der Leuvenstraat findet man das **MuHKA** (Museum van Hedendaagse Kunst Antwerpen), drumherum viele Cafés und Restaurants. Nachteulen haben hier ihr Beuterevier.

Satt essen: Seeluft macht bekanntlich hungrig. Und so stärkt man sich am besten mit ein paar Pommes in der **Frituur No 1,** Hoogstraat. Und kann sogar darauf hoffen, die renommierte Designerin Veronique Branquinho hier zu treffen. Wem die Kalorien der Pommes nicht reichen, der braucht dringend noch etwas Süßes. Belgien ist berühmt für seine Confiserien. Die handgemachten Pralinen von **Herrn Burie** sind unübertroffen. Hier liegen Witloofs (zu Deutsch: Chicorees, das Nationalgericht der Belgier) aus zartestem Schmelz neben Rubensdukaten oder Champagnertrüffeln der Extraklasse. Einfach himmlisch (Korte Gasthuisstraat).

Klassisch fesch: Wenn man sucht, was man gerade noch beim Durchblättern der neuesten Ausgabe der Vogue gesehen hat, dann ab zu **Verso.** Denn hier gibt es sie, die richtig teure Mode. Das Line-Up reicht von Alexander McQueen bis Yves Saint-Laurent. Präsentiert werden die feinen Stöffchen in der Art-déco-Atmosphäre eines alten Bankgebäudes (Lange Gasthuisstraat 11, Tel. 03-226 92 92).

Die tollsten Designerschlappen gibt es bei **Coccodrillo.** Man findet hier Pumps von Prada und Schuhe der Lokalmatadoren Dries van Noten, Ann Demeulemester und Veronique Branquinho (Schutterhofstraat 9, Tel. 03-233 20 93). Wichtigster Ort der Mode aber ist **ModeNatie.** 2002 zogen das Flanders Fashion Institute, das neue Modemuseum und die Antwerpener Modeschule **(Mode Academie)** in ein historisches Gebäude in der Altstadt (Nationalstraat 28/2, Tel. 03-226 14 47, www.modenatie.com). Es muss ja nicht immer nagelneu sein, sagt man sich auf dem Weg zu **Labels Inc.** Hier gibt es die heißesten Teile der vorletzten Designer-Kollektion oder Klamotten, die vorher am Model oder der Schaufensterpuppe hingen. Motto: Zahle weniger, aber immer noch viel (Almoezenierstraat 4, Tel. 03-232 60 56).

Entspannen: Beim Shoppen verausgabt? Kopfsausen vom Museumsbesuch? Schnell ins **Man-Chi.** Leider werden hier nur die Herren der Schöpfung verwöhnt. Unter meditativen fernöstlichen Klängen und in puristischem Interieur wird das marode Chi per Akkupressur oder Kopfmassage auf Vordermann und der Rücken wieder mit der Seele in Einklang gebracht. Der Antwerpener bestellt sich solch eine Behandlung übrigens auch gerne mal an den Arbeitsplatz. Neu im Programm: für Frauen gibt es jetzt auch eine kleine Rückenmassage (Ijzerenwaag 11, Mob. 0486-684 575, www.manchi.be).

Die neue Frisur für den Abend oder auch den Tag bekommt man bei **Kreatos, Capelli** oder bei **Glenn Gmeiner.** Der weiß auch, welcher Laden gerade angesagt ist und wo man den Abend am besten startet (Infos bei der Touristeninformation).

abends/nachts

Das **La Riva** ist eigentlich ein Restaurant, doch donnerstags und samstags wird das In-Restaurant zur Diskothek. Einfach den netten Typen vom Nebentisch nach unten zum Tanzen zu bitten ist hier kein Affront, wie der Belgier sagt. Eat-tainment nennt man das hier (www.lariva.be).

Wer es praktisch haben will, begibt sich, wenn es dunkel ist, in die **Luikstraat.** Da gibt es Amusement im Dreierpack: Snacks in der Asia-Lounge **Little Buddha,** Freunde des rohen Fischs bestellen bei **Stereo-Sushi.** Danach schmeckt nebenan in der **Velvet Lounge** der Whisky Sour besonders gut. In den Sesseln sitzt es sich ultrabequem, die riesigen Sitzecken bieten bis zu sechs Freunden Platz. Auch wichtig: das Rotlicht schmeichelt garantiert dem eigenen Teint (Luikstraat 6).

Im Club **Café d'Anvers** im Rotlichtbezirk legen am Wochenende internationale Top-DJs auf. Achtung: coole Grooves und heiße Beats garantiert! (Verversrui 15, Tel.

Du bleibst nicht allein,
wenn Du dich auch bei schlechtem Wetter auf die Straße wagst. Irgendwer bietet Dir sicher einen Schirm an!

Nicht hinfahren,
wenn man nichts für Pommes Frites übrig hat, wenn Mode einen nicht die Bohne interessiert, wenn man bei Rubens und Kollegen ständig gähnen muss und wenn man einfach keine Lust hat auf die schönen Dinge des Lebens.

Unbedingt hinfahren,
wenn man Matrosen kennenlernen will, wenn man wissen will, was für die Hüften gerade hip ist, wenn man gerne gut essen geht, wenn man ein Leben nach Mitternacht liebt oder wenn man endlich wieder mal kultivierte Menschen treffen will.

Sparen	**
Sport	*
Kultur/Bildung	*****
Entertainment	****
Erotik	****

03-226 38 70). Ebenfalls bei Nacht sehr empfehlenswert: die **Bar Tabac** (Waalse Kai 43. Tel. 03-238 19 37). Wem es hier zu laut ist, fühlt sich wohl im **Hopper.** Hier gibt Jazzmusik den Ton an. Live-Acts montags und mittwochs ab 21 Uhr, sonntags zur Kaffeezeit (16 Uhr), am Montag und Sonntag sind die Gigs sogar oft umsonst (Leopold de Waelstraat 2, Tel. 03-248 49 33)!

must-sees

Im Angesicht der riesigsten und teuersten Klunker der Welt überkommt im **Diamantenviertel** neben dem Bahnhof viele eine feierliche Stimmung. Um den Kunstbeflissenen raushängen zu lassen, versteckt man am besten schnell die ganzen Shopping-Tüten und geht noch rasch ins **MuHKA** (Museum für zeitgenössische Kunst). Lohnt sich auf jeden Fall. Und Rubens trifft man in Antwerpen an jeder Ecke.

termine

Einmal im Jahr (Juni) veranstaltet die Modehochschule eine Modenschau. Modeexperten und Journalisten wollen dann wissen, was die berühmte **Mode Academie** neues hervorgebracht hat. Immerhin gilt sie als Garant für Top-Designer.

Cocktails und Sessel weich wie Samt: Velvet Lounge

Große Gaudi Barcelona

»Bruxelles, Bonn, Barcelona ...« – die Pet Shop Boys haben es in ihrem Hit »I'm, single – Bilingual« von 2001 als Erste gemerkt: Hier geht etwas. Seit Neil Tennant im Video mit dem Spruch »Me jamo Neil« abblitzt, weiß man aber, dass man in dieser Stadt anders ansetzen muss. Katalonier bleiben gerne unter sich und blocken Ansätze der Kontaktaufnahme mit dem Switchen in ihren franko-spanischen Dialekt ab. Aber calma, wir kriegen das schon hin. Gerade ihr Hedonismus, ihre schönen Menschen und die kulturelle Vielfalt machen diese Metropole so anziehend.

Formvielfalt: Plaça Catalunya

Barcelona ist Europas Manhattan: Ein Schmelztiegel internationalen Publikums, das von dem Hype der Neunzigerjahre angezogen wurde und sich hier, in der Kapitale des ›Kalifornien Europas‹, durchboxt. Nebenbei lässt es sich hier locker leben – von Bar zu Beach sind die Wege kurz. Zumal diese Stadt auch niemals zu schlafen scheint.

Essen geht der Spanier erst ab 9 Uhr abends, ab 12 sieht man ihn dann in den Bars vorglühen, die Discos füllen sich erst ab 3 Uhr morgens. Tagsüber kann man sich ausschlafen oder Streichhölzer zwischen die Lider schieben und mit offenen Augen durch die Stadt gehen, um etwas von der uniquen Schönheit und Chaotik mitzubekommen, von der Architektur Gaudís bis zum regen Treiben in Barcelonas angesagtem Viertel Born.

Warum Barcelona?

Barcelona ist ideal für alle, die eine kreative Szenerie mögen, und das funktioniert eben am besten, wo Spaniens exotischste Blüten blüh'n. Die Hauptstadt Kataloniens lebte lange mit dem Rücken zum Meer. Am Hafen wurde erst für die Olympischen Spiele architektonisch aufgerüstet. Der Bauboom mit renommierten Planern macht ›Barca‹ zum Ziel für Architekturfreaks. Heute fallen wegen Kultur zwischen Gaudí und Gehry täglich rund 12 000 Touristen in die Stadt ein.

orientieren

Barcelona wird von **Lufthansa** und **Germanwings** angeflogen, **Ryanair** fliegt auch nach Reus.

Barcelonas Lebensader ist die **Rambla,** die sich vom Hafen hinauf bis zur Plaça Catalunya zieht und auf der man sich im Bad der Touristenmengen aalen kann, wenn man das mag. Links und rechts von der Rambla erwarten Sie mehrere Treffpunkte für Zugereiste wie die **Plaça Reina,** das ursprüngliche **Barri Gotic** – hier wurden die Straßenszenen für ›Das Parfum‹ gedreht – und die spannende Frage, an welcher Ecke des **Raval-Viertels** Ihnen nachts Handtasche oder Fotoapparat abgenommen werden.

Alleinreisende werden sich in Barcas hipstem Viertel Born besser aufgehoben fühlen, wo sich die Szeneläden (zum Essen, Shoppen und Trinken) untereinander fortzupflanzen scheinen und recht anspruchsvolles Volk umherläuft, das nicht unbedingt touristisch orientiert ist. Aber selbst dieses Viertel wird durch Mietwucher langsam, aber sicher zum soliden Wohngebiet für die ›new class‹ umgemodelt. Besuchen Sie also Barcelona, bevor es vollkommen yuppifiziert ist!

informieren

Vorwahl von Spanien: **0034.**
Tourisme de Barcelona, Plaza Catalunya, 17 (unter dem Kaufhaus El Corte Inglés), tgl. 9–21 Uhr geöffnet. Tel. 932 853 834. Weitere Touristeninformationen gibt es an den Terminals A und B des Flughafens. Alles Aktuelle über Barcelona findet man auf www.barcelona.es.

unterkommen

Folgende Webseiten vermitteln Apartments:
www.habitatapartments.com
www.apartmentsramblas.com
www.lodgingbarcelona.com/de
(auf Deutsch)
www.friendlyrentals.com
www.barcelona-home.com vermittelt – in Kombination mit Spanischunterricht – Wohnungen und WGs und helfen ihren Gästen bei Problemen wie Diebstahl.
Absteigen: … am besten gleich in **Born** (Metro: Jaume I, Barceloneta. Zug: Estacio Franca).
Ganz Retro: Connaisseure werden sich im **Park Hotel** fühlen wie im siebten Himmel: Von außen nur von Kenneraugen geschätzt, ist das schmale Hotel wie die nostalgische Estacion St. Franca gegenüber ein Relikt aus alten Zeiten, innen liebe- und geschmackvoll umgestaltet. Die Bar im Erdgeschoss mit dem runden Glasfenster in der Ecke bietet Kontakt zur passierenden Außenwelt oder auch den zeitweisen ›Mitbewohnern‹ (Av. Marquès de l'Argentera, 11, Tel. 933 196 000, DZ/EZ 120 €, www.parkhotelbarcelona.com).
Preisgekrönt: Bei **Banys Orientals** geben sich Design und Empire die Klinke in die Hand. Außerdem gibt's im hauseigenen Restaurant an der langen Holztafel gute Gelegenheit, mit anderen Gästen live zu chatten (Argenteria, 37, Tel. 932 688 460, EZ 85, 60 €, www.hotelbanysorientals.com).
Design-Hotel: Chic & Basic Hotel: »Si, si, es un hotel!, ja ja, es ist wirklich ein Hotel!«, ist an der Glastür annonciert – sonst könnte man es auch für etwas anderes halten. Ein spezielles Lichtsystem stellt sich auf ihre Stimmung ein, Massagesessel und eine Musik-Komfortzone tun ihr Übriges zum Alleinekuscheln … und wenn das bei dem Design-Hotel mit leichtem Hang zur Frivolität nicht reicht, gibt es zur farblichen Ernüchterung Cocktails in der White Bar im Haus (Princesa 50, Tel. 932 954 652, EZ ab 90 €, www.chicandbasic.com).
Gut aufgehoben: In der **Pensio 2000**, (Carrer Sant Pere Més Alt 6, 1. Stock, Tel. 933 107 466, EZ ab 48 €, www.pensio2000.com, Metro: Urquinaona), oder **Pension Francia** (Carrer Rera Palau, 4, Tel. 933 190 376, EZ ab 55 €).

essen & trinken

In der Stadt: Wer allein vor Restaurants eine Schwelle hat, ist in Barcelona gut bedient: An jeder Ecke gibt es eine **Tapa-Bar**, in der man was im Stehen vernaschen

Gesellig: Sandwich-Bar

kann. Die wenigen unfettigen, unüberteuerten und kommunikativen Tapa-Bars sind aber meist nicht die alteingesessenen, sondern die modernen Tapa-Ketten, die ihre Essware frisch und ästhetisch präsentieren. Dann nimmt man sich immer etwas nach, ein Gläschen Wein dazu und kommt eventuell mit den anderen Gästen über die Tapa-Auswahl ins Gespräch. Einige dieser Bars – neben dem gediegenen **Bracafé** (Carrer Caspe, 2) – liegen im Mode-Shoppingbezirk Passeig de Gracia oberhalb der Plaça Catalunya auf der rechten Seite, mit lustigen Namen wie **QuQu, TapaTapa** oder **BBrB.**

In Born: *Bikinis* (Sandwiches) oder *Pa amb tomate* genießt man in der **Sandwich-Bar** am Passeig del Born oder in der **Delfin-Bar** direkt nebenan (die mit den grünen Stühlen). Oder im **Barcelonia,** rechts vom Kopf der Passeig del Born. Weil man aber Bar an Bar, dicht an dicht sitzt, isst man in bester Gesellschaft. Globalisierter ist es in den Tapa-Bars **Sagardi** oder **Taller des Tapas** (beide Argenteria), wo die Pintxos (kleine Häppchen auf Zahnstochern, abgerechnet wird nach Anzahl der Spieße) ästhetisch wirkungsvoll an der Bar aufgereiht sind. Weitere Etablissements im Born, in denen man auch allein Appetit hat: **Caputxes** (Carrer de les Caputxes, 4, direkt vor der Kirche St. Maria del Mar, reservieren unter 933 197 757), weil man in dem lebendigen und lauten Innenraum die guten Pizzen und andere schöne Dinge schnellstens serviert bekommt.

Gepflegte **Drinks** gibt es im Born rund um die Plaza, vor allem aber in der beliebtbelebten **Pitin Bar** (Getränk an der Theke bestellen und mit hinaufnehmen), etwas nachdenklicher im **Gimlet** (Calle Rec, 24), wo man sich bei der Enge und den Einheimischen gar nicht allein fühlen kann. Außerdem hervorragende Trinkberatung. Nach Feierabend um drei gibt **El Pizza del Born,** direkt am Platz, den Nachteulen buchstäblich noch etwas auf die Hand.

tagsüber

Unbedingt anzusehen: die quirlige **Boqueria,** wohl der schönste Lebensmittelmarkt der Welt. Niedlich: Über den Ständen stehen immer die Vornamen der Händler. Verliebt man sich also spontan in eine Fischhändlerin oder einen Metzger, kann man sie theoretisch mit Vornamen ansprechen – und bei **Clemen's** (am Ende der Boqueria links) oder stil- und stimmungsvoll in die nostalgische Milchbar **Granja Viader** einladen (Carrer d'En Xuclà, 4–6, sonn- und feiertags geschlossen). Einen Blick zum Nebentisch zu riskieren ist durchaus erlaubt.

Für ganz Verzweifelte gibt es die **Travelbar** nahe der Plaça St. Josep Oriol I: ideal, wenn man abgebrannt oder ausgeraubt ist: Die Anlaufstation für Backpacker bietet die Möglichkeit, neben Bierkonsum und preiswertem Essen (1 € bei Bestellung eines Getränks) im Internet nach einer Bleibe, Hilfe oder E-Mails von Mama zu suchen.

Wer etwas mit anderen unternehmen will: Die Radstation **Fat Tire Bike Tours** bietet City-Ausflüge auf coolen, bequemen Beach Bikes, allein oder in geführten Touren. Treffpunkt im Winter um 12.30 Uhr, im Sommer mehrmals täglich am Plaça Sant Jaume, Genaueres in der Carrer Sant Honorat (Metro: Jaume I) oder unter: www.fattirebiketours-barcelona.com, Tel. 933 429 275 (geführte Stadtrundfahrt 4 Std., 22 €).

abends

Wer nach Barcelona fährt, um sich die Frisur aufzufrischen, erfährt beim derzeit hippsten Friseur **Salva G** im Gespräch die aktuellen Tipps fürs Nachtleben (Avinyó, 12, Tel. 933 026 986, Metro: Liceu).

Außergewöhnlich: Tango, Merenque und Disco im **La Paloma** (Carrer del Tigre, 27, Metro: St. Antoni, Do–So ab 18, zw. 21.30 und 23.30 geschlossen, So bis 22 Uhr). Vom Hippie bis zur Oma wirft man sich in Schale und besucht den plüschigen Glanz vergangener Tage, um bis in den frühen Morgen mehr oder weniger eng zu tanzen.

Wer den Tango beherrscht und ihn hautnah und sinnlich erleben will, findet **Sonntag abends** schnell einen Partner am Ende des **Passeig del Born,** wo man sich zum Tanzen im Freien trifft. Einfach so. Und das ganze Viertel schaut zu, weil es so schön ist. Oder tanzt mit.

nachts

Wer's wissen will: In der **Calle Maria Cubi** pulsiert nachts das pralle Leben. Da geht es, wenn man will, erst in die ›Bars Modernos‹ und dann von Disco zu Disco, am besten ab 3 Uhr, wenn sich die Läden füllen. Zum Beispiel ins **Universal,** wo die Pijos (spanische Popper, angezogen wie Julio Iglesias, also barfuß mit Slippers, Blue Jeans und weißes Hemd) schnell an der Schlange vorbeikommen, weil sie nach Geld aussehen, und drinnen deutschen Mädchen einen Drink ausgeben. Für deutsche Männer: als Pijo durchgehen. Wer sich lächerlich machen will, lässt die Krawatte an und das Hemd in der Hose.

Wer's billig mag: Die nächtlichen Tanztempel im **Maremagnum** (Port Vell, Metro: Barceloneta) kosten keinen Eintritt. Deshalb trifft man hier auf besonders viele Ausländer,

Der Bauch Barcelonas: Boquería

die sich untereinander gerne ›solidarisieren‹. Ideal, wenn man auf Stimmung à la Coyote Ugly steht. Oftmals bleibt kein Auge und kein T-Shirt trocken. Wenn die Damen nicht sogar im angezählten Zustand barbusig auf der Theke tanzen.

must-sees

Auch wenn Sie ganz offenbar noch keine eigene Familie haben: Was wollen Sie Ihrer Mutter erzählen, wenn Sie nicht bei Gaudís **Sagrada Familia** gestanden haben, die berühmteste ewige Baustelle Europas? Am besten Sonntag vormittags, da ist nebenan Flohmarkt. Architekturfreaks kommen auf ihre Kosten, es gibt von jedem ›Starchitekt‹ ein Gebäude: **Gehrys Goldfisch** im Olympiahafen, **Fosters Antenne** auf dem Berg, **Nouvels** unübersehbares, im Volksmund längst **Penis** genanntes Gebäude nahe der Sagrada Familia, **Richard Meiers' MACBA** (Museu d'Art Contemporani de Barcelona, Plaça de los Ángels, 1, www.macba.es, Di geschl.).

In **Born** lohnt das etwas verborgen gelegene **Museu Picasso,** das einen Großteil des beeindruckenden Frühwerks beherbergt (Calle Montcada, 15–23, www.museupicasso.bcn.es, Mo geschl.). Zum Ausspannen lohnt sich Gaudís zweites Prachtstück, der **Parc Guëll.**

termine

Besonders lohnt sich Barcelona im Mai zum Popfest **Primavera** (www.primaverasound.com) und im Juni zu Sonár, einem der größten **Electronic-Music-Festivals** der Welt (www.sonar.es), bei dem die angesagtesten Gruppen vorbeischauen.

Beim **Grec Festival** in Juli und August wird es in Sachen Pop etwas beschaulicher. Im Oktober gibt es das **LEM** für experimentelle Musik und das Festival **Ribermúsica,** bei dem es überall im Born live aus den Bars und Kneipen schallt, im November das renommierte **Barcelona Jazz Festival,** und im Winter, wenn es schneit: Die Temperatur sinkt nur für kurze Zeit unter Null, der Advent ist ideal zum Weihnachts-Shoppen, und zwischen Weihnachten und den Heiligen Drei Königen finden diverse Partys statt. Katalanische Feste machen nicht viel Spaß, weil sie gerne politisch, sprich nationalistisch zelebriert werden. Und im August ist's einfach zu heiß. (Aktuelle Gigs und Venues zu finden unter www.bcn.es).

Du bleibst nicht allein,

weil man sich in den Tapa-Bars schon doof anstellen muss, um isoliert zu bleiben. Und weil man sich vom Mini-Betrug beim Rückgeld bis zu den Ansprech-Misserfolgen in der Disco mit vielen anderen gegen katalonische Sturheit solidarisieren kann. Und dann gibt es ja immer noch das Maremagnum oder das Hard Rock Café an der Plaça Catalunya.

Nicht hinfahren,

wenn man im Urlaub Wert auf seine Ruhe legt oder sich in den Kopf gesetzt hat, eine Liaison mit einem/einer Einheimischen zu beginnen. Das Lächeln, das Du aussendest, kehrt in dieser Stadt nicht unbedingt zu Dir zurück.

Unbedingt hinfahren,

wenn man ein Nachtleben wie in London, ein touristisches Tagesprogramm wie in Paris und Überraschungen wie Taschendiebstahl oder auch kleinere und größere Betrügereien wie in Rom hautnah erleben will.

Sparen	*
Sport	**
Kultur/Bildung	*****
Entertainment	****
Erotik	****

Arm und sexy
Berlin

Die Hauptstadt ist wie ihr Bürgermeister sagt: Arm, aber sexy. Oder auch schwul und schamlos. So schamlos, dass Schwule hier sogar heterosexuelle Frauen küssen. In den Neunzigerjahren hat es angeblich an jeder Ecke wirtschaftlich ›gebrodelt‹. Heute riecht es überall danach, dass hier für jeden etwas geht – wenn auch eher sexuell als finanziell. Man fährt ja nicht zum Spaß den langen Weg nach Mitte. Weder auf die Love Parade, noch zum Christopher Street Day oder nur wegen des Bundestags.

Beach in Berlin: Strandbad Mitte

Berlin hat vielleicht kein Geld, dafür strömen die Besucher: Die mittlerweile meistbesuchte Touristenstadt der Welt hat ja auch jede Menge zu bieten. Geschichte. Politik. Kieze und Szenen. Einen hohen Freizeitwert. Man kann sagen, was man will, aber die Stadt wirkt auch anziehend, wenn man sie ablehnt. Dafür gibt es zu viele Gelegenheiten, sich einen netten Aufenthalt zu gestalten.

Übrigens: Die Mauer ist weg. Deshalb sollte man seine Vorbehalte gegen den Osten vorher ablegen und sich voll und ganz auf die zwangsinnovierte Mitte einlassen. Weil in den Westen seit 15 Jahren nicht wirklich viel investiert wurde, sind die Läden ›drüben‹ wesentlich moderner. Auch, wenn sich die Gegend um den Prenzlauer Berg mit seinen ›Schwabenstraßen‹ vermutlich der höchsten Dichte an Großstadt-Kleinfamilien in ganz Europa rühmen kann.

Warum Berlin?

Vor allem die Berliner Partyszene hat natürlich für wirklich jeden Geschmack etwas zu bieten. Aber vor allem kommt man vielleicht allein, bald aber schon gemeinsam in der unendlichen Fülle an Partys und anderen Abendveranstaltungen auf seine Kosten. Wer es darauf anlegt, kann Berlin erleben wie New York: Irgendwo mitgeschleift und von dort auf die nächsten drei Abende verabredet werden. Was ja auch Vorteile hat, denn nachts ist die Stadt an den meisten Stellen schöner als tagsüber, und die Ur-Berliner (besondere Merkmale: keine, außer: wissen alles, kennen alles und früher war alles besser) liegen dann längst im Bett. Schlafen sollte man übrigens vor dem Berlin-Besuch ausgiebig zuhause.

orientieren

Easyjet und Germanwings fliegen das zukünftige Drehkreuz **Schönefeld** an. Die gefühlte Hälfte der Reise muss man dann mit öffentlichen Verkehrsmitteln hinlegen. Zum Glück fahren nun die Züge von ganz Deutschland aus immer schneller in den neuen **Hauptbahnhof** gegenüber vom Bundeskanzleramt ein. Das engmaschige und hochfrequente **S-Bahn-Netz** Berlins ist legendär, ebenso legendär die Kontrolleursdichte – man sollte nie schwarzfahren.

informieren

Vorwahl von Berlin: **030.**
Touristeninformation: im Europacenter, Budapester Straße, Charlottenburg (250 025). Unter www.touristeninformation-berlin.de auch zu Unterkünften, aktuellen Events und Sightseeingtouren. Alles Aktuelle steht nach wie vor im ›Hauptstadtmagazin‹ **Zitty** (www.zitty.de).

unterkommen

Vermittlung schöner und zentral gelegener Privat-Apartments unter www.ferienwohnung-zimmer-berlin.de, telefonisch unter 030-460 61 28 11 (Montag bis Freitag 10–18 Uhr).

Designerchic: **Hotel Bleibtreu.** Highlights: Das moderne Design, der Innenhof, das Frühstück, und der personalisierte Sandwich im hauseigenen **Deli 31** (Bleibtreustr. 31, Tel. 030-884 74-0, www.bleibtreu.com (EZ ab 80 €).

Ku'damm: **Hotel Q** wie Q-Damm der Gruppe Graft (das sind die Brad Pitt-Beauftragten). Ganz tolles Design, wenn man sich weder mit dem Geschmack noch mit dem Knie an den eingefassten Betten stößt. Tipp: Vor dem Duschen die Gardinen zuziehen, sonst schaut der ganze Innenhof zu. Abends wird die **QBar** zum gesellschaftlichen Treffpunkt Berlins (Knesebeckstr. 67 €, www.loock-hotels.com, EZ ab 100 €).

Kunstvoll: Die **Propeller Island City Lodge** ist vermutlich eine der kunstvollsten Übernachtungsmöglichkeiten der Stadt – und sehr intim. Küchen und Badezimmer teilt man sich manchmal mit den Nachbarn (Albrecht-Achilles-Str. 58, www.propeller-island.com, EZ ab 75 €, ein Mitbewohner kostet nur 15 € on top).

essen & trinken

Morgens trinken: **Grashopper.** Den Tag mit einem ungewöhnlichen Vitamin-Mix (gerne mit Weizengras) starten. Wenn Mitbesitzerin Esther Schweins gerade nichts Besseres zu tun hat, serviert sie selbst (Oranienburger Str. 1–3).

Mittagstisch: **Monsieur Vuong.** Leckerlockerer Treff der in Werbeagenturen und Medien arbeitenden Bevölkerung ringsherum mit effektiver vietnamesischer Küche (Alte Schönhauser Str. 46, Mo–Sa 12–24 Uhr, So 14–24 Uhr).

Nachmittags Snacken: **Daily Barcomi,** In den Sophien-Gipshöfen, Sophienstr./Gipsstr.: Ableger von Barcomi's Kaffeerösterei und immer gut für ›auf die Hand‹.

Abends abknutschen: **Osteria Ribaltone.** Schon für den Tomatensalat lohnt sich der Weg, von der lauten, geselligen Atmosphäre ganz zu schweigen. Es muss Gründe geben, warum jeder zweite Gast dem Chef nach dem Bezahlen um den Arm fallen will (Motzstr. 54, am Viktoria-Luise-Platz. Tel. 030-214 36 55).

Östlich köstlich: Im **Gugelhof** tut man, was weiland auch Gerd und Bill taten – elsässischen Flammkuche bestellen, brüderlich teilen und mit den Nachbarn ins Gespräch kommen. Im Unterschied zu den beiden sollte man weder unangemeldet anrücken, noch mit großem Bahnhof davo rechnen (Kollwitzplatz, Knaackstr. 37, Tel. 030-442 92 29).

tagsüber

›Shoppen und Fxxxen‹ heißt ein in Berlin auf Deutsch erfolgreich aufgeführtes Erfolgsstück von Marc Ravenhill, und zumindest im Sommer funktioniert beides relativ harmonisch nebeneinander. Schließlich ist den Liebesveranstaltungen der Stadt wie die Love Parade (siehe Termine) eine gewisse Konsumhaltung nicht abzustreiten. Überhaupt ist die Straße des 17. Juni (vielen nun besser als Fanmeile bekannt) fast jedes Wochenende für eine andere Massenveranstaltung gesperrt. Anyway: Janz Berlin ist eene Partyzone. Einmal sozial angedockt, kommt man aus dem Feiern schlecht heraus. Wobei man – wie Berliner auch – immer den Osten vom Westen unterscheiden muss.

Im Westen hängt der Berliner nach wie vor an den angesagten 70er Jahren in Gestalt des tandigen **Kurfürstendamms** oder der angrenzenden Viertel **Wilmersdorf, Charlottenburg** und **Schöneberg** (nach wie vor der gay hub, samstagvormittags am **Winterfeldmarkt** Wessi-Treffpunkt), und gibt nichts darauf, in der künstlich gewachsenen, straßenweise schwäbelnden **Mitte,** geschweige denn am **Prenzlauer Berg** auch nur auszugehen (in Wirklichkeit ist es einfach nur sehr weit).

Dabei ist nicht zu übersehen, dass sich die erst verpönte **Friedrichstraße** zur Shoppingstraße schlechthin gemausert hat. Die Aktivposten reihen sich Haus an Haus: Der Wessi hängt derweil weiterhin an seinem **KaDeWe,** das für sich genommen natürlich ein Touristen-Hotspot der besonderen Art ist (wobei der Name über die Assimilationsunfähigkeit der West-Berliner eigentlich alles sagt). In **Kreuzberg** ist die **Bergmannstraße** die mit Abstand lebendigste Meile, naturgemäß ökoangehaucht. Der thailändische Imbiss **Pagode** (Bergmannstr. 88) mit seinen authentischen Damen hinter der Theke und deren schnell und taufrisch zubereiteten Suppen ist allein den Ausflug wert!

Shopping ›begeht‹ man am originellsten auf der Alten/Neuen Schönhauser Straße, also im **Scheunenviertel,** mit seinen kreativen Läden und diversen Bars, Cafés und Restaurants. Die um die Ecke liegenden, nach der Wende schnell angehübschten **Hacke-**

Einmal die Hacken ablaufen: Hackesche Höfe

schen Höfe** sind gut für einen Durchmarsch, denn viele Läden, die einen wirklich in den Bann ziehen, gibt es nicht. Vielleicht abgesehen vom **Ampelmännchen-Laden,** der alles Mögliche an Accessoires mit dem DDR-Laufsignal bietet. Das Beste davon sind nach vielfacher Meinung die Gummibärchen, die sogar die besten ihrer Gattung sein sollen. Wenn es schneller gehen soll: Räder leiht man an der **Fahrradstation,** die überall in Berlin zu finden ist (im Scheunenviertel an der Dorotheenstr. 30, Tel. 030-283 848 48, 3 Std. 10 €). Wer zu sportlichen Aktivitäten in der Lage ist, sollte es wie die Berliner tun: Die Badehose einpacken und ab Richtung Wannsee.

Die soziale Anlaufstelle **Fischerhütte** direkt am nördlichen Ufer des Schlachtensees ist ganzjährig geöffnet, so dass man mit Bier nach dem Baden oder Glühwein nach dem See-Rundgang (6,5 km) immer gut bedient ist – vom guten Essen ganz zu schweigen (Dorfstr. 29, Tel. 030-331 63 85, www.fischerhuette-berlin.de). Der Berliner an sich joggt hier auch oder badet (nackt!) und skatet den **Kronprinzessinnenweg** entlang der alten Avus-Strecke (und muss sich vor entgegenkommenden handbikenden Innenminischtern in Acht nehmen) oder badet, segelt, läuft Eis auf dem **Wannsee,** der den längsten City-Sandstrand Europas sein eigen nennt. Sommers hängt man am liebsten im **Strandbad Mitte,** dem ältesten Beach Club Berlins gegenüber der Museumsinsel am Montbijouplatz ab – bei Bier, Sand und cooler Lounge-Musik.

Selbstverständlich zieht man sich am hellichten Tage in Berlin ansonsten die diversen **must-sees** hinein, auch wenn man sich bei Inanspruchnahme des Nachtlebens oft Streichhölzer zwischen die Lider schieben muss.

abends

In Bausch und Bogen: Riva Bar. Schon fast ein Muss, wenn man nach der Dämmerung in Mitte weilt. Ideal zum kühlen Eingrooven in den Abend (Dircksenstraße Bogen 142, täglich ab 20 Uhr, Mittwoch 18–4 Uhr Happy Hour, ansonsten 20–21 Uhr).

Wer gerne isst oder auch Essen zubereitet, findet sich bei **Kochlust** in besten Kreisen wieder. Der Kochbuchladen führt nicht nur eine ausgezeichnete Auswahl an wunderbaren Kochbüchern, sondern auch eine Liste mit Anwärtern auf die begehrten Kochplätze am Abend. Da wird nämlich die Buchhändlerin Brit Lippold zur Löffel schwingenden Chefin, um die Theorie wohlriechende Praxis werden zu lassen. Nach der gemeinsam vollbrachten Kochschulung verleibt man sich die Gerichte gemeinsam im Koch-/Esszimmer ein und kann sehen, was man noch aus dem Abend macht (Alte Schönhauser Str. 36/37, anmelden unter 030-246 388 83, www.kochlust-berlin.de, ab 45 €, Stornierung bis 10 Tage vor Kursbeginn).

Mörderangesagt ist **Spindler & Klatt,** wahnsinnig schönes und elegantes Event-Restaurant mit Dinner-DJ, wo man sich so wunderbar fläzen und trotz allem Szene-Hype hervorragend essen kann (In der Heereesbäckerei, Köpenicker Str. 16–17, Tel. 030-695 667 75, www.spindler-klatt.com). Das **White Trash Fast Food** gibt allen, was sie haben wollen – den Trinkern was Gutes ins Glas, den Essern schön was auf den Teller, und den Tänzern später ordentlich was fürs Bein. Im **Greenwich** befinden sich drinnen Fische und draußen Schlangen. Wenn man die dann geschafft hat, wird alles schön – nach drei Cocktails sogar die grünen Lederbespannungen (Gipsstr. 5, ab 22 Uhr).

Swing is back! Der letzte Schrei in Berlin sind Swing-Tanzabende, zum Beispiel in genanntem **Spindler&Klatt,** aber auch in **Clärchens Ballhaus,** wo Rentner und Teenys sich Guten Abend sagen – beziehungsweise ›von 12 bis in die Puppen‹ (Auguststr. 24, Tel. 030-282 92 95 www.claerchens.de).

In der **Volksbühne** verbergen sich **Grüner Salon** und **Roter Salon.** Muss man eigentlich gesehen haben, schließlich ist es Berliner Salonkultur aus Tradition. Das Biotop von Regisseur Schlingensieff führt mit

Plüsch, Lüstern und Kristallspiegel in eine etwas andere Welt. Hier werden Salon- und Partyleben originell verknüpft. Erstaunlich ist der Run auf die Salsa- und Tango-Veranstaltungen (Rosa-Luxemburg-Platz 2).

nachts

Techno auf Platte: Der **Weekend Club** lädt nach wie vor zum Tanzvergnügen in spärlichen Räumlichkeiten ein, aber der Blick auf die Stadt ist einwandfrei (Alexanderplatz 5, im 12. Stock des Haus des Reisens. Aktuelle Events unter www.weekend-berlin.de).

Der labyrinthige **Sage Club** an der U-Bahn-Station Heinrich Heine-Straße ist nach wie vor Anlaufstelle für verschworene Fans des Ladens und seiner Aufleger (Köpenicker Str. 76, www.sage-club.de).

Wenn Russendisco-Autor Valdimir Kaminer im **Kaffeeburger** einen seiner berüchtigten russischen Disco-Abende einlegt, ist in dem Literatur- und Musikladen kein Halten mehr (Torstr. 60, www.kaffeeburger.de). Der gute alte Love Parade-Begründer Dr. Motte rockt das House mit DJ-Legende Paul van Dyck im **Casino** (Mühlenstr. 26–30, Tel. 030-290 097 99).

Die **Gay-Szene** fühlt sich besonders in Schönebergs **Motzstraße** und **Fuggerstraße** wohl sowie in der **Schönhauser Straße** am Prenzelberg und in der **Oranienstraße** in Kreuzberg. Das **SchwuZ** birgt zu diesem Zweck ein ganzes Arsenal an Tanzflächen und Bars (Mehringdamm 61, Tel. 030-629 088 19, www.schwuz.de).

must-sees

Wo anfangen? Am besten **Unter den Linden,** denn direkt nebenan liegen das **Brandenburger Tor,** Norman Fosters **Reichstagskuppel** (und der kostenlose Rundgang ist tatsächlich ein ›must‹), Peter Eisenmanns **Holocaust-Denkmal,** Daniel Libeskinds **Jüdisches Museum,** Mies van der Rohes **Neue Nationalgalerie,** dann die **Museumsinsel** und der **Berliner Dom,** das schicke **Scheunenviertel** mit den **Hackeschen Höfen** und der **Prenzlauer Berg,** um nur das Dringendste zu nennen.

termine

Was bloß wäre Berlin ohne seine Partys? Der **Karneval** wird immer beliebter und lockt immerhin schon bis zu 1 Million Berliner Muffköppe auf die Fanmeile – der **Karneval der Kulturen** demonstriert Offenheit in aller ethnischen Breite (www.karneval-berlin.de).

Der Gay-Event des Jahres, die **Christopher Street Parade,** wird in Berlin so würdig gefeiert wie wohl kein zweites Mal in Europa (www.csd-berlin.de). An den **Schlossplatz** werden im Sommer alljährlich 3000 Tonnen Sand geliefert, um mitten in der Stadt Beach-Atmo aufkommen zu lassen (Berlin ist Beachvolleyball-Hauptstadt). Darüber hinaus hat Berlin nicht nur Osten und Westen, sondern auch Winter und Sommer – und da sind die Berliner jeweils wie ausgewechselt.

Du bleibst nicht allein,
weil eigentlich jeder einen kennt, der mal nach Berlin gezogen ist – und Dich am Ort des Geschehens in das Sozialleben hineinzieht.

Nicht hinfahren,
wenn man abends seine Ruhe haben will.

Unbedingt hinfahren,
wenn man lange keinen Zungenkuss mehr erlebt hat.

Sparen	***
Sport	**
Kultur/Bildung	****
Entertainment	*****
Erotik	****

Eine Stadt Köln als Gefühl

Einige kommen nicht damit klar, wenn ihnen jemand nach drei Bier auf die Schulter haut. Sie sollten auf dem Weg nach Köln die Ausfahrt nach Düsseldorf nehmen. Oder sie lassen sich mal darauf ein und schauen, was dann passiert. Es wird auf jeden Fall noch schlimmer: Kölner und kölsche Mädsche (die dürfen übrigens alles) tragen das Herz auf der Zunge – spätestens nach ein paar Kölsch. Dann wird schnell die Welt zurechtgerückt (Et hätt' noch immer jut jejange) und darauf erstmal ein lecker' Kölsch getrunken. Und dann noch eins. Weil man sich selbst genug ist, vergammelt die Stadt auch gerade. Was aber der Stimmung keinen Abbruch tut.

Schönster Blick auf Köln (Victor Hugo): von Deutz zum Dom

Römer, Schweden, Belgier, Tina Turner ... die Colonia Agrippinensis ist seit ihrer Gründung ein Durchgangsort für Menschen jeder Couleur gewesen. Ihr bürgerlicher Hintergrund – im Gegensatz zum kaufmännischen Düsseldorf – wurde spätestens seit der Schlacht von Worringen am 5. Juni 1288 hochgehalten. Seit die Kölner damals von den heutigen Düsseldorfern ordentlich etwas auf die Mütze bekommen haben, herrscht Zwietracht – und der Kölner adaptiert seine kleine Welt auf seine Weise. Janz Kölle ist eben wie sein Dom: Weltwahrzeichen (auch wenn er dieses Attribut durch Spekulationswahn, siehe Klüngel, neulich fast verloren hätte) und ganzer Stolz der Kölner – aber wehe, er gerät aus dem Blickfeld. Schon das gegenüberliegende Köln-Deutz liegt gefühlt in ›Sibirien‹ (Ex-Bürgermeister Konrad Adenauer).

Warum Köln?

Was für eine Frage?! Gibt es eine Stadt in Deutschland, in der jeder sexuell sonst wie Orientierte schneller Anschluss finden kann als in der ›Immi‹-Stadt schlechthin, die pure Neugier zwar gerne mit Weltoffenheit verwechselt und Freundschaft mit Klüngel (»Man kennt sisch, man hilft sisch«) ... aber im letzten Außenposten von Palermo mit seinen ca. 2000 Kneipen (aber nur etwa ein Dutzend Cocktailbars, da müssen Sie schon nach Düsseldorf) noch jeden unter den Arm nimmt – zumindest nach dem zehnten Kölsch?!

orientieren

Von nirgendwo kommt man mit dem Auto oder dem Zug flotter nach Berlin, Hamburg oder zum **Flughafen Köln-Bonn** als von Köln. **TUIfly** fliegt flott die Berliner (Tegel), Hamburger und auch die Sylter ein und aus. Am **Bahnhof Köln-Deutz** halten die meisten ICE-Züge, um Messe-, Sports- und Musikfreunde vorzeitig loszuwerden.

informieren

Vorwahl von Köln: **0221.**
www.koeln.de zeigt, worauf es in Köln ankommt: Von Kölsch über Karneval bis Kunst, inklusive Ticketverkauf (www.koelnticket.de). Alles Aktuelle über das Kölner Geschehen entnimmt man der **Kölner Illustrierten** (nett), der **Stadt-Revue** (alternativ-kritisch) oder der **PRINZ** (alles super hier, wo ist die nächste Party?).

unterkommen

Für Künstler: Hotel Chelsea. Seinem New Yorker Vorbild ebenbürtig. Chef Werner Peters verlor in den Achtzigern eine Wette gegen den Maler Martin Kippenberger. Seitdem wohnte der hier und zahlte mit Bildern. Das Resultat hängt in den Zimmern, wie auch andere Werke von Künstlern von Weltrang (Jülicher Str. 1, Tel. 0221-20 71 50, www.hotel-chelsea.de (EZ 95 €/Nacht).
Für geschäftige Frauen: Savoy. Fußläufig zum Bahnhof, nicht hübsch gelegen, aber das hauseigene Spa ist ein stadtbekannter Geheimtipp, mit Extrabehandlungen wie Pretty Woman, Diva's Day oder der Kleopatra-Tag. Man muss kein Gast sein und muss nichts mitbringen (Turiner Str. 9, Spa unbedingt anmelden, Tel. 0221-16 23-0, www.savoy-koeln.de, EZ ab 140 €).
Für Designer: Hopper St. Antonius. Nähe Hauptbahnhof verstecktes Hotel mit Fotokunst im ehemaligen Krankenhaus (Dagobertstr. 32, Tel. 0221-16 60-0, EZ ab 85 €) mit lebendiger Gastronomie und dem schönsten Innenhof Kölns, oder der große Bruder **Hopper Et Cetera,** ein altes Kloster, dessen Mönchszellen viel komfortabler geworden sind (Brüsseler Str. 26, Tel. 0221-924 40-0, www.hopper.de, EZ ab 75 €).

essen & trinken

Sehr römisch: massimo. Es gibt Alleinreisende, die waren mittags da und sind abends direkt wiedergekommen. Liegt es an der hervorragenden römischen Küche, an dem Charme eines Familienbetriebs, an den Preisen … oder einfach daran, dass die Chefs sogar mal schlechte Laune haben, statt unter Gondolieremusik Service-Singsang zu flöten? Auf jeden Fall kommt man sich im Esszimmer der Südstadt schnell näher (Alteburger Str. 41, Tel. 0221-348 96 01, Südstadt).
Sehr spanisch: Delix. Im Stil eines spanischen Lagerdepots, Küche spanisch-modern, Weine spanisch, weil Chef Dirk Middendorf sehr spanienaffin. Mittags Treff der modernen Menschen, die ringsherum einer meist kreativen Beschäftigung nachgehen. Wahlweise Bar, Restaurant oder Lounge-Ecke (am Friesenplatz).
Sehr asiatisch: Maru. Asian Fusion Restaurant mit Klasse: Kommunikativer Bar-Grill, Geschmäcker, die man noch nie im Mund hatte, und – was neben der Jazzmusik für den Laden spricht – sehr viele Koreaner und Japaner. Für die gibt es eine Geheimkarte (bei Delix um die Ecke, Hildeboldplatz 1a, Tel. 0221-200 55 43).
Ganz drüben: Rheinterrassen. Der perfekte Blick über die Kölner Skyline. Sonntags zum Brunch ab 12 sieht man noch Popperelfen die Theke entlangschweben (Rheinparkweg 1, Am Messeturm/Tanzbrunnen).
Sehr gediegen: Alter Wartesaal. Biotop von Biolek, wunderschönes, lebendiges Restaurant im alten Dekor, wo nicht selten ein prominenter Gast der Stadt sitzt. Nach Konzerten schwooft man zusammen an der Bar, ohne sich unbedingt zu kennen (Johannisstr. 11, rechts neben dem Hauptbahnhof-Haupteingang, Tel. 0221-912 88 50).

Wo Kölner Koreaner essen gehen: Maru

tagsüber

Shoppen: Unmittelbar am Kölner Dom liegen die Einkaufsmeilen **Hohe Straße** und **Schildergasse.** Das muss aber nicht sein, wozu gibt es die **Breite,** die **Aposteln-,** die **Ehrenstraße** und ihre Verlängerung über den Ring hinweg, die **Maastrichter Straße?** Auf der Ehrenstraße, der ehemaligen Rotlicht- und dann Künstler- und Intellektuellenmeile, sind nun die Markenstores von Esprit bis Adidas und Crumpler angesiedelt.

Dort liegt aber auch die beste Kunstbuchhandlung der Welt: **Walter König** (Ehrenstr. 4) und Kölns bester Buchladen **Klaus Bittner** (gegenüber, Albertusstr. 6), weiter unten am Ring der beste Comicladen: **Taschen Comics** (Ring, Ecke Ehrenstraße). Dazwischen findet man vom Thai-Snack bis zum besten Brot- und Käseladen Kölns alles, was das Genießerherz begehrt.

Die Maastrichter Straße ist mit DJ-Bedarfsläden wie **Groove Attack** die Heimstatt des elektronischen Cologne Sound, deren Protagonisten abends im **Hallmackenreuther** um die Ecke (s. abends) abhängen.

Trinken: Eigentlich könnte man sich so gegen 5 Uhr nachmittags ja auch schon mal ein Gläschen Kölsch genehmigen – es ist ja so gut wie nichts drin (0,2l). Das funktioniert am besten in den bereits gut besuchten **Brauhäusern.** Nirgends kommt man mit der Kölner Seele schneller in Kontakt. Die nach allgemeiner Meinung besten sind diejenigen, deren Bier fast nur dort angeboten wird – zum Beispiel das **Päffgen** (Friesenstr. 64–66) oder die **Malzmühle** (Heumarkt 6). Das beliebte Mühlen-Kölsch gibt es auch im Brauhaus Pütz, wo junge Leute hingehen (Engelbertstr. 67, am Rudolfplatz). Wer den Hals nicht vollkriegt, nimmt an der dreistündigen **Brauhauswanderweg**-Führung teil, Anmeldung unter www.koeln.de.

Im Sommer unterhält der Konzertsaal **Stadtgarten** draußen einen der beliebtesten Biergärten (www.stadtgarten.de). Der **Biergarten am Rathenauplatz** ist unverbindlicher: Viele kaufen sich eine Flasche Bier am ›Büdchen‹ und setzen sich einfach daneben, im Sommer sind es hunderte.

Baden: Wo so viel Bier getrunken wird wie in dieser Stadt (ca. 80% des Alkohol-Umsatzes entfällt auf Kölsch), muss der Körper regelmäßig entschlacken. Vielleicht gibt es in Köln deshalb so viele Thermen – zum Beispiel das **Neptun-Bad** in Ehrenfeld mit seinen schönen Jugendstil-Ruheräumen und sanften Aufgüssen (Neptunplatz 1, www.neptunbad.de), die große **Claudius-Therme** mit hipper Rosengarten-Bar und russischer Banja in Deutz (Sachsenbergstr. 1, www.claudius-therme.de) oder die zentrale **Mauritiustherme** (Mauritiuskirchplatz 3, www.mauritius-ht.de).

Im Sommer gibt es rechtsrheinisch auf Höhe des Rheinkilometer **689** als Alternative den gleichnamigen **Beachclub** zum Sonnenbaden im Strandsand, leichte Beschallung und Drinks (Eintritt 4 € Pfand/Badetuchverleih), um mit Permanent-Pop lässig zu suhlen. Legendär im Sommer ist das **Müngersdorfer Freibad,** wo sich im Sommer auf der linksseitigen Terrasse Freiberufler jeder erotischen Couleur ein Stelldichein geben (neben dem FC-Stadion).

abends

Topf trifft Deckel: In der Stadt des ›perfekten Dinners‹ darf der Singlekochkurs nicht fehlen. Zu verschiedenen Verbindungen von Kochen und Kultur treffen sich Singles, um unter Anleitung von Martina Neitzert und verschiedenen Kochprofis gemeinsam vor den Herd zu treten. Die Geschlechterverteilung ist möglichst ausgewogen. Danach wird natürlich alles gemeinsam aufgegessen (70 € p. P., inkl. Kurs, Essen, Trinken, vorzeitig anmelden unter 02196-88 87 98, www.kochenundkultur.de).

Den Ausgeh-Abend bestreitet man am effektivsten auf der **Aachener Straße,** wo einige der angesagten Bars der Stadt ein Stelldichein geben – im Gegensatz zum vergammelten **Ring.** Sie verläuft von Rudolfplatz bis **Aachener Weiher** – dort residiert im Sommer ein beliebter **Biergarten** und man kann Anwohnern beim Alibi-Joggen um den 400 m langen Concours zuschauen – und hält wirklich alles parat: für die Freunde des belgischen Gesellschaftshauses die **Bar Tabac,** für verrauchte Lässig-Lounge-Lads das **1000** wie auch das gute, alte **Sixpack** mit seinen beeindruckenden Bierschränken.

Der **Salon Schmitz** ist innerhalb kürzester Zeit zur amtlichen Anlaufstelle geworden. In dem breiten Fenster sitzen vorne die Mädels, im Hinterraum die ›Szene‹. Kommunikativ wird es besonders zu späterer Stunde, wenn das riesige Frontfenster geschlossen werden muss – dann packt jeder mal kurz an. Für alle Läden gilt: bloß nicht schick machen, so etwas macht man in Köln nur ›in Kultur‹.

Konzerte, Lesungen und anspruchsvolle Disco-Musik gibt es im **Subway** (Aachener Straße 82–84, Tel. 0221-51 79 69, www.subway-der-club.de). Das **Alte Pfandhaus** ist mittlerweile die beste Jazz-Stätte der Stadt (internationale Szene und Nachwuchs, Kartäuserwall 20, Tel. 0221-278 36 85, www.altes-pfandhaus.de). Gute Shows gibts im **Gloria** (Apostelnstr. 11, Tel. 0221-66 06 30, www.gloria-theater.com, je nach Programm viel Gay-Publikum).

Kölns Kneipen sind ein Stück Kultur – deshalb kann es dort munter weiter gehen. Wer sich seine Kopfschmerzen ordentlich verdienen will, besucht die Szenekneipen **Hallmackenreuther** (Brüsseler Platz), **Westpol** (Hans-Böckler-Platz, im Westbahnhof) oder das **Dos Equis (XX)** in der **Friesenstraße** – hinten im **Lover's Club** herrscht ganzjährig Biergartenatmosphäre. Direkt nebenan bei **Heising & Adelmann** tritt man sich in dem engen Schlauch an der Theke die Knöpfe ab, was viele des Baggerns wegen zu schätzen wissen.

Und so kann es weitergehen, von Kneipe zu Kneipe … wenn gar nichts geht, ab ins seit Rockertagen bewährte **Roxy** um die Ecke (Anfang Aachener Str., neben der Apotheke), wo man nach Bedarf bis morgens trinken und tanzen kann.

nachts

Montags wird traditionell im Alten Wartesaal (s. essen & trinken) **Blue Monday** gemacht, auch wenn es jetzt MONDTagNACHT heißt. Hinter dem **Triple A** (das ist die Hausnummer 3A in der Mitte des Rudolfplatzes) verbirgt sich ein unverwüstlicher Laden, der schon etliche Male den Besitzer gewechselt hat. Das **Gewölbe** ist eine finstere Partyzone unterhalb des Westbahnhofs, zum **Westpol** gehörig. Der **Club 672** unterhalb des Stadtgartens hat nicht nur gute Konzerte, sondern auch gute DJs zu bieten. Das sind alles relativ kleine, überschaubare Läden.

Das **Blue Note** erfreut sich bei jungen Leuten großer Beliebtheit (Brüsseler Str. 96).

Junggesellen feiern ihren Abschied traditionell im **Moulin Rouge** (Maastrichter Straße) bei sehr viel nackter Haut auf hohem Niveau mit hohen Absätzen – Frauen sind willkommen, wenn auch nicht immer angetan.

must-sees

Die **Altstadt** ist so pittoresk, dass der Kölner ›an sich‹ niemals einen Fuß hineinsetzt, so wie er meistens nur einmal im Leben den **Kölner Dom** besteigt. Dann besucht er eher das **Museum Ludwig** mit Ausstellungen Zeitgenössischer Kunst sowie das neue **Wallraff-Richartz-Museum** von O. M. Ungers, dem berühmtesten Architekten der Stadt. Das **Schokoladenmuseum** ist zwar das meistbesuchte der Stadt, aber das liegt eher an seinem plakativen Charakter – das gleiche gilt fürs **Sport- und Olympiamuseum** nebenan. Auf das hoffnungslos unterfrequentierte **Schauspielhaus** kann man nach Intendanz-Übernahme von Karin Beyer wieder hoffen.

Vom Abriss der Kölner **Oper,** einem der wichtigsten Riphahn-Gebäude, sieht die Stadt netterweise doch ab (www.buehnenkoeln.de). Ein Besuch der **Kölner Philharmonie** ist bei einem guten Konzert die Reise wert, ebenso zur ›KölnTriennale‹ (www.koelner-philharmonie.de).

Die markante **KölnArena** (›Henkelmännsche‹) hat schon so manches Konzert wegen ihrer schlechten Akustik verdorben, wenn die Tour-Manager nicht das zusätzliche Akustik-Paket eingekauft haben. Für ein Spiel der **Kölner Haie** ist ein Heimspiel natürlich immer ein gefundenes Fressen.

termine

›Der längste Tisch von Kölle‹ (September), Kölner Lischter (im Sommer), Christopher Street Day (www.csd-cologne.de), Köln Marathon (1. oder 2. Oktobersonntag) … in der ›Eventstadt‹ ist jeder Anlass recht, schon wieder ein Fass aufzumachen. Übrigens neigt so gut wie jede größere Veranstaltung zur Karnevalisierung – ein paar Jecke mit Kostüm und Kölsch sind fast immer dabei, und auch Veranstaltungen wie den CSD feiert jeder Kölner mit!

Aber es gibt auch noch kulturelle Restposten, wie zum Beispiel die **Internationale Möbelmesse** (www.imm-cologne.de) und die parallel stattfindenden, noch interessanteren **passagen** im Januar, der Vorlese-Marathon **lit.cologne** mit national und international hochkarätigen Autoren im März (www.litcologne.de), die wieder erstarkte **art cologne** (www.artcologne.de) im April sowie die **artfair** im Herbst (www.artfair.de).

Und da war doch was … sischer, sischer, der Kölner **Karneval!** Die ›fünfte Jahreszeit‹ beginnt bereits amtlich am 11.11. um 11 Uhr 11 vor dem Rathaus und hält – wenn man das will – mittlerweile von Weiberfastnacht (Donnerstag) an bis Aschermittwoch. Niemand bleibt ungebützt!

Du bleibst nicht allein,
weil die Kölner das Herz auf der Zunge haben, vor allem nach ein paar Kölsch.

Nicht hinfahren,
wenn man auf witzige, angeregte Unterhaltung in elegantem Ambiente hofft. Wer sich so geben will wie in der Ferrero-Rocher-Werbung, muss auf die Düsseldorfer Kö (Kölner Höchststrafe).

Unbedingt hinfahren,
wenn man gerne Tag und Nacht in Flip-Flops, mit Trainingsanzug und Freitag-Tasche herumläuft.

Sparen	****
Sport	***
Kultur/Bildung	****
Entertainment	*****
Erotik	*****

Für Mr. und Mrs. Wonderful

Kopenhagen

Kopenhagens bekanntester Single wurde schon angemalt, enthauptet, im Jahr 2003 sogar gesprengt. Aber sie sitzt es aus, die ›kleine Meerjungfrau‹. Kopenhagen hat zum Glück mehr zu bieten als den überproportional präsenten Märchenonkel Andersen. Besonders für Singles. Diese Stadt hat ein paar Aktivposten, nach denen man hierzulande lange suchen muss: Sie ist schön. Sie hat Stil – und zwar einen eigenen – und schenkt Ihnen unterwegs ab und zu ein Lächeln. Sie werden sich wie zuhause fühlen, aber besser in der Stadt mit dem Attribut ›Wonderful‹.

Blick vom Runden Turm: Kopenhagen rundum

Kopenhagen: eine Klasse für sich. Was man zum Beispiel daran erkennt, dass der dominierende Bierbrauer vor Ort Europas umfangreichste Skulpturensammlung stiftet. Außerdem: Gut angezogene Menschen, viel Kunst, Design, Kultur, Architektur, gepflegte alte Häuser, die Weltoffenheit einer maritimen Kaufmannsstadt und eben der Charme von Meerjungfrauen. Du kommst allein. Du gehst mit einem Haufen neuer Freunde und schöner Erinnerungen in der Tasche.

Warum Kopenhagen?

Wunder gibt es immer wieder in ›Wonderful Copenhagen‹. Sogar für Singles, die schon grübeln, wie sich das denn noch mal anfühlte ... diese schweren Fälle sollten schleunigst nach Kopenhagen fliegen, um sich mal wieder wie ein Mensch vorzukommen. In Kopenhagen behagt's Männern wie Frauen, man fühlt sich wohl und unbelästigt, was nicht heißt, dass man nicht einfach mal angesprochen wird. Im Rahmenprogramm: das komische Traumland Tivoli mitten in der City, die Design- und Architekturperlen der Stadt, vielleicht ja sogar im Laufe der Zeit eine bezaubernde Begleitung am Arm, wer weiß. In Kopenhagen ist alles drin, Gelegenheiten zum Anschluss gibt's genug, und vor Überraschungen sollte man nicht gefeit sein. Vielleicht findet man sogar Freunde fürs Leben. Wir wissen wie.

orientieren

AirBerlin fliegt von Düsseldorf nach Kopenhagen, **SAS** von Düsseldorf, Hamburg, Hannover, Stuttgart, Köln/Bonn und Berlin/Tegel, **easyjet** von Berlin, die Lufthansa von München und Frankfurt, und die **Ostfriesische Linie** von Bremen.

Gut fährt man mit der **Copenhagen Card** (Slogan: ›See more. Pay less‹), die auch die Preise der meisten ›must-sees‹ entscheidend drückt (CPH Card, erhältlich im Tourist Office).

informieren

Vorwahl von Dänemark: **0045.**
Tourismuszentrale, Bernstorffsgade 1, gegenüber dem Hauptbahnhof, www.visitcopenhagen.dk). Unbedingt nach dem speziellen ›Single Package‹ fragen oder online den Stand der Dinge abklären: www.visitcopenhagen.com/single (wenn möglich vor Antritt der Reise buchen). In Kopenhagen soll niemand alleine golfen, rudern oder fischen, eine Brauerei, die Oper oder die Nordisk Filmstudios besuchen …

Alles Aktuelle über Kopenhagen erfährt man in der kostenlosen Wochenzeitung **Copenhagen Post.** Netterweise ebenso gratis kann man sich das hochwertige Shoppingmagazin **Where2go** schnappen, wenn man stilsicher als Kopenhagener durchgehen will.

unterkommen

Designerstüberl: Das **Copenhagen 27** ist sehr zentral (hinter dem Rathaus) gelegen und frisch zum Designerhotel mutiert. Was bedeutet: Todchic, Wände aus Papier, die Badezimmertüren ähneln eher Schwingtüren, aber Eisbar nebenan (siehe ›nachts‹). Mangels Möglichkeit einer Intimsphäre also ideal für Singles (Løngangstræde 27, Tel. 70 27 56 27, www.hotel27.dk, EZ ab 60 €).
Topchic und modisch aktuell: Das Hotel **Fox** ist eine Einrichtung der Volkswagen-Werke zu Ehren eines neuen Modells gewesen. Zur Feier des Tages hat man für jedes Zimmer einen Jungdesigner rangelassen. Über mangelnde Abwechslung kann man also nicht klagen, wenn auch über teilweise mangelnde Geschmackssicherheit (Jarmers Plads 3, Tel. 33 13 30 00, www.hotelfox.dk).
It's plastic, baby, it's fantastic: Cab Inn. Wer sparen will und es wirklich hyggelig (gemütlich) haben will, steigt abends zum Schlafen im feinen Frederiksberg in die Kabinen der jüngst hier gelandeten Hotelkette. Beim Frühstück kommt man dann über die Rückenschmerzen ins Gespräch (Mitchellsgade 14, Tel. 33 46 16 16, www.cabinn.dk, ›EZ‹ 630 Kronen).
Ehrwürdig: Alexandra. Auch individuell ausgestattet, aber nicht erst gestern, sondern vorgestern. Tipp: Zimmer 223, 338 und 448 und 450, jeweils einem dänischen Designer gewidmet (HC Andersen Boulevard 8, Tel. 33 74 44 44, EZ ab 750 Kronen).

essen & trinken

Basic: Kopenhagen ist übrigens teuer, was man im katastrophalsten Fall an einer zu lässig bestellten Flasche Wein spüren wird.
Zum Sattmachen: Der **Hot Dog** am omnipräsenten *pølsevogen* ist die Currywurst Kopenhagens. An jeder Ecke Kopenhagens steht so ein Hot Dog-Büdchen, das sehr preiswert verschiedene Toppings bereithält. Den dänischen Klassiker kennt man aus der Muppet-Show: **Smørrebrød!** Wer es sich besonders gut gehen lassen will, besucht Kopenhagens Smørrebrød-Fee **Ida Davidsen,** die schon in Hollywood, für die Königin und mehrere Airlines Brote geschmiert hat. Und was für Dinger: zum Beispiel Victor Borge mit frischem Lachs und Krabben für schlappe 120 Kronen! (Restaurant Ida Davidsen, St. Kongensgade 70, Tel. 33 91 36 55, reservieren oder Schlange stehen!).
Chic Stick: Stick'nSushi ist, wie der Name andeutet, der Rock'n'Roll unter den Japanern Kopenhagens. Einfach fantastisch, was die Sushi-Künstler da zusammenzau-

bern. Wenn gar nichts mehr geht, dann vielleicht noch ›Konkurs‹ für zusammengekratzte 89 Kronen (Istegade 62 in Vesterbro, www.sushi.dk, Tel. 33 23 73 04).

Eating In: Wer sehen und gesehen werden will (zum Beispiel dänische Models), trägt sich ins Gästebuch des **Café Victor** ein (Ny østergada 8, Tel. 33 13 36 13). Noch mehr Klasse beweist seit neuestem Star-Gastro-Designer Terence Conran mit seinem **Ebiso** (Japaner) und **Bacino Bar&Grill** mit Brunch, Burger und Bouillabaisse im frisch renovierten **Custom House** am Wasser (Havnegade 44). Damit bekommt die ›Olsen Gang‹ erstmals Konkurrenz im Revier. Die zweite Generation des Resto-Revoluzzers Torben Olsen kontrolliert mit dem **Victor** (s. o.), **Dan Turrells, Café Sommersko 1976, Ketchup, Ultimo** und **Quote,** in der zweiten Olsen-Generation **Restaurant Olsen, Sult**, der **Grill Bar,** dem ehrwürdigen **Café A'Porta** nahezu die ganze City, die Küche zeichnet sich durch dänische Basis aus, die mit verschiedenen internationalen Einflüssen bereichert wird. Alle re–la–tiv singlekompatibel. Auf jeden Fall isst man ›in‹.

tagsüber

… und deswegen bleibt hier keiner allein: Wonderful Copenhagen bietet wohl als erste europäische Metropole ein **spezielles Single-Programm!** Schon im Vorfeld kann man sich unter www.meetthedanes.dk Begleitung sichern und bei www.copenhagen.com/single das letzte Update über aktuelle Gruppen-Aktivitäten abrufen. Zum Beispiel

Copenhagen vom Wasser: Eine Rundfahrt mit dem Boot vermittelt gleich einen Rundum-Eindruck Kopenhagens (www.canaltours.com, Abfahrt mind. stündlich je nach Saison von verschiedenen Punkten im Hafen, zentral: Gammel Strand oder Nyhavn, Dauer etwa 60 Min., 60 Kronen p. P.).

Eine Seefahrt kann aber auch lustig sein: Der Kajak-Club **Kajakole** bietet diverse Gruppenfahrten durch die Kanäle der Stadt an, von Rundfahrten (auch nachts) über Kajakpolo und Polterabend bis Waveski und Surfen (www.kajakole.dk, Tel. 40 50 40 06). Danach geht man natürlich gemeinsam beim Bier den nassen Hintern trocknen.

Copenhagen szenig: Kopenhagen ist mit ›Szenevierteln‹ abseits der City verbal schnell zur Hand. Das ehemalige Porno- und Schmuddelviertel **Vesterbro** (›Vesterbronx‹) ist vom Charakter her das Kreuzberg Kopenhagens, das seit Neuestem von Berufsjugendlichen einverleibt wird, die in **Meyer's Deli** beim netten Gespräch mit dem Nachbarn (Gammel Kongevej 107) ein zweites Frühstück einnehmen oder in der umfunktionierten Apotheke **Bang&Jensen** (Istegade 130) schon ein frühes Bier.

Nørrebro (richtig, im Norden) ist das jüngere, hippere Viertel. Einen ersten Eindruck dafür verschafft man sich am besten im zentral gelegenen **Café Pussy Galore's Flying Circus** (nach der Flugschule aus einem 007-Film) am Sankt Hans Torv. Das neue **Nørrebro Bryghus** (Ryesgade 3) ist eine echte Alternative zur Carlsberg-Brauerei, denn Braumeister Anders Kissmeyer führt meist persönlich, und spätestens nach dem anschließenden Umtrunk im Restaurant sind alle Teilnehmer guter Stimmung.

Copenhagen geshoppt: Am Kaufhaus **Illum** (auf dem Strøget, der ältesten, längsten und angeblich schönsten Fußgängerzone Europas) kommt man nicht vorbei, und an dem Ableger **Illums Bologhus** ein paar Häuser schon gar nicht, und schon überhaupt nicht als Frau.

Kopenhagens heißeste Shoppingadresse ist **Storm** (St. Regnegade 1, www.stormfashion.dk). Dort hat man sich nicht einmal auf ein bestimmtes Produkt festgelegt, sondern bietet einen Querschnitt vom Allerbesten in Sachen Mode, Musik, Literatur, Magazine etc., Motto: anziehend ausgefallen.

Copen-abhängen: Kopenhagen steckt voller Cafés, die man niemals alle schaffen würde. Das zentral gelegene **Europa** (Amagertorv 1) hat aber vielleicht den besten Espresso. Das **Café Stelling** (Gammeltorv 6) ist, endlich mal wieder, ein von Arne Jacobsen

Schönster Käfig der Stadt: Zoo Bar

geprägter Treffpunkt im Univiertel. Im **Café Quote** gegenüber vom sehenswerten Hotel de l'Angleterre (Kongens Nytorf 8–16, www.cafequote.dk) kann man neben Tätigkeiten wie Sitzen und Beobachten auch hervorragend essen.

abends

Dining with Danes: am besten direkt bei ›echten‹ Dänen zuhause, die weder ein Sozialdefizit noch es finanziell nötig haben. Es geht den Gastgebern, die über die Website vermittelt werden, ums (liebevoll zubereitete, typisch dänische) Essen, natürlich um die Neugier (Wer kommt da durch die Tür?) und um eine gute Konversation. Bei der Buchung kann man sich das Alter der Gastgeber aussuchen. Und kochen können sie: mehrgängig, lecker (auch der Wein), und man ist mittendrin im dänischen Leben. Und, unter uns deutschen Kleinrechnern, mit 50 € pro Person ist man oft besser bedient als in einem gehobenen Kopenhagener Restaurant (www.dinewiththedanes.dk, Tel. 26 85 39 61, unbedingt langfristig buchen!). ›Alternativ‹ kann man unter www.meetgaycopenhagen.dk das gleiche Programm in schwulem Rahmen buchen.

nachts

Zoo Bar (Kronprinsengade 7) ist eine Szenebar wie aus alten Zeiten: Funky, laut und lustig. Alles hängt an der Bar, denn sonst ist nicht viel Platz – und unter Umständen schenkt Dir der ›Troublemaker‹ neben Dir plötzlich Champagner ins Glas. Einfach so.

Die **Absolut Ice Bar** (im Hotel Copenhagen 27, Løngangstræde 27) ist absolut kein Hot Spot: Die durchschnittliche Temperatur liegt bei minus 5 Grad. Bei ein, zwei Wodka wird einem schnell warmumsherz.

Tanzvergnügen in Vesterbro: Vega (Vesterbro Enghavenevevej 40) ist ein 50er-Jahre-Komplex. Die soulige, relaxte **Vega Lounge** wurde mehrere Male zum DJ Venue of the World gewählt. Im **Store Vega** finden Konzerte statt, im **Live Vega** ist Freitag und Samstag Club Night, in der **Ideal Bar** lassen am Wochenende DJs und Bands kein Höschen trocken.

Gefährlich leben in Nørrebro: Deutsche Besucher werden sich besonders im **Gefährlich** (Faelledvej 7) wohl fühlen, Spielplan unter www.gefahrlich.dk. Das **Rust** (Guldbergsgade 15) ist Kopenhagens führender Club mit Live-Musik oder DJ und gilt als erster Electronic-Laden Kopenhagens.

must-sees

Ehrlich gesagt, ein Gang zur recht abgelegenen (und abgelegten) **Meerjungfrau** kann man sich schenken. Bei einer Schiffsrundfahrt ist sie ohnehin im Programm. **Arne Jacobsen:** Der prägendste Designer Dänemarks ist omnipräsent, in der Lobby und im Royal Club Room des SAS Radisson Royal, bei der National Bank und mit seinen Stühlen in jedem zweiten Café.

Da legst di nieder: **Glyptothek.** Selbst Kulturmuffel müssen da hin, sonst gibt es zuhause Ärger. Skulpturen, Skulpturen, Skulpturen … von sudanesischen Königen von 2000 v. Chr. bis Rodin. Das Café im dschungelähnlichen Wintergarten ist übrigens mittags ein begehrter Treffpunkt.

Kultur und Architektur: Die ehemalige Lagerstadt **Christianshaven,** die in den Siebzigern von Hippies gestürmt wurde, damit heute ihre Kinder als Yuppies dort leben (Souvenir: das legendäre Christiania-Fahrrad mit Kinderaufbewahrung).

Und der **Schwarze Diamant,** die nagelneue Bibliothek Kopenhagens, ebenso gut vom Boot zu sehen wie die **Oper** (www.operahus.dk, Karten online unter www.billetnet.dk): Einmal mit dem Wassertaxi anlegen, mit der Schleppe direkt durch den Eingang schlappen – Kopenhagen macht's sogar für Alleinreisende möglich. Einfach Konzert über das Single-Programm buchen (www.visitcopenhagen.com) und gemeinsam ins Parkett und zum Dinner danach gehen (10–30 Pers., 1250 Kronen).

Royalties: Mit ähnlichem Programm sollte man die königliche Abteilung absolvieren, inklusive **Christiansborg** und **Amalienborg** und zum krönenden Abschluss die **Kronjuwelen** (www.visitcopenhagen.com, Tour the Castles of Copenhagen, 490 Kronen).

Was noch: Am **Nyhavn** kommt man eh nicht vorbei. Die Wasserschneise in die Stadt hinein ist hübsch, aber verdammt touristisch, was man schnell an den Speisekarten schwingenden Kellnern erkennt. Der **Runde Turm** begegnet dem Passanten auf dem Strøget. Der Aufstieg lohnt sich, weil er keine Treppe hat, und wegen des Blicks über ›Wonderful Copenhagen‹.

termine

Im Winter ist Kopenhagen kuschelig, die Stadt sieht aus, wie man sich das im Andersen-Märchen vom Mädchen mit den Zündhölzern vorstellt. Aber im Sommer lassen die Menschen die Gummistiefel zuhause und lieber an den Stränden der dänischen Riviera **Strandvej** die Hüllen fallen.

Zum Auftakt gibt es die legendäre **Sonnenwendfeier** am Sankt Hans Aften, dem 23. Juni und damit längsten Tag des Jahres. Auch am **Geburtstag** ihrer sympathischen, Kette rauchenden **Königin** zum 16. April tickt das Volk aus.

Nicht zu vergessen das berühmt-berüchtigte **Roskilde Rockfestival** Ende Juni mit den Top Acts des Jahres (www.roskilde-festival. dk), aber auch das **Copenhagen Jazz Festival** (www.jazzfestival.dk).

Du bleibst nicht allein,
weil wir dafür wirklich keine Zeit haben. Kopenhagener sind charmant, schauen dir ins Gesicht und kennen keine Fremden.

Nicht hinfahren,
wenn man gerne eine leichte Depression pflegt oder in der Freizeit HipHop-Klamotten trägt.

Unbedingt hinfahren,
wenn Design ein Thema ist und man selbst nicht von gestern.

Sparen	****
Sport	***
Kultur/Bildung	****
Entertainment	*****
Erotik	*****

Manchester

Shop & pop till you drop

Wer denkt, Manchester sei hässliche Industriestadt und sonst nur die Heimat von Manchester United, muss sich eines Besseren belehren lassen. Manchester ist schon lange kein Industriezentrum mehr, sondern eine moderne, offene und multikulturelle Weltstadt, die zum Feiern, Ausgehen und Entdecken einlädt. Willkommen in der Musik- und Shopping-Metropole Nordenglands …

Tags manchmal grau, nachts ›glam‹: Manchester City

Manchester gehörte zu Zeiten der Industrialisierung für die Textilindustrie zu den wichtigsten Städten weltweit und bietet Modebegeisterten heute ein wahres Einkaufsparadies. In den letzten Jahren wurde einiges saniert und gebaut, wodurch eindrucksvolle neue Gebäude aus Stahl, Beton und viel Glas entstanden sind. Die Altstadt mit imposanten viktorianischen Gebäuden, die moderne Architektur und die Szeneviertel bieten allerhand … schnell hat man die Stadt mit ihren netten Menschen erobert und fragt sich, warum man nicht schon eher einmal hier war.

Warum Manchester?

Manchester kann es mit seinem großen Bruder London locker aufnehmen, zudem es auch noch weitaus günstiger ist. Diese Stadt ist für alle eine Reise wert, die eine junge, kreative Szene mögen, gerne shoppen und ausgiebig feiern. Die Kunst- und Kulturszene hat einen hohen Stellenwert und bietet kostenlosen Eintritt in über 50 Museen und Galerien. Auch das Nachtleben lässt nichts zu wünschen übrig. Von Cafés, Bars, Pubs und modernen Clubs bis hin zum klassischen Theater ist für jeden etwas dabei.

orientieren

Manchester wird von **TUIfly** angeflogen, **Easyjet** fliegt nach Liverpool, was auch nicht besonders weit entfernt ist. In Manchester herrscht so gut wie kein Verkehrschaos, dank der kostenlosen **Metroshuttles** (drei Buslinien), die alle wichtigen Stationen in der Stadt anfahren.

Mit der **Metrolink** (Tram) und den normalen Bussen kommt man wunderbar überall hin, auch in die nicht weniger interessanten Außenbezirke. Dabei ist zu erwähnen, dass es **verschiedene Busgesellschaften** gibt und nicht jedes Ticket vom Busfahrer akzeptiert wird. Am besten kauft man sich ein **Day Saver Ticket** (4,50 £), mit dem man den ganzen Tag alle Busse und den Metrolink benutzen kann (Info bei Busfahrern, am Schalter, oder am Metrolink-Fahrkartenautomaten). Und aufgepasst, wer mitfahren will, sollte dem Busfahrer ein Handzeichen geben, sonst hält er nicht.

informieren

Vorwahl von Großbritannien: **0044.**
Manchester Visitor Information Centre, Lloyd Street, Metrolink St.Peter's Square, Mo–Sa 10–17.30, So 10.30–16.30, Tel. 0871-222 8223, www.manchester.gov.uk/visitorcentre). Weitere Informationen gibt es auf den Seiten www.visitmanchester.com und www.mymanchester.org.

unterkommen

Folgenden Webseiten vermitteln Übernachtungsmöglichkeiten für den Raum Manchester:
www.premiertravelinn.com Über 30 ausgesuchte Locations in Greater Manchester, komfortable Zimmer ab 47 £ pro Nacht/Zimmer, auch Tel. 0870-850 3773.
Apartments, B&Bs, Herbergen bis zu 5-Sterne-Hotels unter www.manchester-apparte ments.inn26.de und auch www.visitman chester.com.
Feine Kiste: Great John Street Hotel, welches ›old schooler‹ nicht sein könnte, denn früher wurde hier unterrichtet. Dieses Boutique Hotel verfügt noch über Originale aus dieser Zeit, was ihm einen besonderen Charme verleiht. Im Viertel Castlefield gelegen, kann man sich dem Stadttrubel entziehen und in netten Cafés entspannen (Great John Street, Tel. 0161-831 3211, www.greatjohnstreet.co.uk, EZ ab 125 £).
Stay cool: Wer großen Wert auf schönes und ausgefallenes Design legt, wird sich in den individuell gestalteten **Stayingcool Apartments** wohl fühlen. Zur Unterhaltung dient ein Apple Mac Entertainment System, dazu gibt es leckeren Kaffee und eine Saftbar (The Edge, Clowes Street, Tel. 0161-832 4060, www.stayingcool.com, EZ ab 130 £).
Feel well: The Lowry Hotel gewann 2006 den Tourism Award für The River Restaurant, in dem man in gemütlicher Atmosphäre dinieren kann. Der schöne Blick auf den Fluss Irwell, die moderne, designbewusste Architektur und das Spa machen dieses Hotel zu einer waren Wohlfühl-Oase (50 Dearmans Place, Salford, Tel. 0161-827 4000, www.thelowryhotel. com, EZ ab 125 £).
Gut aufgehoben ist man im **Premier Travel Inn Manchester City Centre** (112–114 Portlandstreet, Tel. 0870-238 3315, www.premiertravelinn.com, Zimmer ab 58 £), im **Premier Apartments Manchester** (Icon 25, Smithfield, Northern Quarter, 64 Shudenhill, www.premierapartments manchester.com, Zimmer ab 75 £), sowie im **The Hatters Hostel** (50 Newton Street, Northern Quarter, Tel. 0161-236 9500, www.hatters-group.com, EZ 30 £, im Schlafsaal ab 16,50 £ inkl. Frühstück).

essen & trinken

Dine Chine: Manchester hat das drittgrößte Chinatown der Welt und kann eine riesige Auswahl an exotischen Spezialitäten aufbieten. Darunter das **Yang Sing,** das als das beste chinesische Restaurant in Europa gilt (34 Princess Street, Tel. 0161-236 2200, www.yang-sing.com).
Wüste Go Bi: Wer auf mongolisches Essen steht, sollte auf jeden Fall im **Mongolian Grill** vorbeischauen. Alles wird frisch und vor den Augen der Gäste zubereitet, gegessen wird zusammen an großen Tischen, wobei

man sicher noch über die Abendplanung ins Gespräch kommt (16 Chorlton Street, Gay Village, www.mongoliangrill.co.uk, Mo–Do 18–23, Fr–Sa 18–24, So 17–22.30 Uhr).
Indian Summer: Für echte Curry-Fans gibt es in Rusholme die **Curry Mile,** wo Restaurant an Restaurant durch Neonreklame auf sich aufmerksam macht (www.rusholmecurry.co.uk).
Chili & Co: Das **Barburrito** gewann den Best Newcomer Award und ist ein echtes Muss für alle, die gerne um den heißen Bohnenbrei herum mexikanisch essen (1 Piccadilly Gardens, Tel. 0161-228 6479, www.barburrito.co.uk).
Just Veggie: Wer seinem Körper etwas Gutes tun möchte, wird es sich im **Earth Café** gut gehen lassen. Vegetarische Speisen und wohltuende biologische Säfte von der Saftbar machen einen wieder fit (16–20 Turner Street, Northern Quarter, www.earthcafe.co.uk).

tagsüber

Manchester ist in verschiedene Viertel aufgeteilt, die es leicht machen, sich zu orientieren. Vom **Piccadilly** aus kann man die Stadt wunderbar erkunden. Etwa das **Northern Quarter** (für Coole: NQ) das Kreativ- und Szeneviertel der Stadt, in dem man die höchste Dichte an Plattenläden Europas vorfindet, sowie jede Menge Kneipen und faszinierende Läden. Das **Gay Village** ist ein angesagtes Ausgehviertel. An der **Canal Street** gelegene Restaurants, Bars und Clubs laden zum ausgiebigen Schlemmen und Feiern ein. Direkt nebenan befindet sich **Chinatown,** das durch einen prachtvollen kaiserlich chinesischen Torbogen die Welt zu fernöstlichen Gerüchen und Geschmäckern öffnet. Manchester ist die Shopping-Metropole schlechthin und wird sicher volle Einkaufstüten bescheren. Das heißt: gut frühstücken und auf Schatzsuche gehen ...

Im **Northern Quarter** muss man einfach gewesen sein, denn hier schlägt das Herz der Stadt. Im **Affleck's Palace** kann man sich richtig verlieren, es gibt über 50 junge und unabhängige Designerläden von Kleidung über Schuhe bis Kitsch auf vier Stockwerken zu durchstöbern (52 Church Street, NQ). Wer hier noch nicht fündig geworden ist, versucht es im stilvollen Secondhandladen **Rags To Bitches** und lässt sich von den charmanten Verkäuferinnen beraten (60 Tib Street, NQ). Das **Cafe Pop,** oder Pop Boutique, ist ein echter Allround-Retroladen, indem man neben ausgefallener Secondhandkleidung und Accessoires aus den 1970ern sogar noch eine passende Frisur für den Abend bekommt, denn einen Friseur beherbergt dieser farbenfrohe Laden ebenfalls (34–36 Oldham Street, NQ).

Heaven's Gate: Chinatown

Für ein kleines Päuschen oder auch Pläuschchen ist das **Odd,** Winner Bar of the Year 2006, genau das Richtige. In gemütlicher Atmosphäre lässt es sich entspannt ein Käffchen trinken und die neuen Errungenschaften bewundern (30–32 Thomas Street). Wer seine neu gewonnenen Inspirationen auch mit nach Hause nehmen möchte, sollte im Buchladen **Magma** mal vorbeischauen. Hier gibt es Kunst- und Design-Zeitschriften und Bücher, die sich lohnen (22 Oldham Street, NQ).

Wer nun zur Abwechslung auch mal was auf die Ohren braucht und von der Manchester-Musikszene angetan ist, ist bei **Voxpop Music** an der richtigen Quelle. Außer Musik gibt es eine Bar, an der man nett ins Gespräch kommt (53–55 Thomas Street, Northern Quarter, www.voxpopmusic.com).

Mainstream Shopping geht am besten rund um den Exchange Square mit der Haupteinkaufsstraße **Market Street,** der-Einkaufspassage **Triangle** und dem Kaufhaus **Selfridges.** Zahlreiche Boutiquen von namhaften internationalen Labels und Modemachern laden auf der noblen **King Street** zum Geldausgeben ein.

abends

Am Abend kann man zusehen, wie die Stadt immer bunter wird. Die Gebäude werden schön beleuchtet, und das ausgehlustige Volk tummelt sich auf den Straßen. Das Nachtleben beginnt traditionell früh – gegen 19 Uhr – und geht dank Aufhebung des Sperrstunden-Gesetzes ganz untraditionell bis in den Morgen weiter. Wessen Herz bereits für das **Northern Quarter** schlägt, findet im **Common** den richtigen Anschluss zur Szene. Sehr auffällig sind die poppigen Wandmalereien, die sicherlich für Gesprächsstoff sorgen werden (Edge Street, Northern Quarter, www.aplacecalledcommon.co.uk).

Wer gern Jazz live hört, kann sein Hobby 6 Tage die Woche im geschätzten **Matt & Phreds Jazz Club** pflegen. Zu Bass&Drum im Original gibt es von 17–24 Uhr feine Menüs in lauschiger Atmosphäre (64 Tib Street, www. mattandphreds.com). Gelacht und getanzt wird im **Frog and Bucket Comedy Club** (102 Oldham Street, www.frogand-bucket. com).

Auch Studenten kommen auf ihre Kosten. Durch die vier Hochschulen in Manchester gibt es viele Studenten und deshalb in vielen Clubs ›Student Nights‹. Vor allem um die Oxford Street, im **Jabez Clegg** oder in **The Music Box** (65 Oxfort Street, www.themusicbox.info) sind viele junge Leute anzutreffen. Für Freunde des guten Theaters gibt es in Manchester eine gute Auswahl an klassischen und modernen Aufführungen, wie im **Royal Exchange Theatre** (St Ann's Square, www.royalex-change.co.uk).

nachts

Das M in Manchester steht für die Musik. Heute gilt die Heimatstadt von Oasis, The Smiths, New Order und vielen weiteren als Brutstätte neuer Talente.

Im **Night & Day Café** kann man einen Abend in die berauschende Musikszene eintauchen und bei guter Live-Musik abrocken (26 Oldham Street, Northern Quarter, www.nightnday.org, besser vorher reservieren). Aber nicht nur im Northern Quarter ist was los. Im sonst so exklusiven Viertel **Deansgate,** wo Promis keine Seltenheit sind, befindet sich das **Mojo.** ›Music for the people‹ steht in roter Leuchtschrift über der Bar. Von Jimi Hendrix über The Kooks bis hin zu Franz Ferdinand wird hier alles gespielt (19 Back Bridge Street, Deansgate, www.mojobar.co.uk, Mo–Do 16–2, Sa 16–3, So 17–2 Uhr).

Die legendäre Freitagsparty Bugged Out im **One Central Street** bietet Allerfeinstes an Electro- und Techno-Beats (1 Central Street, Peter's Field, www.onecentralstreet.co.uk, Mi 21–open end, Do 21.30–3, Fr/Sa 22–3 Uhr). Das **Printworks** war früher eine Druckerei und beherbergt heute eine Menge an Cafés und Clubs, wie das **Hard Rock Café, Waxy O'Connor's** und das **Tiger Tiger,** sowie das größte **IMAX** des UK

(Exchange Square, www.theprintworks.com und www.tigertigermanch.co. uk). Aber gehen Sie mit offenen Augen durch die Stadt und sie werden sehen, dass dies nur ein kleiner Vorgeschmack war …

must-sees

Wenn man schon mal in der Heimat von Manchester United ist, sollte man sich eine Tour durchs **Old Trafford Stadion** nicht entgehen lassen, auch wenn man kein Fußballfan ist. Die Tour ist sehr britisch und lustig (Sir Matt Busby Way, Old Trafford, Manchester, Tel. 0870-442 1994, www.manutd.com). Wenn man schon einmal an den **Salford Quays** ist, kann man hier die Wandlungsfähigkeit der ehemaligen Industriestadt studieren. Hier gibt es für Architekturbegeisterte, Schnäppchenjäger und Kulturliebhaber einiges zu sehen **(The Lowry** und **The Lowry Outlet Mall,** Pier 8, Salford Quays, www.thelowry.com). Nichts für schwache Nerven ist das **Imperial War Museum** North (The Quays, Trafford Wharf, Trafford Park, www.iwm.org.uk). Das **Urbis** ist ein Zentrum für urbane Kultur, besonders attraktiv ist das moderne Gebäude durch seinen 45 Grad steilen Aufzug (Cathedral Gardens, Tel. 0161-605 8200, www.urbis.org.uk, tgl. geöffnet So–Mi 10–18 Uhr, Do–Sa 10–20 Uhr, Eintritt frei).

termine

Aufgrund der hohen Fernost-Präsenz wird das **Chinesische Neujahrsfest** im Februar sehr groß gefeiert – mit Parade des Goldenen Drachen, Kung-Fu-Vorführungen und Feuerwerk (www.manchesterlive.co.uk).

Das **Manchester Irish Festival** dauert zwei Wochen im März und geht selbstverständlich über den St. Patrick's Day (17. März, www.manchesteririshfestival.co.uk). Im Juni/Juli findet das große **Manchester International Festival** statt, das kaum einen künstlerischen Wunsch offenlässt (www.manchesterinternationalfestival.com).

Das **Manchester Jazz Festival** im Juli ist Anlaufstation für alle durch Europa tourenden Weltklassemusiker (www.manchesterjazz.com), viele Konzerte sind kostenlos. Das **D.percussion-Festival** im August (www.dpercussion.com) ist die größte kostenlose Party des Nordens, die die besten neuen Talente sowie etablierte Namen aus Rock, Indie, Hip-Hop und R&B präsentiert. Voller Stolz zeigt sich im August die **Manchester Pride,** eine farbenprächtige Feier der Kunst und Kultur der LGBT-Szene (kurz für Lesben, Gays, Bisexuelle und Transgender, www.manchester-pride.com).

Im Oktober wird es beim **Manchester Comedy Festival** meistens witzig (www.manchestercomedyfestival.co.uk). Herzhafter geht's beim **Food and Drink Festival** zur Sache (www.foodanddrinkfestival.com).

Du bleibst nicht allein,
weil man schnell mit den Leuten ins Gespräch kommt, selbst ohne große Englischkenntnisse. Die offene, hilfsbereite und tolerante Art der ›Mancunians‹ macht es leicht, sich in der Stadt wohl zu fühlen.

Nicht hinfahren,
wenn man Sonne, Strand und seine Ruhe haben will.

Unbedingt hinfahren,
wenn man ein Entdecker ist: in Manchester gibt es vom Designerstück bis zur Retroklamotte alles zu finden. Nicht zu vergessen die ›heißen Frauen‹, die sogar in Eiseskälte nicht auf ihren Minirock verzichten.

Sparen	**
Sport	*
Kultur/Bildung	*****
Entertainment	*****
Erotik	****

Porto

Port, Wein und Gesang

»I think we should have Port with the fish«, meint die wohl berühmteste alleinstehende Dame der Sketchgeschichte, Miss Sophie in »Dinner for One«. Das ist kein Zufall. Portwein stammt zwar aus Porto, ist aber eine englische Angelegenheit, die sich bis heute in den Namen widerspiegelt, die nachts wie der Hollywood-Schriftzug über den Hügeln Gaias leuchten. Doch Porto hat mehr zu bieten als Alkohol und Stockfisch. Selbst diese erwachen in dieser Stadt zum Leben, und auch Mauerblümchen kommen auf ihre Kosten. Portwein, Fußball oder andere emotionsfördernde Maßnahmen lösen jede Zunge. Gewusst wann und wo.

Hollywood des Portweins: Gaia

Porto im Ganzen besteht aus zwei Teilen. Der eine aus der Altstadt, die zum Weltkulturerbe gehört, der Innenstadt und den Strandbädern am Meer, dem erfolgreichen Fußballclub und einer der modernsten Musikhallen der Welt. Der andere Teil liegt auf der anderen Seite des Douro und zelebriert den Portwein (dessen Anbaugebiete ebenfalls zum Weltkulturerbe gehören), lässt den Curry zu den Kutteln (!) grundsätzlich weg oder genießt den schönen Anblick der Altstadt, die übrigens zum Weltkulturerbe zählt ... nach einigen Umdrehungen, geografisch oder auch alkoholisch, gehört die Stadt Ihnen.

Warum Porto?

›Saudades‹: Nur hier entsteht dieses unnachahmliche Gefühl, das nicht jedermanns oder -fraus Sache ist. Wenn aber doch, lässt es sich sogar bei schlechtem Wetter auskosten. Davon und vom Fado abgesehen, der viele Kunstgeschichtsstudenten in die Stadt zieht, besitzt Porto eine sehr lebendige Kultur- und Clubszene. Und damit meinen wir nicht nur Portwein, das Museum und den FC. So feiert man die Sonnenwende mittels eines Plastikhammers, der die traditionelle Lauchstange abgelöst hat und den man anderen liebevoll auf den Kopf haut, oder eben die ›saudades‹, jenes weltkulturerbeverdächtige Gefühl, sowie zahlreiche Gelegenheiten zum Schwelgen, Surfen oder Clubben.

orientieren

Nach Porto fliegt man auf direktem Wege mit **TUIfly** von Köln/Bonn, Hamburg und Stuttgart. Seit neuestem hat Porto ein technologisch innovatives **Bahnnetz,** bei dem man einmal eine Karte zieht und diese immer wieder auflädt. Wer die weitläufige **HopOn HopOff-Bustour** in Anspruch nimmt (lohnt sich, um sich einen generellen Überblick zu verschaffen, Auf- und Absprung an 27 prominenten Bushaltestellen der Stadt) kann den Rest desselben Tages mit dem Ticket in öffentlichen Verkehrsmitteln fahren.

informieren

Vorwahl von Portugal: **00351.**
Touristeninformation, 25 Rua Cube dos Feinanos, Tel. 223 393 472, www.portoturismo.pt) Die aktuellen Veranstaltungen findet man in der englischsprachigen **Portugal News**, die in der Touristeninformation kostenlos ausliegt. Die interessantesten Termine für gemeinsame Ausflüge in Kultur und Natur und sozialen Anschluss (Rua Mouzinho da Silveira 350 (schräg gegenüber vom Bahnhof Bento), Tel. 228 320 992, www.livinginportugal.pt): Von der Douro-Schiffsfahrt bis zum Helikopter-Rundflug, vom Radverleih bis zur Fado-Show.

unterkommen

Alte Schule, mittendrin: Das **Grande Hotel do Porto** in der Edelshopping-Meile Rua Santa Catarina lässt an Leben keine Wünsche übrig. Mit dickflauschigen Teppichen, halbblinden Riesenspiegeln; Bar und Portiers alter Schule. L'Occitane sowie Swarovski befinden sich fürs Nötigste direkt im Haus (Rua de Santa Catarina 197, Tel. 222 076 690, EZ ab 93 €, www. grandehotelporto.com).

Für echte Fans: Wenn Bob Dylan in town ist, steigt er im altehrwürdigen Hotel **Infante des Sagres** ab, wie viele vermögende Kollegen. Der edel aufgemachte Laden, eine ehemalige Markthalle, hat einen wunderschönen Innenhof (Praça D. Filipa de Lencastre, 62, Tel. 223 398 500, www. hotelinfantesagres.pt, EZ ab 200 €).
Musikalisch: Das **Residential dos Aliados** liegt mitten im Herzen und kommt auch von Herzen. Sehr charmantes Personal, durch das ›Musikercafé‹ **Guarany** direkter Anschluss an das Straßenleben, und das mit Stil (Av. dos Aliados – Eingang von der Rua Elísio de Melo 27, Tel. 222 004 853/4, www.residencialaliados. com, EZ ca. 60 €) .

essen & trinken

Hier sitzen alle: Im buchstäblich alt eingesessenen **Café Majestic** (Rua de Santa Catarina 112, So geschlossen) trinkt man seinen Kaffee oder snackt zu jeder Tageszeit den Porto-Snack Franceshina (Sandwich mit Steak, Schinken und Käse belegt) auf uraltem Leder, unter Rauschgoldengeln und livrierten Kellnern. Hier schlürft der Opa seinen Porto, und die feinen Damen treffen sich zum Schnack, Stammgäste und nette Leute werden mit Handschlag begrüßt.
Hier essen Eingeborene: Am ›szenischen‹ Douro-Flussufer Ribeira oder im ›szenigen‹ Gaia. Zum Beispiel **Dom Tonho,** chicer Ribeira-Laden der lokalen Blues-Berühmtheit Ruí Veloso (Rua Cimo do Muro 13-1, Tel. 222 004 307, oben an der Mauer). Hier stehen die berüchtigten Tripes Porto Style auf der Karte: Kutteln sind Porto-Spezialität, seit die selbstlosen ›Kuttelesser‹ (Spitzname für die Einwohner) 1415 das gute Fleisch den Seeleuten mit auf ihre Afrika-Expeditionen gegeben und sich mit dem Rest vom Schützenfest begnügt haben.

Sehr beliebt wegen der Aussicht sind sonst die transparenten ›Esskästen‹ am Gaia-Flussufer, meist Auslagerungen der Restaurants, allerdings mehr etwas für Romantiker. Unbedingt vorbestellen!

Fado everywhere: Kultur in Porto

Vegetarisch: In Porto muss man regelrecht auf Vitaminjagd gehen. Da tut ein vegetarisches Mittagsbuffet doch gut, vor allem, wenn es etwas abenteuerlich ist: Kein Schild deutet auf den Veranstaltungsort **Maus Habitos** hin (Rua Passos Manuel 178, www.maushabitos.com). Einfach ganz mutig im Fahrstuhl des Autohauses den 4. Stock drücken, oben eröffnet sich ein genialer Rundumblick, eine lecker-lockere Lounge und vielleicht die Option auf ein tolles Kultur-Abendprogramm – darauf kommen wir zurück (Lunch nur an Werktagen).

tagsüber

In Porto sollte das feste Schuhwerk nicht fehlen, es ist das San Francisco Europas, was das Drunter und Drüber der Straßen anbetrifft. Und wir haben uns schließlich viel vorgenommen. Als Erstes steht Kultur auf dem Programm, und da kann die Schleicherei durch die Unesco-geschützte **Altstadt** schon mal einen halben Tag in Anspruch nehmen, ebenso die Fahrt in das, Achtung, Unesco-geschützte Rebenland des **Douro,** das auf den jahrhundertealten Parzellen die Früchte dessen hergibt, was man in **Vila Nova de Gaia,** kurz Gaia, dutzendfach genießen kann: Portwein. Wie in Hollywood prangen die Schriftzeichen der führenden Portweinhersteller (die meisten ursprünglich englisch) in den Hügeln, das hinter der imposanten Eisen-Doppelbrücke Ponte de D. Luis I. von Gustave Eiffel beginnt. Viele Häuser veranstalten über den ganzen Tag Führungen, selbstverständlich mit Umtrunk (zum Beispiel **Croft,** Largo Joaquim Magalhães 23, Tel. 223 742 800, tgl. 10–18 Uhr, Gruppenführung buchbar bei LivinginPortugal (s. ›Informieren‹. Wenn nicht anders erwähnt, sind alle genannten Ausflüge dort buchbar).

Porto kann man aber auch sportlich nehmen: Es lohnt sich, ein Rad zu mieten (bei LivinginPortugal 1Std. 2 €, 1 Tag 15 €, 2 Tage 25 €, 3 Tage 35 €), wenn man Alt- und Innenstadt mal hinter sich lassen will – zum Beispiel mit dem Handtuch bewaffnet am Flussufer Ribeira hinauf Richtung Meer (ideale Wegstrecke am Flussufer entlang) bis zur **Avenida de Brasil** in das schnieke Badeviertel **Foz** – das ist lang, aber wenigstens nicht steil – oder auch zum Herumhängen in den schönen Parks der Stadt.

›Mitnehmen‹ sollte man dann den originellen **Serralves-Park** mit der gleichnamigen Stiftung und dem Museum für Zeitgenössische Kunst (www.serralves.pt, Di–Sa 10 Uhr bis Mitternacht geöffnet, So und Mo 10–20 Uhr, Eintritt 80 Cent/Std.). Übrigens, nicht aufgeben: Weiter Richtung Norden wird der Strand schwimmkompatibler, an der Flussmündung ist es verschmutzt und dann sehr felsig. Empfehlenswert: **Praja dos Ingleses, Praja da Luz, Praja do Molhe** und **Praja Homem do Leme** (auch mit dem Sightseeingbus erreichbar).

abends

… sollte man auf jeden Fall den Sprung nach Gaia wagen und 'rübermachen, gerade weil die Touristen der Portwein-Tagesausflüge dann weg sind. Es reicht, das Flussufer abzuschreiten und die Bars und Restaurants nach Stimmung zu checken. Wer sich in portugiesischen Fado-Klängen verlieren und dabei nicht allein sein will, sollte die **Porto-by-Night-Tour** buchen: Abholen vom Hotel, Dinner mit Fado-Show und danach mal sehen, wo man zusammen noch hingeht. Kultiger – in diesem Falle ist das Wort erlaubt – geht es in dem Speakeasy-ähnlichen **Maus Habitos** zu, dort, wo Sie vielleicht schon vegetarisch zu Mittag gegessen haben (s. essen & trinken).

nachts

Die etwas heftigere Gangart – Clubbing – findet draußen vor den Toren statt, wie etwa **Tomate** (Rua Pinto de Azevedo 15, Tel. 226 162 487, Fr/Sa) oder **Industria** am Wasser kurz vor Foz (Avenida Brasil 843, Tel. 226 176 806, Fr/Sa). In der Stadt gibt es das **Swing,** das auch sonntags geöffnet ist (Rua Júlio Dinis 786, Tel. 226 108 172), oder von DJ Aniki **Bóbó** gut aufgelegten Acid und Electronic an der Ribeira (Rua Fonte Taurina 36, Tel. 223 324 619, So/Mo geschl.), wo sich nachts das Volk trifft, um zu gucken, wie Sie gucken.

must-sees

Das **Casa da Musica** des Stararchitekten Rem Kolhaas (Av. da Boavista 604-61, Tel. 220 120 220, www.casadamusica.com) ist wahrlich ein ungeschliffener Rohdiamant – dessen Form hat das vielfach gewürdigte Gebäude, und wenn dort ein interessantes Konzert stattfindet, sollte man unbedingt hin. Das **Estádio des Bessa** des ständigen Champions-Ligisten FC Porto ist für Fußballfans ein Mekka. Und am Portwein kommt man nur schwer vorbei …

termine

Portos Aktivposten sind am besten zu genießen, wenn man sich auf kulturelle, sportliche oder gesellige Events kapriziert. Auf www.portoturismo.pt findet man über das ganze Jahr Anregungen.

Am **23. Juni** ist der Portoer Karneval: **São João,** der Schutzpatron Portos, wird die ganze Nacht mit Feuerwerken und Open-Air-Partys gefeiert (vor allem an der Ribeira), zu denen man sich gegenseitig mit einem Plastikhammer auf den Kopf haut, mit Lauchstangen Fremden an die Nase stubst und möglichst noch den Morgentau erlebt, da er nur in dieser Nacht reines Weihwasser ist …

Du bleibst nicht allein,
weil sich verschiedene Interessengruppen in Porto von selbst finden, sei es Kultur, Sport oder Port.

Nicht hinfahren,
wenn man sich nur mit Portweintrinken eine rote Nase verdienen will.

Unbedingt hinfahren,
wenn man den portugiesischen ›saudades‹ (zum Beispiel bei Regen) durchaus etwas abgewinnen kann.

Sparen	*****
Sport	***
Kultur/Bildung	*****
Entertainment	***
Erotik	**

Prag

Stimmung im Café Bohemia

Gott ist Prager. Nicht der Erste Autonome Single aller Zeiten, sondern der Frank Sinatra von Tschechien, Karel Gott. Prags ›Goldene Stimme‹ hat in der Nähe sogar ein eigenes Museum und wird sehr verehrt. Wenn Prag sich, von Gott abgesehen, mal von den Überresten des Sozialismus (wie schlechter Service) und der Oleg Popoff-Ästhetik (Marionetten, Babuschkas etc.) samt tschechischem Jugendstil lockermacht, kommt ein Juwel hervor. Die Bierkeller-, Jazzclub- und Undergroundkultur, selbst die ›Sehenswürdigkeiten‹ sind kommunikative Treffpunkte für Einheimische und Touristen. Vereinigt Euch. Gotts Segen habt Ihr.

Oben ohne durch Prag: Blick vom Hradschin

Prag war schon vor der Teilung der Tschechoslowakei ein Anziehungspunkt für westliche Touristen. Seit der Samtenen Revolution am 17. November 1989 hat sich die Stadt selbst dem Westen zugewandt, mit allen Vor- und Nachteilen. Tragischstes Beispiel ist der Wenzelsplatz, oft Zentrum politischer Umwälzungen, heute die zu meidende Trash-Meile par excellence. Dafür ist Prag im Kern immer das, was es war: Anziehungspunkt für Künstler aus Literatur, Film, Musik, Versammlung bedeutender kultureller Errungenschaften und ein Arsenal unzähliger Straßen, die oft leer sind und daher als Filmkulisse beliebt. Neben Kafka & Co auch ein Urquell der Freude.

Warum Prag?

Junggesellen, aufgepasst! Prag gilt als Hochburg der Stag-and-Hen-Partys: Herrenabende und Damenkränzchen, in Gestalt ausschweifender Bierausflüge (immer noch extrem preiswert) und zunehmend auch der interessanten lokalen Musik- und Filmszene. Auf diese und andere Gelegenheiten haben findige Anbieter längst reagiert und laden zu diversen Gelegenheiten ein. Prag bietet nicht nur die merkwürdig verbreitete Gogo-Tänzerinnenkultur, sondern auch die komplette Partyorganisation oder auch ein umfassendes Sport- und Spaßprogramm. Intellektuelle können nach wie vor in den spukigen Gassen von Neustadt und Josephstadt auf Kafkas Spuren wandeln oder die authentische Jazzclub-Kultur genießen. Vielleicht treffen sie dort auch den einen oder anderen Präsidenten. Auf jeden Fall bleibt in Prag kein Auge trocken.

orientieren

Germanwings fliegt von Köln-Bonn, **Czech Airlines** von Berlin, Düsseldorf, Frankfurt, Hamburg, Hannover, München. Mit **easyjet** geht's von Dortmund und Basel/Freiburg, mit der **Lufthansa** von Düsseldorf, Frankfurt, Hamburg, München, und mit **InterSky** von Friedrichshafen.

Der **Prag Airport Shuttle** bringt den Neuankömmling zuverlässig in englischer Sprache in die 15 km entfernte Stadt (www.prague-airportshuttle.com). **Taxis** dürfen um die 400 Kronen verlangen.

Im Touristenzentrum: **Bicycle Rental,** an drei zentralen Orten der Stadt, inklusive Helm und Stadtkarte (Újezd 24, Malá Strana, 9–20 Uhr, 24 Std. 1000 CZK).

informieren

Vorwahl von Tschechien: **00420.**
Touristeninformation, Staromêstské Námestí im Stadthaus, neben der Uhr (Tel. 124 44, www.pis.cz). www. prague-info.cz vermittelt einen breiten Überblick über alles, was in Prag läuft. Aktuelle Events in der englisch-tschechischsprachigen Szenezeitschrift **think again** (www.thinkagain.cz).

unterkommen

Die freundlichste Zimmervermittlung der Stadt ist **Stop City.** Man spricht Englisch und besorgt Apartments, Pensionen oder Hotelzimmer (Vinohradská 24, Tel. 222 521 233-4, www.stopcity.com).
Schlicht und ergreifend: Hotel Anna. Charmante Atmosphäre, super Service (Budecska 17, Tel. 420 222 513 111, www.hotelanna.cz, EZ ab 67 €).
Für Sparsame: Jerome House. Geräumig, preiswert, nett, bescheidenes Frühstück, aber sehr zentral, und wegen des Namens wohl ein beliebter Anlaufpunkt für Amerikaner, die aufgrund ihres Jetlag erst morgens um 4 Uhr den Weg ins Bett finden (V. Jírchaích 13, Tel. 224 933 207, www.jerome.cz, EZ 45 €).

essen & trinken

Frischer Kaffee, Sandwiches, Snacks: Fuzion. Wohnzimmer-Atmo, gut fürs zweite Frühstück (Vodickova 36, www.fuzion.cz).
Edel in der Josefstadt: Pravda. Für einen stärkenden Kaffee nach dem Shopping, ein gutes Mittagessen unter erfolgreichen Pragern oder die Vorbesinnung zum jüdischen Friedhof direkt nebenan (Parizka 17).
Socialist Chic: Kavarna, im Stadthaus. Hier werden die Tischdecken nach Verlassen der Gäste morgens, mittags, abends noch ordentlich aufgebügelt, im Keller befindet sich ein großer Bierkeller, klassische Konzerte (Námestí Republiky 5).
Deutsch-tschechischer Treff: Jeden Montag trifft sich zum Sprachaustausch eine gemischte Gruppe von Leuten ab 20 Uhr im Restaurant **U Crámrse** (Mánesova 35), bis der Letzte geht (Sommer geänderte Zeiten).
Für Weinfreunde: Es muss nicht immer Urquell sein – die **Monarch Vinny Bar** ist ein einladender, schillernder Treffpunkt der Prager Geld-Bohème, mit leckeren Snacks zu sehr guten Weinen inmitten des Lagers (Václavské Námestí 64, www.monarch.cz).
Sozialismus karibisch: La Bodeguita del Medio. Dem legendären Laden in Havanna nachempfundene Gute-Laune-Location mit jeder Menge Zigarren, Cubaner und hauseigenem Cadillac (Kaprova 5, www.bode-guita.cz).
Absolutely on top: Cowboys. Wenn Matt Damon, Robbie Williams und ähnliche Kaliber in Prag sind, werden sie fast automatisch Gäste der **Kampa Group,** denn diese haben die Szene-Gastronomie vor Ort fest im Griff. Der ›amerikanische‹ Laden mit Steaks und Cocktails über den Dächern von Prag ist

Cuba libre: Die Bodeguita del Mexico

sicher der schrägste ›place-to-be‹ Prags. Abends mächtig was los. (Nerudova 40, Malá Strana, unterhalb des Hradschin, Tel. 296 826 105/107, www.kampagroup.com).

Downtown ist das **La Provence.** Der französische Ableger der Kampa Group ist deshalb interessant, weil man danach oben mit tschechischen Yuppies und coolen Ausländern im **Banana Club** landet (Stupartská 9, Tel. 224 816 692).

tagsüber

Prag ist relativ weitläufig, wenn man sich nicht nur im historischen Viertel aufhalten will. Für ganz Praktische gibt es Fahrradverleih **Praha Bike** (Dlouha 24, www.prahabike.cz), und schon geht's auf große Tour.

Pflicht sind auf jeden Fall die Altstadt **Staré Mesto,** die **Josephstadt** (auch zum Edelshoppen auf der Pariser Straße), der **Hradschin** und die Kleinseite **(Malá Strana).** Die wichtigsten Sehenswürdigkeiten erlebt man auf geführten Touren im Rahmen der **City Walks,** sei es der Klassiker Prague Intro, der Revolution Walk, die Ghost Tour oder die Old Town Pub Tour. Tour 16 (Ultimate) enthält Bootsfahrt, dreigängiges Essen und Erfrischungen (www.praguer.com). Wer's nostalgisch mag, mietet bei **Sightseeing Tours** einen Oldtimer und genießt Prag mit offenem Verdeck und Chauffeur (Informationen im Tourismusbüro im Rathaus). Für den ›genius loci‹ hat Prag spezielle Ausrichtungen zu bieten.

Für den Verehrer der Nachtigall: Das Gott-Museum. Einmal um die ganze Welt … für ironische Urlauber ist ein Besuch im östlich von Prag gelegenen neuen **Karel Gott-Museum** in seiner Heimatstadt Jevany eine schräge Sache, wo alles Wichtige und Unwichtige des Trägers der Goldenen Nachtigall ausliegt, inklusive Gott-Shirt zum käuflichen Erwerb (Prazská 78, tgl. 10–18 Uhr, www.gottland.cz).

Für die intellektuelle Forelle: The Globe. Eigentlich ein Buchladen, dann aber auch Internetcafé und Treffpunkt für internationale Durchreisende. Entscheidend: das schwarze Brett mit aktuellen Infos über Hostels, Nightlife. Jeden 1. und 3. Dienstag im Monat ab 20 Uhr Philosophieclub (Pstrossova 6, www.globebookstore.cz).

Das **Theater im Ständehaus** und die **Oper** sind feste Größen im internationalen Geschehen, es lohnt ein Blick auf den Spielplan (Ostrovni 1, www.narodni-divadlo.cz).

Für Spaßvögel: Organisierte Stag-and-Hen-Partys und jede Menge Spaß-Programm rund um den Damen- oder Herrenkranz, Junggesellenabschied oder Kegelclubausflug? **Sport Island** bietet reichhaltige Fun-Aktivitäten rund um die Stadtsause. Auf der **Incognito Fashion Tour** wird Madame vom Chauffeur abgeholt und zu exklusiven Outlets kajolt, wo sie individuell typberaten wird. Die Jungs können mittlerweile bei **Paintball, Go-Kart, Tontaubenschießen** oder **Quad-Heizen** sportlichen oder einfach infantilen Neigungen nachgehen. Nicht zu vergessen der für Junggesellenabschiede fast obligatorische geführte **Bier-Marathon,** oder vielleicht auch die **Striptease-Show** mit Go-go-Dancer – wobei der Bräutigam immer mit ›kleinen Überraschungen‹ rechnen muss.

Selbstverständlich gibt es auch ein breites Angebot an kulturellen Führungen und Bootsausflügen. Man trifft sich an der Karlsstatue in der City, Kennzeichen orangener Regenschirm mit Aufschrift ›Fun in Prague‹ (Tel. 724 371 392, www.funinprague.com). **Für Schnaps- und Bierdrosseln:** die legendären Bierkeller. Nach Prag kommen viele nicht zum Spaß, sondern zum Urquell. Zum Unterhaken: **U Fleku** ist weltberühmt für seine Stimmung und sein Bier, das ständig mit Schnaps angeboten wird, und hier spielt der unvermeidbare Schweijk-Verschnitt bereitwillig auch Evergreens wie die berühmte tschechische Weise ›Que será, será‹, damit alle mitsingen und schunkeln können (Kremencova 1). Alternativ geht's im **U Dvou Kocek** (Zu den zwei Katzen) etwas friedlicher zu, zudem gibt es neben der obligaten Musik aus der Quetsche, Urquell und guter Küche eher kleine Preise. Zum Bierbestellen einfach einen Deckel vor sich auf den Tisch legen (Uhelnytrh, tgl. 11–23 Uhr). Wer dann noch weiterkommt, hat Glück gehabt, oft ist in den Bierkellern schon Endstation.

abends

Nach einem ausgedehnten Sightseeing- und Shoppingtag chillt sich's wohlfeil in der **Rytírská-Straße** parallel zur Fußgängerzone. Das einladende **café café** mit seinen großen Scheiben müsste eigentlich ›Sehen und Gesehen Werden‹ heißen (Rytírská 10). Fußlahme können sich zur Erholung direkt gegenüber bei **Sawasdee** eine der in Prag sehr beliebten thailändischen Fußmassagen gönnen (Rytírská 19 & Zatecká 8, Tel. 224 226 105 oder einfach reinschauen). In unmittelbarer Nachbarschaft zu café café liegen **sushi-sushi**, **k.u.** und das **Diskafé** (Karlova 26), außerdem hippe Modeläden.

Jazz, Gulasch, Bier ... es gibt tatsächlich Etablissements, die mit diesen Aktivposten für sich werben. Jazz ist – wie Bier und Gulasch – ein fester Bestandteil des Prager Kultur- als auch Gesellschaftslebens. Auch wenn man mit dieser Musik sonst nicht viel am Hut hat, in Prag stehen an jeder Ecke Bands, ertönen aus offenen Fenstern Saxo-

Wein, Weib und Gesang: Monarch Vinny Bar

phonklänge. Die High Society Prags, politische oder industrielle Vertreter treffen sich bei Konzerten internationaler Jazzstars im **Reduta** – vor allem, seit Bill Clinton zum Feierabend mit Vaclav Havel hier seine berühmte Kanne geblasen hat (Národni 20). Das **Agharta Jazz Centrum** rühmt sich zwar, Prags wichtigster Club zu sein, hier treten allerdings eher lokale Größen auf (Zelezná 16, Tel. 222 211 275). **Malého Glena** auf der Kleinseite ist nicht nur ein beliebter Treffpunkt von jungen Backpackern, sondern im Keller Austragungsort für Jazzgrößen und -zwerge (Karmelitská 23, Tel. 257 531 717).

nachts

Der **Club Radost FX** ist ein beliebter Expat-Treff, also von Leuten aus aller Herren Länder, vor allem Ortsansässige und Leute mit Jetlag, inklusive vegetarischem Café (auch die ganze Nacht geöffnet), Kunstbar, Chill-out-Lounge und hervorragenden DJs, besonders an den Soul Train-Samstagen (Bulehradska 120, www.radostfx.cz). Auf dem schwarzen Balkon des **Marquis de Sade** kann man sich vor Quälgeistern sicher fühlen, die Szenerie beobachten und sich in der von einem Amerikaner geschaffenen Gute-Laune-Atmosphäre davon anstecken lassen (Templová 8).

must-sees

Pflicht gilt für folgende, breit gestreute städtische Denkmäler: die **Karlsbrücke,** das **Altstädter Rathaus** mit seiner astronomischen **Uhr,** überhaupt das ganze **Stare Mesto,** auf dem Hradschin der **Alte Königspalast, Burggalerie, Veitsdom** und **Goldenes Gässchen.**

Ausgefallener ist da schon das **Kafka-Museum,** sicher etwas für Liebhaber. Ästheten wissen die jugendstilige **Pariser Straße** in der **Josephstadt** zu schätzen, und auch der **Jüdische Friedhof** gehört eigentlich zum Pflichtprogramm, jedoch nicht nach einem Bierkellerbesuch.

termine

Der **Prag Marathon** Mitte/Ende April ist mittlerweile ein kleines Stadtfest geworden (www.pim.cz). Das Winterende wird am **30. April** auf der Kampa-Insel gefeiert – in das **Frühlingsfest** am 1. Mai kann man also direkt hineinrutschen. Am **5. Mai** ist es ernster, man gedenkt des Prager Volksaufstands.

Der **Prager Frühling** ist allerdings heute ein renommiertes Musikfestival, das immer am Geburtstag Smetanas (12. Mai) beginnt und in Prags schönsten historischen Bauten stattfindet (www.festival.cz). Zur **Prag Fringe** im Juni rennen noch mehr Künstler und solche, die sich dafür halten herum (www.praguefringe.com).

Im **Juli** und **August** finden in den Parks der Stadt diverse kostenlose Konzerte statt. Das **Jazz Festival** steigt im Oktober in der Lucerna-Konzerthalle (www.agharta.cz).

Du bleibst nicht allein,
weil Du am besten erst gar nicht allein hinfährst, sondern mit Deinen besten Freunden – zum Feiern. Oder du willst allein sein, auf Kafkas Spuren …

Nicht hinfahren,
wenn man in Kellergewölben Platzangst bekommt oder auf hohe Absätze und Rollkoffer auf keinen Fall verzichten kann (das Kopfsteinpflaster!).

Unbedingt hinfahren,
wenn man die letzten Restposten charmanter Ostblock-Kultur wie ›social clubs‹ und Jazz … oder einfach den Bierhimmel auf Erden erleben will!

Sparen	*****
Sport	***
Kultur/Bildung	*****
Entertainment	****
Erotik	***

Valencia
Jungbrunnen

›Stadt der Zukunft‹ nennt sich Valencia gerne selbst. Hört, hört. Wenn da mal der fast erzwungen wirkende Bilbao-Effekt in Gestalt der frisch in das ehemalige Flussbett des Turia geklotzten ›Stadt der Künste und Wissenschaften‹ nicht daneben liegt. Dabei hat Valencia so viel mehr zu bieten als Gigantismus. Fast überall fühlt man sich aufgehoben, kann wunderbar herumlungern und im Sprachkurs oder in gemütlichen Cafés Gleichgesinnte kennenlernen. Außerdem startet hier 2007 der America's Cup, dessen Austragung im Hafengebiet deutliche Spuren hinterlassen hat. Barcelona hat's hinter sich. Valencia, wir kommen!

Gigantisches Kindermuseum: Museo de las Sciencias

Warum Valencia?

Valencia ist fast immer schön warm und hat viele, viele Besucher, die länger verweilen, um Land, Leute und andere Leute aus dem Ausland zu studieren.

Die Zahl der ansässigen Sprachschulen ist Legion, die Universität zum Studieren beliebt. Das begründet die hohe Café- und Kneipendichte im klassisch-klassizistischen Ambiente der Stadt, die obendrein mit dem dazugehörigen Meer einen hohen Freizeitwert bietet.

Deshalb wird es hier bestimmt nicht langweilig. Oder waren Sie schon mal in einem Reismuseum?!

orientieren

TUIfly fliegt von Stuttgart, Hannover und Köln/Bonn direkt nach Valencia, die **Lufthansa** von Hamburg, **Spanair** von München, **Ryanair** von Frankfurt/Hahn.

Ein Einzelticket in der Zone A kostet 1,10 €, für längere Aufenthalte lohnt sich die **Valencia Tourist Card** (www.valenciatouristcard.com, www.metrovalencia.com).

informieren

Vorwahl von Spanien: **0034.**
Touristeninformation, Plaza de la Reina,

19, Tel. 963 153 931, Überblick verschafft die barrierefreie und auch deutschsprachige Site www.turisvalencia.es.

unterkommen

Sozial absteigen: Die **Home Hostels Espana** sind gepflegt, voll in Ordnung, und sehr bunt und lustig. Und da wäre noch der sensationelle Preis: **Home Backpackers** ab 12 € (Plaza Vicente Iborra, Barrio del Carmen, Tel. 963 913 797), **Home Youth Hostels** ab 15 € (Calle La Lonja 4, Tel. 963 916 229), **Home Deluxe** ab 20 € (Calle Cadirers, 11, Tel. 963 914 691). Besser vorher reservieren und sich schon mal an die knalligen Farben gewöhnen unter www.likeathome.net.

Einfach, schön und dazu zentral gelegen, ist das **Venecia** ein Stück des alten Valencia und eine Bereicherung des Stadtbildes (En Llop, 5, Tel. 963 524 267, www.hotelvenecia.com, EZ ab 45 €, nach Blick auf den Platz fragen). Noch schnieker, mit Sauna und Fitnessraum, ist das **Consul del Mar,** 300 m vom Musikpalast gelegen (Avenida del Puerto, 39, Tel. 963 625 432, www.hotelconsuldelmar.com, EZ 95 €, außer Messe).

Voll in Ordnung: Und das, was man ein gepflegtes, ruhiges Hotel nennt: **Antigua Morellana** (En Bou, 2, Tel. 963 915 773, www.hostalam.com, EZ ab 36 €).

essen & trinken

Gib mir Reis, Baby: Valencia ist die Heimat der **Paella** und anderer Reisgerichte. Am **Paseo de Neptuno** am Strand findet man Restaurant an Restaurant, die das Nationalgericht auf der Platte haben – und zu einsamen Wanderern gerne mal angesichts eines menschenleeren Saals sagen, sie seien heute ausgebucht. Allerdings gibt es die Paella valenciana auch meistens nur für zwei, und man soll sie übrigens nie abends essen. Einer der besten Paellas wird in **La Pepica** serviert (Paseo Neptuno, 6, Tel. 06 371 0366) – uptown schmeckt's im **Ocho y Medio,** Vertreter der hohen spanischen Kochschule von Martin Berasategui (Plaza Lope de Vega, 5, Tel. 963 922 022). **Orient Express,** ›el primer noodle bar de la ciudad‹, ist preiswert, fantastisch, frisch und abends so beliebt, dass man sich schon sehr in die Bänke zwängen muss. Sehr hippes Publikum (Calle Roteros, 12, Tel. 963 065 166, 12–24 Uhr). Tipps über ganz arg angesagte Restaurants und tagesaktuelle Angebote gibt www.menudeldiavalencia.com. Wer snacken und sparen will, kann sich rund um den **Mercado Central** satt essen. Ein virtueller Restaurantkritiker findet sich auf www.valencia.lanetro.com.

tagsüber

Ob Student oder Lonesome Business Traveller, Valencia bietet verschiedene soziale Anknüpfungspunkte: Das Internetcafé **ONO** des großen spanischen Telekommunikationsanbieters ist beliebter Treffpunkt für alle, die ihre E-Mails abrufen wollen. Der Blick geht dann oft über den Monitor oder den Kaffee hinaus. Sehr beliebt und lauschiger als ein Internet-Café ist das **Tula Café** (Cádiz, 62, Esq. Literato Azorín).

Wer bezahlt, ist in Valencia nie allein: Die **Valenciaguias** bieten echten Walker-Service, von der individuellen Stadtführung bis zum sportlichen Gruppenausflug (immer ab 10 Uhr vor dem Touristenbüro, aber nur an den markierten Tagen: www.valenciaguias.com oder direkt in der Touristeninformation fragen). Am besten gleich antreten, die Führer verschaffen Überblick und geben Tipps, was in der Stadt sonst noch so läuft.

Wenn es zu Fuß zu lästig oder zu weitläufig erscheint, so lasset uns treten: Eine schöne Gelegenheit, Valencia mindestens zu zweit zu erobern, bietet **Scooter.** Nach dreieinhalb Stunden hat man gemeinsam das alte Flussbett, Stadtzentrum und die Stadt der Künste und Wissenschaften absolviert. Man kann auch andere Touren bestellen – und sogar Mittag- oder Abendessen, ganz nach Bedarf (Valencia Bikes, Paseo de la Pechina, 32,

Ciudad de las Artes y las Ciencias, 22 € einschließlich Mietgebühr, Führer und Getränk, www.valenciaguias.com. Zentraler: **orange bikes,** Santa Teresa, 8, Tel. (0) 96 391 7551, www.orangebikes.net).

Wer sich gerne im Urlaub mit Sprachkursen quält, wird bei **Babylon** (Intensivkurs 140 €/Woche, inkl. ›24-Std.-Notfalldienst‹, gemeinsame Kulturbesuche und spanische Filmnacht, www.babylon-idiomas.com) vielen Zungen dieser Welt begegnen – und es soll dort auch die attraktivsten Teilnehmer haben.

Wo wir gerade bei sportlichen Aktivitäten sind: Laufen, schwimmen und abhängen lässt sich's sommers prima am **Paseo de Neptuno** mit seinem langen Boulevard und den zahlreichen Restaurants, gebeacht wird aber am besten an der **Playa de Malvarrosa** (Metro Linie 4), dort haben schon Filmstars ihre Abdrücke hinterlassen. Wo die Orangen unter Spaniens Sonne am besten reifen, hat der **Golfer** leichtes Spiel – und Valencia bietet auf El Saler, El Bosque, Manises oder im Club Escorpión (www.clubescorpion.com) beste Gelegenheiten zum Abschlagen (Info im Touristenbüro).

abends

In der Altstadt kann man durchaus einen angenehmen Abend verbringen, vor allem ausgehend von der **Plaza de la Virgen.** Zum Beispiel in die **Calle Caballeros,** dem vordergründigen Nightlife-Hub. Die Szene verlagert sich jedoch zusehends weiter nördlich an die Plaza del Carmen. Dort findet sich zum Beispiel für einen Aperitif das ansprechende **Luna Carmen** und im Fressgässchen Calle Roteros von zum Beispiel **Orient-Express** über **Records de l'Avenir** und **Susan Witch** jede Menge Ansprechendes.

Dann empfiehlt sich ein Rundgang durch die Calle Museo und wieder weiter südlich in die Calle Sogueros, wo es immer wieder nette Gelegenheiten zum Dinieren oder Trinken gibt, zum Beispiel das nostalgische **Sant Jaume,** eine umgebaute Apotheke (Calle de

Sport im Orient Express: Kennenlernen

Caballeros, 51), das moderne **Budoar** (Calle de Serranos, 22, Tel. 963 914 060), oder das quirlige **XinoXano** (Alta, 289).

Wo gesungen wird, da lass' dich nieder: Im deutsch geführten **SEB** in der Calle Virgen de la Misericordia gibt es entsprechend einen deutschen Stammtisch. Zurück über die Quart (hinter Nr. 26 verbirgt sich **Venial,** ein lustiger Gay Club mit regelmäßigen Shows, Programm unter www. venialvalencia.com), gelangt man wieder an die Calle Caballeros – es hängt von Ihnen ab, wie lange der Abend dauern soll. In der **Stadtkathedrale** steht übrigens der Kelch, von dem Jesus Christus beim Abendmahl getrunken hat – weshalb die Kirche auch Eintritt nimmt.

Falls es zufällig gerade Donnerstag und Mitternacht sein sollte, erleben Sie an der **Plaza de la Virgen** einen tausendjährigen Brauch, das **Tribunal de las Aguas** – und wenn Sie bis dahin jemanden kennengelernt haben, sollten sie ihn oder sie damit beeindrucken.

nachts

Das Nachtleben tobt ansonsten südlich des Hauptbahnhofs, um die Avenida Valencia, wo sich die Clubs aneinanderreihen. Wohlfühlen für alle: **Mogambo** (Calle Sangre, 9), Gay Club und daher frauenfreundlich. Das **Pacha** ist auch in Valencia immer für eine kesse Sohle gut, und wer's in den VIP-Raum schafft, kommt nicht allein (San Vincente, 305, www.pachavalencia.com). Wer keine Ruhe kriegt, liegt im **VivirSinDormir** (span. ›Leben ohne Schlaf‹) richtig: Café, Bar, Musik, alles am Strand (Paseo de Neptuno, 42, Tel. 963 727 777, www.vivirsindormir.com).

must-sees

An der **Ciudad de las Artes y las Ciencias** kommt man natürlich nicht vorbei, sonst wäre schon Ihr Portier beleidigt (Prolongación Paseo de la Alamenda, 48, Tel. 961 974 500, www.cac.es). Allerdings reicht der Genuss des Calatrava-Getüms wirklich von außen: Das **Museo de las Sciencias** ist eine Art Kindermuseum. Man kann zum Beispiel toll einen Ball in einen Korb werfen, und ein Flugzeug hängt an der Decke. Im **Oceanográfic** schwimmen immerhin Haie über einen hinweg, es gibt eine rührende Delfinshow, und Belugawale führen ein tristes Dasein.

Seit der **Palao de les Arts Reina Sofia** (die Darth Vader-Maske) nicht nur eingeweiht, sondern auch fertiggestellt ist, lohnt sich der Blick auf den Opernspielplan (www.lesarts.com). Ansonsten werden selbst Architekturfreaks nach 2 km sinnlosem Fußmarsch eingestehen, dass hier nicht mehr der Mensch das Maß der Dinge war.

Dann lieber mal einen Blick in das brandneue **America's Cup-Hafengebiet** werfen, das für den Wettbewerb vom hässlichen Entlein zum Schwan aufgehübscht wurde. Das **Museu de Belles Arts de Valencia** (San Pio V, 9, Tel. 963 693 088) birgt bewährte Kunstschätze, zum Beispiel von Goya und El Greco. Gegenüber steht das **IVAM** für moderne Kunst (Institut Valencia d'Art Moderna, Guillem de Castro, 118, Tel. 963 863 000, www.ivam.es). Das **Museo de Arroz** (Reis-Museum) gibt es wirklich, aber man muss nicht wirklich hinein.

termine

Valencia hat's mit dem Feuerwerk: Mitte März steht beim Feuerwerk-Festival **Las Fallas** die Stadt in Flammen, unterstützt von Bands und Blumenprozessionen (www.fallas.com) – übrigens die einzige Zeit, in der man Paella auch abends essen soll.

Zur Sonnenwendfeier am **23. Juni** ist in Valencia die Hölle los – besonders 2007, wenn an diesem Tag auch noch der **America's Cup** startet (bis 7. Juli).

Am **8. Oktober** wird der Nationalfeiertag traditionell mit einem Feuerwerk über der Stadt eingeleitet. Im Juli ist die **Feria,** ein umfangreiches Kulturfest.

Im 35 km entfernten Benicassim findet am ersten Wochenende im August das legendäre **FIB-Popfestival** statt (www.fiberfib.com). Am letzten Mittwoch im **August** bewerfen sich im nahe gelegenen **Buñol** die Menschen hemmungslos mit Tomaten – die C3 bringt Sie hin (www.tomatina.com).

Du bleibst nicht allein,
weil im Sprachkurs die Worte ›te quiero‹ eigentlich schon genügen. Anfänger erkennt man daran, dass sie für ›bésame mucho‹ eine Ohrfeige kassieren.

Nicht hinfahren,
wenn man die Zähne nicht auseinanderbekommt.

Unbedingt hinfahren,
wenn man Valencia schon kennt und eine echt spanische Stadt kennenlernen will, bevor wieder jeder hinfährt.

Sparen	***
Sport	***
Kultur/Bildung	*****
Entertainment	****
Erotik	****

Küss' die Hand Wien

K.u.K., Kaffeefahrt, und ewig dreht sich der Wiener Walzer an der schönen blauen Donau ... Wien, wir haben ein Problem. Hier scheint sich ja nie etwas zu ändern, wie viele Eingeborene von Thomas Bernhard bis Luc Bondy bestätigen. Für die einen faszinierend, für die anderen der längste Aufenthalt der Welt. Wenn auch das Fremdenverkehrsamt versichert, kein Single-Programm zu bieten, haben wir trotz dieser Willensbekundung (noch mal vielen Dank!) in der Heimat Kottans ermittelt.

Old and New Style: Vor dem Museum Albertina

Ohne Schmäh: Die Hauptstadt Österreichs ist Hort einiger Klassiker wie Würstchen, Walzer, Wald und der Psychoanalyse. Was nicht bedeutet, dass Alleinreisende sich vor Ort fragen, warum sie allein sind.

Die zahlreichen Fiaker, Bierstub'n, Heurigendörfer, Hinterhöfe, Gassen, Katakomben und Paläste verleihen Wien jedoch seit eh' und je ihren k.u.k Reiz. Quatsch keine Opern, möchte man da sagen.

Selbstverständlich ist Wien immer einen kulturell ausgerichteten Abstecher wert, die Burg, die Oper und das Sacher-Hotel haben auf jeden Fall was Feines zu bieten.

Warum Wian?

›I will keine Scherereien‹: Wiener und Wienerin an sich sind keine Menschen, die mit offenen Herzen auf Fremde zugehen. Denn Wien hat immer noch dieses ölige Peter-Nidetzkyhafte an sich (das war der Ö-Kommissar in Aktenzeichen XY ungelöst). Aber wir haben sachdienliche Hinweise erhalten: Zu dem ganzen gemütlichen Walzer-Wien findet sich ein cooles Gegengewicht, zum Beispiel in Gestalt der Lokalheroen DJ Richard Dorfmeister oder des Weltstars Joe Zawinul, der im Hotel Hilton seinen eigenen Club betreibt. Außerdem gibt es für einsame reisende Herzen pikante Alternativen zum Dinner im Hotelzimmer oder auch zur geselligen Entspannung ... aber schaun's selbst.

orientieren

Nach Wien fliegen die **Germanwings** von Köln/Bonn und Stuttgart, **Austrian Airlines** von Köln, Dresden, Düsseldorf, Frankfurt, Hamburg, Hannover, Leipzig, München. **Air Berlin** fliegt von Düsseldorf, Hamburg, Hannover, **Lufthansa** von Düsseldorf, Frankfurt, München, Hamburg (wie auch Niki) und **InterSky** von Friedrichshafen.

Die **Wien-Karte** (drei Tage für 16,90 €) bietet 210 Vorteile, inklusive alle öffentlichen Verkehrsmittel gratis, Ermäßigungen auf die wesentlichen touristischen Highlights oder auch in bestimmten Restaurants, Heurigen, Geschäften.

informieren

Vorwahl von Österreich: **0043,** dann die erste Null der Ortsvorwahl weglassen.
Touristeninformation: Albertinaplatz (Tel. 01-211 142 22, www.wien.info, dort auch Hotelvermittlung). Das aktuelle Kultur- und Szeneprogramm findet man in der Stadtzeitung Falter und unter www.falter.at.

unterkommen

Nicht nur gay-freundlich, und nicht so, wie der Name sagt: **Pension Wild** im 8. Bezirk (Lange Gasse 10, Josefsstadt, Tel. 01-406 51 74, www.pension-wild.com, EZ 65 €).
Freundlich und ordentlich: Hotel Resonanz, auf der anderen Donauseite, aber fast fußnah zum Zentrum (Taborstr. 47–49, Tel. 01-955 32 52, EZ 45 €).
Für Design-Freaks: In Terence Conrans **Triest** von 1995 ist ein bisschen der Lack ab, aber die Popstars tauchen hier immer noch unter. Robbie Williams hat sich die Bar backstage nachbauen lassen (Tel. 01-589 180, www.dastriest.at, EZ 200 €).
Flott: Das **Style Hotel** befindet sich in einer umgebauten Bank – im ehemaligen Tresorraum ist heute die Sauna – und weist rundum einen wunderschönen Anblick auf, über Wien als auch in der Lobby (Tel. 01-227 800, www.stylehotel.at, EZ 240 €).

essen & trinken

Ehrlich auf die Hand: Bitzinger hat die halbe Stadt im Griff. Zum schnellen Naschen und anschließenden Vernaschen bietet sich der **Würstelstand** der lokalen Gastro-Größe an (Albertinaplatz, ganzwöchig 7–4 Uhr früh, sonntags ab 10 Uhr). **Augustinerkeller** und Vinothek (ebenda) bieten Wiener Wein- und Kellerkultur auf hohem Niveau.
Noch ein Lokal-Matador: Weibel 3 (Riemergasse 1–3, Tel. 01-513 31 10) ist das gemütlichere, geselligere Pendant zu **Weibel's** bekanntem Restaurant (Kumpfgasse 2, Tel. 01-512 39 86, www.weibel.at).
Für Kellerkinder: A bisserl Wein, a Musi und viel G'mütlichkeit gibt's in den legendären Wiener Kellern. Am geselligsten ist's vielleicht im legendären **Esterhazykeller** (Haarhof 1, 11–23 Uhr, Wochenende 16–23 Uhr, www.esterhazykeller.at), dem Stadtheurigen mit Tradition – schon Haydn süppelte hier sein Weinchen.

tagsüber

Kaffeehaus, Beisl, Heurigen, Keller – wo da anfangen? Schließlich ist das Herumsitzen und Schauen ein Stück Wiener Lebensart. Am besten ganz zentral am **Graben** und in der **Kärntnerstraße,** die trotz ihres Status als Fußgängerzone so glamourös daherkommen wie kaum eine zweite in Europa (die Trashmeile ist eher die Maria-Hilfstraße). Dort findet man sich im **Café de l'Europe** (Graben 31) beim angeblich besten Espresso Wiens wieder – und unter Chi-Chi-Passantenpublikum, die das Tratsch und Treiben da draußen unter die Lupe nehmen. Im **Do&Co** (Stephansplatz 12, im Haas-Haus) ist man unter Geschäftsleuten, die mit Zigarre und Blick auf den ›Stephy‹ einen auf dicke

Gucken beim ›besten Espresso der Stadt‹: Café de l'Europe

Hose machen, bei **Hawelka** (Dorotheergasse 6), dem einstigen Amtssitz Thomas Bernhards & Co., unter Literaten und allen, die sich dafür halten und heute noch auf alles schimpfen. Wer geht, dem schickt man aus der Tiefe des Raums noch ein ›Wiederschau'n‹ hinterher. Oder man schnuckert gegenüber bei **Trzesniewski** (Dorotheergasse 1, Slogan: ›Die unaussprechlich guten Brötchen!‹); wenn man jemanden zum Reden haben will: Kleinsthäppchen an der Theke mit Ei, Matjes oder anderem ständig frisch Belegtem, und zum Lächeln ein ›Pfiff‹: ein 0,1-l-Glas Bier! Platz ist in der kleinsten Hütte, und so drängt sich alles um die vier Stehtische und quatscht miteinand'.

Auf jeden Fall muss man sich natürlich durch das **Hofburg-Viertel** arbeiten und eben mitnehmen, was einem Spaß macht. Wer einmal Chefneurotiker à la Jack Nicholson in ›Besser geht's nicht‹ studieren möchte, die mittags mit eigenem Besteck und Serviette anrücken, findet hier im **Café Griensteidl** ein ideales Betätigungsfeld. Hier mogelt sich zum mittäglichen Seniorenteller (5 €) Alt und Jung, Arm und Reich herein, um nach einem aufmerksamen Studium der Karte dann doch denselben zu bestellen – bei den aufmerksamsten Kellnern weit und breit (Michaelerplatz 2, nahe Hofreitschule).

Wenn schon **Führung,** dann nicht alleine. ›Verliebt in Wien‹ bietet themengeleitete Führungen aller Art und zeigt auf diese Weise ein ganz spezielles Wien zwischen ›Liebesg'schichten und Heiratssachen‹ oder ›Das Kaffeehaus – Dirnen, Literaten, Einspänner und Verlängerter‹ auf Wunsch auch individuell (Tel. 01-889 28 06, in der Wien Info, Albertina, Führungen 1–2 Std. 12 €, www.verliebtinwien.at). Die Führung ›Der Dritte Mann‹ verläuft zu vieler Enttäuschung übrigens nicht durch die unterirdischen Kanäle Wiens.

Durch die Stadt kann man sich im Übrigen auch gut selbst führen. Zum Beispiel ins **MuseumsQuartier,** das je nach Tages- und Jahreszeit sehr belebt oder sehr trist ist. Es kommt auf das Ausstellungsprogramm an, was man daraus macht. Auf jeden Fall wirkt das Ganze etwas überambitioniert (www.mqw.at).

Der laute, lustige **Naschmarkt** bietet offiziell eine interessante Warenmischung aus Wiener Spezialitäten (Gurken, Sauerkraut) und ausländischen Einflüssen – oder ist auf gut Deutsch mittlerweile fast fest in türkischer und thailändischer Hand. Da man als Tourist kaum an frischem Rohgemüse interessiert ist (außer man ist pleite, das Sauerkraut ist ungemein billig!), quetscht man sich lieber bei **Feinkost Urbanek** (Stand 46) mit Einheimischen zusammen, nimmt eine feudale Zwischenmahlzeit im Delikatess-Ableger der **Nordsee-Kette** ein oder labt das Auge schlicht an Gustav Klimts Jugendstilikone **Secession.**

abends

So etwas wie das **Kayoko** gibt es vielleicht nur einmal in Europa: Ein anständiger japanischer Massagesalon. Hier ›verkehren‹ sogar lokale Bekanntheiten aus Kultur und Politik. Die Massage wird, na ja, nackt vollzogen, aber wenn Männer wie Frauen sich dort zur vollkommenen Körperentspannung die Klinke in die Hand geben, hat das schon alles seine Ordnung (Kleine Neugasse 2a, Ecke Reinösslgasse, nur mit Anmeldung, Tel. 01-585 72 02, www.kayoko.at, 1 Std. 80 €). Wer danach Hunger hat, ist im Abend-Imbiss **aromat** ganz in der Nähe gut aufgehoben (Margaretenstraße 52, 17–23 Uhr).

Dermaßen entspannt, bietet **Dinner-And-Date** den perfekten Anschluss an das Tagesprogramm – zum Beispiel als ›Dinner zu sechst‹ (und damit ist keine Schweinerei gemeint). Drei Männer und drei Frauen treffen sich zum ungezwungenen organisierten Abendessen, Preis 55 €. Start mit Prosecco zur Begrüßung. Oder Singletreffs ganz ungezwungen und gemeinsame Unternehmungen (www.dinneranddate.at).

Im **Take Five** kostet es 20 € Eintritt, um an der Wiener Society aktiv teilzunehmen. Hier treffen sich Wiener Männer und Frauen zu dem Zweck, sich kennenzulernen statt cool herumzustehen. Gute Kleidung ist obligatoire, und nicht jeder kommt rein (Annagasse 3a, Tel. 664-302 55 58. Der **Social Club** ist, wie der Name sagt, ein Ort zum Kennenlernen, allerdings auf Disco-Niveau (Kaunitzgasse 5, www.socialclub.at).

Ansonsten empfiehlt sich ein Eingrooven in den Abend nahe dem berüchtigten **Bermuda-Dreieck** – das allerdings mehr in die Ballermann-Richtung geht – zum Beispiel im **Hotel Riviera,** das wohl einzige Hotel ohne Zimmer, das weder Plastikessen noch Plastikkarten anbietet zum Bezahlen – aber Ambiente, Karte und Cocktailbar sind verdammt einladend (Schönlaterngasse 13/Ecke Poststraße, www.lametta.com).

Deutlich rustikaler geht es im **Griechenbeisl** an die Buletten, mit Baujahr 1447 das älteste Wiens – und dort am besten im Zitherstüberl, wenn man zu feisten Knödelgerichten keine halben Sachen machen will (Fleischmarkt 11, Tel. 01-533 19 77). Oder ins **Alt-Wien** (Bäckerstraße 9), wo der Künstler Gottfried Helnwein bekannt geworden ist und man diejenigen wieder trifft, die sich schon nachmittags im Café des Alt-Wien-Gründers **Hawelka** (s. o.) über Gott und die Welt aufregen – diesmal nicht beim Einspänner, sondern beim Bier. Wenn man gern im Rauch isst, dann ist das Gulasch durchaus zu empfehlen.

nachts

Das bewährte **Flex** (Donaukanal, Abgang Augartenbrücke. Tel. 01-533 75 25) ist der Ursprung der Wiener Clubszene – wir sagen nur ›Kruder & Dorfmeister‹. Seit Neuestem kann man im neuen Glaspavillon auch gut essen, trinken und brunchen. Noch ein bewährtes Paar ist **Porgy and Bess,** der legendäre Jazzclub der Stadt (Riemergasse 11, www.porgy.or.at), der heuer immer stärker Konkurrenz vom **Birdland** bekommt, dem neuen Club des Wieners Joe Zawinul, Komponist des gleichnamigen Jazz-Hits seiner legendären Fusion-Formation Weather Report (im Hilton Vienna Hotel am Stadtpark, Tel. 01-664 849 31 44, www.birdland.at).

Ganz weit vorne: im nagelneuen **Phönix Supper Club** liegt, loungt und labt man sich ganz in Weiß wie im Wohnzimmer (7. Bezirk, Lerchenfelder Straße 35, www.phoenix-supperclub.com). Wien bekommt seine legendäre **Buddha Bar** im typischen Asia-Dub-Lounge-Stil, es sei denn, die Umbauten haben sich verzögert. Dann ist es immer noch ein Bordell. Also genau hinschauen (1. Bezirk, Sonnenfelsgasse/Lugeck).

must-sees

Kommt man an Wien vorbei, ohne **Staatsoper**, **Heldenplatz, Universität, Burgtheater, Hofreitschule,** die **Paläste, Stephansdom** und **Prater** von innen gesehen zu haben? Ja, mit der **HopOn HopOff**-Tour, die zwar im trägen Walzertakt, aber informativ daherkommt – für kurz Angebundene reicht die einstündige Tour über die Ringstraße (www.viennasightseeing.at, 13 €).

Was sich kaum lohnt, ist **Sigmund Freuds Wohnung** in der Berggasse, wo Requisiten wie »Freuds Sportmütze« und »Bürste Freuds« zu sehen sind (Berggasse 19, Tel. 01-319 15 96, www.freud-museum.at, 7 €). Besser ist da schon die **Albertina** mit fast ausnahmslos interessanten Ausstellungen (www.albertina. at). Ach ja, das **Hotel Sacher** gegenüber hätten wir fast vergessen – aber bitte nicht ohne Binder! Die Heurigen-Dörfer wie **Grinzing** lohnen sommers auf jeden Fall einen weinseligen Ausflug. Wohl bekomm's!

termine

Ah na … Wien ist immer scheen, wenn man's mag. Der **Opernball** mitten im **Fasching** ist natürlich der Hit, wenn man noch ein Ticket ziehen kann. Noch aussichtsloser ist eine Karte für das **Silvester**- oder **Neujahrskonzert** der Wiener Philharmoniker, probieren kann man's im Jänner des Vorjahres (2.–23.) unter www.wienerphilharmoniker.at (Karten zw. 120 und 530 €). Ein Trost: Silvester lohnt auch wegen des **Silvesterpfads,** wenn die ganze City in der Nacht zum neuen Jahr kollektiv ausrastet.

Im Mai und Juni heißt es Bühne frei! für die **Festwochen** (www.festwochen.at). Das **Donauinselfest** findet im Juni statt, mit vielen DJs und Bands (www.donauinselfest.at). Auch das **Jazzfestival** kann sich hören lassen (www.viennajazz.org), wie der **Klangbogen** im Sommer (www. klangbogen.at).

Du bleibst nicht allein,
weil Wien so viele einsame Herzen hat, dass es nicht lohnt, cool zu bleiben.

Nicht hinfahren,
wenn man mit schwerer Kost – ob Kultur oder Kulinaria – nichts anfangen kann.

Unbedingt hinfahren,
wenn man gerne genießt – und zwar langsam.

Sparen	***
Sport	***
Kultur/Bildung	*****
Entertainment	****
Erotik	**

Alghero
Zweisprachig und vielzüngig

Hätten Sie's gewusst? Den mittelalterlichen Fischereihafen auf Sardinien kann man ohne Umschweife als letzte Außenbastion von Katalonien bezeichnen. Die Katalanen hatten ›Klein-Barcelona‹ mehrere Jahrhunderte im Griff, deshalb tragen die engen Gässchen oftmals gleich zwei Namen. In denselben der schönen Altstadt kann man wunderbar shoppen, essen, trinken und gucken, wie sie gucken. Oder auch gemeinsam Sprachen lernen, kochen, an den Strand gehen, oder was einem oder zweien noch alles so einfällt.

Wo Straßen zwei Namen haben: Gässchen in Alghero

Alghero im Nordosten Sardiniens liegt fast gleichauf mit den Balearen. Bisher haben es die Italiener gerne für sich behalten, wie schön es dort ist. Mittlerweile spricht es sich herum, dass die Stadt der kieselbesteinten Gässchen auch einen längeren Aufenthalt wert ist (die Kiesel stammen übrigens aus Italien, mit ihnen wurden aus nautischen Gründen die Schiffe bei der Einfahrt in den Hafen beschwert und dann entladen).

Jedenfalls ist der alte Ortskern in den letzten Jahren stark herausgeputzt und mit einer Vielzahl von guten Kneipen und Restaurants mit Blick aufs Meer bestückt worden. Hier kommt man vielleicht alleine an, aber das gut. Ab Tag zwei dürfte sich das mit der Einsamkeit erledigt haben …

Warum Alghero?

Alghero ist drauf und dran, das neue Palma zu werden: Direkte Anflugmöglichkeit, eine schöne Altstadt, hervorragende Shoppingzeilen, eine interessante Szene, wunderschöner Beach. In dem romantischen Städtchen gibt es zahlreiche Apartments zu mieten, und das (noch) zu moderaten Preisen. Vor allem wegen der Sprachkurse bewegt sich das Alghero-Publikum auf dem Niveau des ›sanften Tourismus‹. (Also nix wie hin, bevor der Ballermann kommt!)

orientieren

Alghero wird von Frankfurt-Hahn aus mit **Ryanair** direkt angeflogen. Der Flughafen ist nicht weit von der Stadt und gut per Taxi erreichbar (ca. 20 €, Ryanair-Bus 1 Euro).

Ansonsten geht's mit **TUIfly** von Köln, Hannover, Stuttgart und München nach Olbia, von dort am besten per Mietwagen.

informieren

Vorwahl von Italien: **0039,** bei Festnetznummern die erste Null mitwählen, bei Handynummern ohne Null durchwählen.
Touristeninformation: Piazza Porta Terra 2, Tel. 079 979 054. Aktuelles zu Alghero (allerdings nur auf Italienisch und Katalanisch) unter www.comune.alghero.ss.it.

unterkommen

Bed&Breakfasts und **Apartments** zum Beispiel unter www.algherosolemare.com, bei der Buchung von Sprachkursen auch oft durch die Veranstalter.
Spartanisch: **Hotel Sanfrancesco** – eines der wenigen Hotels in der Altstadt, mit Blick auf ein Kloster aus dem 13. Jh., und ähnlich klösterlich eingerichtet (via Ambrogio Machin 2, www.sanfrancescohotel.com, EZ um 50 €).
Posh: Wer Alghero lieber mit Abstand genießt, ist hier gut aufgehoben, da etwas abgehoben und auf der anderen Seite der Bucht. **Punta Negra** – Meerblick, Privatstrand, typische Mittelmeerarchitektur (EZ 156 €, Reg. Punta Negra C. P. 24, Tel. 079 930 222, www.hotelpuntanegra.it).

essen & trinken

Redselig: **Il Cubo** ist ein Social Club, sehr beliebt bei Sprachstudenten zum Mittagstisch, weil preiswert und kommunikativ (Via Carlo Alberto 70).
Ess-selig: **Al Tuguri** besuchen Besseresser und -wisser, die mit Chef Benito Carbonella

Schöne Blicke: Südlich von Alghero

über katalanische Küche fachsimpeln wollen. Bei der Dichte (man merkt schnell, was damit gemeint ist) bekommt man garantiert keinen Tisch für sich allein, sondern teilt ihn mit meist witzigen Mitessern (Via Maiorca 113, Tel. 079 976 772, www.altuguri.it).
Poco Loco ist eine gute Pizzeria mit Bowling-Bar, freitags Livemusik (Via Gramsci 8).
Mirador bietet hervorragende, nicht teure Küche wie frischen Fisch mit Seeblick, auch innen gemütlich und stilvoll eingerichtet (Bastione Marco Polo 63).
Café-selig: Im **Girasol** hat man Cappuccino und Capo Caccia-Blick in einem. Die quirlige **Gelateria Arcobaleno** stellt eine Eiscrème her, an der niemand vorbeikommt (Piazza Civica 33).

tagsüber

Kurse: **Pintadera.** Vicolo Adami 41, Tel. 079 983 311, mobil vor Ort 328 885 73 67 (Nicola), www.pintadera.info. Die aus Berlin stammende Nicola führt ihre Sprach-, Kultur- und Kochschule seit 15 Jahren. Die Kursteilnehmer kommen aus der ganzen Welt – Amtssprache ist für alle Italienisch! – und genießen die lockere Art, Italienisch zu lernen. Im Kulturkurs lernt man Alghero und seine Besonderheiten kennen. Vieles findet nicht im Klassenraum statt, stattdessen geht man gemeinsam auf den Markt oder an den Strand, um Italienisch ›on the fly‹ zu lernen, ohne Übersetzung und im direkten Kontakt. Für Kurzbesucher gibt es den Crash-Kurs ›Allegramente‹ (10 Std. 110 €). Kursteilnehmern vermittelt Pintadera Apartments in der Stadt und WG-Partner. Den Kochkurs ›Buon Appetito‹ leitet Christiano Andrini, neben Benito Carbonella (s. Tuguri) der beste Koch der Stadt. Das Kursniveau wird den Teilnehmern angepasst. Nicola stellt sich gerne auf individuelle Wünsche ein.

Beachen: Life is a beach. Und der Treffpunkt für alle Sonnenhungrigen heißt **Le Bombarde.** Eigener Beach, Tauch-, Surf- und Segelschule sowie Bootsverleih, Beachvolley- und Fußballangebot lassen eigentlich keinen Wunsch offen – außer vielleicht den, in Ruhe gelassen zu werden: www.lebombarde.it.

Shoppen: In der Altstadt: Geschenke, die unvermeidlichen Korallen, aber auch Top-Boutiquen mit hochwertigen Marken in der Via Gilbert Ferret oder der Antikmarkt an der Piazza Civica am letzten Samstag im Monat.

Cruisen: Zum Beispiel an dem vor Schönheit und Kurven schwindelig machenden Küstenabschnitt nach Süden bis **Bosa,** schöne Stadt mit dem einzigen Binnenhafen Sardiniens, obendrüber das beeindruckende Kastell Malaspina aus dem 12. Jh. (Autovermietung am Flughafen oder downtown bei Avis an der Piazza Sulis (Tel. 079 979 577).

Mühsam: Die **Isola Asinara** wird neuerdings als Ausflugsziel angepriesen, sie liegt aber 50 sehr unattraktive km weg – durch die Ebene von Porto Torres kann man genau so gut wie durch den Erftkreis fahren. Auf der ehemaligen Strafkolonie gibt es dann weiße Esel zu sehen, obwohl der Name angeblich nichts mit Eseln zu tun hat.

abends

Sundowner: **Mirador,** Bastioni Marco Polo 63, Tel. 079 937 40 81. Highlight an der Stadtmauer, mit unvergleichlichem Blick von der Terrasse auf das Meer und das ferne Cappo Caccia. Nicht allein hingehen, denn hier schmilzt man dahin.

Treffen: Die Piazza der Jugend ist eindeutig die **Piazza Sulis,** wo Mopeds aufheulen, mehrere offene Bars alkoholhaltige Getränke feilbieten und junge Dinger an ihrer Fanta lutschen.

nachts

Abhängen: **Café Diva,** Piazza Municipio. Nach allen Seiten offenes Hangout mitten in der Altstadt. Bei einem Rotwein zuschauen, wie sich die Gassen leeren. Und auf die anderen warten. **Caffè Costantino,** Piazza Civica. Sehen und gesehen werden in antikem Ambiente in einer der lebendigsten Ecken der Stadt.

Mixen: **Baronda,** Piazza della Misericordia, mittwochs geschlossen, gute Cocktails, gute Musik-Mixes.

King of Kitchen: Tuguri's Benito Carborella

Untrügerische Idylle: Der Binnenhafen Bosa

Zappeln: Außerhalb der Stadt gibt es in Richtung Süden eine ganze Reihe von Diskotheken. Die interessanteste ist vermutlich **Il Ruscello** (auf der Straße nach Olmedo), da hier unter freiem Himmel gehottet wird.

must-sees

Capo Caccia und **Neptuns Grotte** (Höhle) sind – neben der Altstadt und ihren Wehrtürmen, an denen man ohnehin vorbeikommt – auf jeden Fall einen Ausflug wert. Entweder mit dem Schiff vom Hafen aus (etwa 45 Min., wunderschöne Tour entlang der Küste), oder mit dem Bus über Land bis Capo Caccia und dann die 654 Stufen hinunter zur Grotte (und wieder hinauf!).

Auf dem Landweg dorthin lohnt sich der Abstecher zu den **Nuraghe di Palmavera,** da die über die ganze Insel verbreiteten Steintürme aus vergangenen Zeiten ohnehin zum Pflichtprogramm gehören.

termine

Besonders lohnt sich Alghero natürlich in der Saison, aber auch sonst hat es seine Reize, zum Beispiel zum **Seeigelfest** Ende Januar/Anfang Februar oder dem **Alghero Klassik-Musikfestival** im August. In der Woche vor Ostern finden **Prozessionen** und kultische Feste statt, Anfang Juli feiert man die **Jungfrau Valverde.**

Anfang August werden zur **Tourist Fair** bei Musik, Tanz und Essen die Touristen selbst gefeiert. Aktuelle Informationen unter www.comune.alghero.ss.it.

Du bleibst nicht allein,
weil man Sprachkurse selten allein absolviert, schon gar nicht Beach-Volleyball oder Segeln.

Nicht hinfahren,
wenn man Berührungsängste mit Touristen aus aller Herren und Damen Länder hat.

Unbedingt hinfahren,
wenn man in jeder Hinsicht heiße Sommer liebt.

Sparen	****
Sport	*****
Kultur/Bildung	*****
Entertainment	****
Erotik	****

Bilbao
Stadt im Werden

Das Wort ›Guggenheim-Effekt‹ ist schon in den allgemeinen Sprachgebrauch übergegangen. Es bezieht sich auf eine Stahlstadt, die vor 15 Jahren noch weiträumig umfahren und von Touristen gar nicht in Betracht gezogen wurde. Statt rußschwarzer Fassaden heute buntes Treiben. Aber die ›Stadt im Werden‹ (Slogan) ist noch nicht fertig. Und Frank O. Gehrys Guggenheim-Museum bei weitem nicht alles. Alleinreisende treffen auf Gleichgesinnte, die nicht nur Museum im Kopf haben, sondern ihren Anspruch auch in die Hotels, Bars und landestypischen Einrichtungen tragen, sprich: das Leben für ein paar Tage in vollen Zügen (und Bussen) genießen.

Meistfotografiert: Skulptur vor dem Guggenheim-Museum

Bilbao im Baskenland liegt etwa sechs Kilometer von der Biskaya-Küste im Landesinneren. Die Lage zwischen bewaldeten Bergen erinnert an den Schwarzwald, ein Café heißt sogar Baden-Baden. Die lange Stahl-Vergangenheit wird nicht geleugnet. Überall an neu aufgeforsteten Gebäuden werden Stahl und Schiffbau zitiert, wie etwa im nagelneuen Kongress- und Kulturzentrum Euskalduna. Ach ja, da wäre noch das Guggenheim-Museum, das dem Tal einen Wirtschaftszweig und eine infrastrukturelle Veränderung zum Wahren, Guten, Schönen beschert hat. Am ehemaligen Gestade der pleite gegangenen Werften joggen heute junge, schöne Spanier von ›Carola‹ bis hoch in die Altstadt. Wer Carola ist? Und überhaupt …

Warum Bilbao?

Carola heißt ein rot geschminkter, von den Tagen der Werftindustrie zeugender Kran im alten Hafen – benannt nach einer Frau, die über Jahre hinweg bei der täglichen Überquerung des ›Ria‹ die Werftarbeiter dazu brachte, den Hammer fallen zu lassen.

Heute bietet Bilbao noch ganz andere Reize. Da wären die hoch kommunikativen Cafés, die eleganten und gerühmten Restaurants und Hotels (ab und zu auch alles in einem), die Sidrerías, eine echte Alternative zum Brauhaus, oder einfach die Plätze, auf denen die Bilbaoer ihrer Neigung zum Flanieren und Gucken nachgehen.

orientieren

Nach Bilbao gelangt man am direktesten mit **TUIfly** von Stuttgart und Köln/Bonn. Alternativ fliegt **Ryanair** von Frankfurt/Hahn ins etwa 100 km entfernte Santander, vom Flughafen geht ein Bus-Shuttle. **Iberia** fliegt von Düsseldorf über Madrid, **Lufthansa** direkt. In Bilbao angekommen, geht alles zu Fuß.

informieren

Vorwahl von Spanien: **0034.**
Touristen-Informationsbüro direkt neben dem Guggenheim-Museum bzw. direkt neben dem Jeff Koons-Hund, ein weiteres an der Plaza del Ensanche, 11 (Tel. 944 795 760). Mit der dort erhältlichen **Bilbaocard** kommt man überall wesentlich preiswerter hin und hinein. Montags haben die Museen geschlossen.

Aktuelles über Bilbao (Wetter, Bilbaocard etc.) unter www.bilbao.net. Etwas hyperaktiv, aber sehr gesellig geriert sich die dortige Plattform **Gaua** mit einem Riesenprogramm an Aktivitäten von Salsa bis Pelota (www.bilbao.net/bilbao.gaua).

Ein aktueller Gaua-Flyer ist ebenfalls bei der Touristeninformation erhältlich (leider nur auf Spanisch und Baskisch).

unterkommen

Vom anderen Ufer, vom Guggenheim aus gesehen: **Barcelo Nervión.** Von außen ungewollt retro, aber innen hui, Designerchic und guter Service. Nur 200 m vom Guggenheim auf der anderen Seite des Nervión-Flusses gelegen (Paseo del Campo Valentin, 11, Tel. 944 454 700, EZ ab 70 €).
Human Touch und keine halben Sachen: **Gran Hotel Domine Silken.** Hier schlägt man drei Fliegen mit einer Klappe. Top unterkommen im Javier Mariscal-Design, hauseigene Szenekneipe und Dachrestaurant **Beltz & Black** mit Guggenheim-Blick und dem Gastro-Nationalpreisträger Ramón Berriozabal. Unten befindet sich die angesagte DJ-Bar **Splash & Crash,** so dass man Land und Leute direkt im Haus kennenlernt und theoretisch nach einem berauschenden Abend mit dem Fahrstuhl ins Zimmer rauschen kann. Auch wenn man nicht dort absteigt: Auf jeden Fall die ›Spülmaschine‹ in der Lobby besichtigen! (Alameda Mazareddo, 61, Tel. 944 252 300, www.granhoteldominebilbao.com, EZ ab 125 €)
100 m weiter links: **Miróhotel,** das neueste am Platz, und wieder eines der berühmt-berüchtigten ›Design Boutique Hotels‹. Stardesigner Antoni Miró steht auf Grau in Grau. Alleinreisende werden sich kaum daran stören, dass Bad und Schlafraum nur ein Vorhang trennt, zu zweit kommt man sich schnell näher, ob freiwillig oder unfreiwillig. In der Bar (jeden letzten Donnerstag im Monat Live-Jazz), im Gym und auch im schönen Dampfbad löst sich die Intimsphäre in Nichts auf (Alameda Mazarredo, 77, Tel. 946 611 880, www.mirohotelbilbao.com, EZ 70 €).
Altgedient und alternativ: **Tryp Arenal.** Noch immer drei Sterne, zentral an der Altstadt gelegen und auch vollkommen in Ordnung (Los Fueros, 2, Tel. 944 153 [illegible]00, www.sol-melia.com, EZ ab 50 €).

essen & trinken

Nix für Singles, es sei denn, man ist Feinschmecker: **Nuevo Guria.** Seit jeher als bestes Restaurant Bilbaos gerühmt, holt es seinen etwas eingestaubten Ruf nach dem Generationswechsel wieder auf. Jedenfalls geht in diesem Kabinenrestaurant die wohlhabende Oma unbeirrt zu ihrem 90. Geburtstag mit Kindern und Enkeln essen, weil hier sämtliche baskischen Spezialitäten hochwertigst auf den Teller kommen (Gran Via 66, Tel. 944 415 780, www.restauranteguria.com).
Essen und Rubbernecken: Der baskische Local Hero heißt **Martí Berasategui,**

kommt aus San Sebastian und heizt auf dem Dach **at the Guggenheim Museum** ordentlich mit baskischer Küche ein, wo man – vorausgesetzt, man hat vorgebucht – mit den anderen Besuchern ein Mittagsmenü ab 14 € bekommt (Tel. 944 239 333). Ähnliches gilt für die ›Museumsküche‹ **Arbola-Gena** im **Museo de las Bellas Artes,** wo Aitor Basabe seinen berühmten Kochlöffel schwingt.
Zwitschern mit Erlebnisgehalt: **Sidrería Arriaga.** Wer meint, es regnet durch die Decke, wird bald eines Besseren belehrt. Die Bottiche fangen den Sidre (Apfelwein) auf, den man beim Eingießen aus den Fässern verpeilt – denn das darf man traditionell nur aus weitester Entfernung. Zu einem nur mit Meersalz gegrillten T-Bone-Steak kann man sich Sidre-Nachschub besorgen, bis man nur noch verschüttet (Santa Maria, 13, Tel. 944 165 670).
›Pintschen‹: Wesentlich preiswerter und wohl auch lebendiger als in den Restaurants geht es in den zahlreichen Bars zu. **Überall** werden auf dem Tresen *pintxos* (Zahnstocher) angeboten, leckere baskische ›Schweinereien‹ auf kleinen Broten von Spargel über Stockfisch bis zur Tortilla. Abgerechnet wird nach Anzahl der Zahnstocher (meistens um 1–2 €). Schönste, wenn auch nicht beste Pintxo-Bar dürfte der legendäre **Victor Montez** an der Plaza Nueva (ganz in der Ecke) sein.

tagsüber

Bei **Tiempocero** kann man einen Walker-Service buchen und erlebt die Stadt von allen Seiten außer ›denen von Gesetz und Moral verhängten‹ – dann aber geht vom richtigen Friseur über persönliche Business-Assistenz, Kinderbetreuung und Begleitung zu Konzerten, durch die Stadt und ihre Kneipen alles, was man sich wünscht (Tel. 944 396 439, www.tiempocero.net).

Es ist ja wohl jedem vollkommen klar, wo jede Bilbao-Reise zunächst hingeht: ins **Guggenheim-Museum,** und wir verraten nicht einmal die Adresse, weil das markante Gebäude von Frank O. Gehry unübersehbar ist. Allein, das Innere kann dem äußeren Effekt nicht standhalten. Symbolisch kann man Richard Stellas Installation The Matter of Time nehmen. Die komplexe Skulptur des alten Gehry-Freundes nimmt einen gewaltigen Raum ein, der erst um sie herum gebaut wurde, als das Kunstwerk schon stand. Wenn man sie ›begeht‹, wird es einem schwindlig und ein bisschen unheimlich – so wie im ganzen Museum. Draußen erholt man sich durch den Anblick der Bilbaoer, denen anzu-

Möglicherweise die besten Pintxos: Victor Montez

sehen ist, wie sie sich über die neu gewonnene Lebensqualität ihrer Heimat freuen. Spätestens bei einem Spaziergang am Nervión-Fluss entlang (meist nur ›Ria‹ genannt), an dem man optisch unweigerlich an der **Zubizuri-Brücke** hängen bleibt.

Natürlich stammt diese mal wieder von dem notorischen Calatrava (siehe auch Malmö, Valencia). Hartgesottene nehmen sich gleich anschließend noch das sehenswerte **Museo de bellas Artes** (Plaza del Museo, 2, Tel. 944 396 060) zur Brust, in dem man ebenfalls, wie auch im Euskalduna-Center, hervorragend essen kann – der Mix aus Museum und Haute Cuisine scheint eine Bilbaoer Marotte zu sein. Diese Stadt hat sich auf bewundernswerte Weise neu erfunden – aus der Werftkrise der 1980er heraus, wie Phönix aus der Asche. Oft wird der Stahl zitiert, in seiner künstlerischsten Form von Skulpturen, die mit der Zeit Rost annehmen und in Deutschland nur noch selbst ernannten Berliner Künstlern erlaubt wären.

Das nächste Highlight bildet die **Altstadt** (Casco Viejo) mit den **Sieben Straßen** (viel mehr sind es wirklich nicht) inklusive des belebten Fisch-, Gemüse- und Fleischmarktes **Ribera.**

Wer mal mit Einheimischen eine Runde **Pelota** spielen möchte, wird hinter der Kirche **Iglesia de San Nicolas** am Berg meistens herzlich dazu eingeladen. Einfach so, unprätentiös, ohne Sportklamotten. Von dort geht auch der leicht skurrile Fahrstuhl hinauf zur **Begoña**, wo man den schönsten Ausblick auf die Stadt hat. Pelota ist übrigens eine Art Squash, das man ohne Schläger spielt. Daher ist es ratsam, sich die glühenden Pfoten anschließend bei einer Stärkung in einer nahen **Sidreria** oder zu Vino und Pintxos zu kühlen (siehe essen & trinken).

abends

Einen netten Abend startet man – zum Beispiel nach einer Shopping-Tour auf der **Gran Via** – am besten in einem der Café- und Weinlokale, wie das uralt eingesessene **Café Iruña** am schönsten Platz Bilbaos, den Jardines de Albia (Tel. 944 237 021), bei einem Zurito (bei uns würde man zu solch kleinen Bierportionen ›Pfiff‹ oder ›Zisch‹ sagen), einem Glaserl Wein oder ein paar Pintxos, allen voran der ›beste Lamm-Pintxo der Welt‹ (Weltrekorde sind dem Basken wichtig). Dabei kommt man vielleicht mit den Bier- und

Erst kam sie, dann das Museum: Richard Serras Singletreff ›The Matter of Time‹

leutseligen Einheimischen ins radebrechende Gespräch. Wenn Sie eine Baskenmütze von zuhause mitgebracht haben, wird man sie verachten. Wenn Sie den Versuch unternehmen, zwei Worte Baskisch zu lernen, wird man Sie lieben.

Alternativ tobt der Bär schon zu früher Stunde, wo es Guinness gibt: bei **Paddy O'Shea** (General Concha, 15). Normalerweise empfiehlt dieser Führer keine Iren – das funktioniert nämlich immer – aber in Bilbao ist das Lokal ein beliebter und randvoller Treffpunkt für spanische Studenten und solche, die es nicht werden wollen. Wo immer der Abend endet, er endet glücklich. Zum Beispiel:

nachts

In der **Calle Barrencalle** und drumherum geht's einfach von Schänke zu Schänke. Die Menschen stehen am Wochenende tausendfach auf den Straßen, trinken, quatschen, lachen und lassen die Kinder bis Mitternacht Fußball spielen. Dorfleben eben.

Wer's lieber szenemäßig mag, schaut in der **Splash & Crash-Bar** (im Hotel Domine, s. o.) nach, ob da schon was geht. Wer männlichen Geschlechts und vielleicht zu zweit oder zu mehreren unterwegs ist, dem bietet das **Café Teatro Quetzal** (José Mariá Olábarri, 4, Tel. 944 239 897) eine Show, bei der Frauen an einer Stange hampeln und nach bis zu 20 Minuten eigentlich ganz schön frieren müssten. Musikfreunde zieht's dann eher in den **Bullitt Groove Club** (Dos de Mayo, 3), der das Von-ABBA-Bis-Zappa-Programm konsequent durchzieht.

must-sees

Die **Altstadt** (Casco Viejo) bei guter Führung (Treffpunkt Di–Sa um 10 Uhr an der Touristeninformation, Plaza Ensanche11, gegenüber Teatro Arriaga, 90 Min., 3 €) ... und dieses Museum, wie hieß es noch gleich?

Wenn man zu lange gebucht hat (in Bilbao ist man bei aller Liebe an zwei Tagen durch), lohnt sich eine Spritztour Richtung Osten. In **Mundaka** wartet auf Surfer die perfekteste Welle zwischen Bilbao und San Sebastián, und am Wochenende herrscht ab mittags reges Dorfleben in Gestalt von sídre- und rotweinseligem Barhopping.

termine

Das Kulturprogramm im nagelneuen Euskalduna-Konzertsaal kann sich sehen und hören lassen – also Reisetermin darauf abstimmen, aktueller Spielplan unter www.euskalduna.net. Ansonsten wäre da noch (neben Athletico-Spielen natürlich) **Aste Nagusia,** die Woche der großen baskischen Spiele, die am ersten Samstag nach dem 15. August beginnen. Vorher Pelota trainieren! Das größte christliche Fest ist die **Osterprozession.** Alle aktuellen kulturellen Veranstaltungen findet man unter www.bizkaia.net (oben rechts ein Link zu ›English‹).

Du bleibst nicht allein,
weil es gefühlt noch eine Million anderer Leute hierhin verschlagen hat, die das oder die gleichen Interessen verfolgen.

Nicht hinfahren,
wenn man eine Woche Urlaub machen will – mit dem Guggenheim und der Stadt ist man an einem Wochenende locker durch.

Unbedingt hinfahren,
wenn man Kultur-Maniac ist und gerne isst (und trinkt) – die baskische Küche ist eine der abenteuerlichsten Europas.

Sparen	***
Sport	***
Kultur/Bildung	*****
Entertainment	****
Erotik	**

Bratislava

Kleine große alte neue Stadt

Bratislava hat einen Single als Aushängeschild: den ›schönen Náci‹, den gewandten Ignaz, der im 20. Jh. auf dem Korso der Stadt die Damen mit Blumen beschenkte und mit alten Liedern besang. Was er dabei abgekriegt hat, ist nicht überliefert. Heute kann jeder Bratislava-Besucher aus dem Vollen schöpfen – auch mit weniger eleganten Mitteln. Sagen wir mal so: Wer in Slowakiens Hauptstadt weilte, ohne in einer Bierhalle zu versumpfen, hat nicht das authentische slowakische Lebensgefühl erlebt. Ideal also für Gruppenausflüge in die selbsternannte ›little big city‹ (Slogan), die aber auch Alt und Neu kontrastiert wie kaum eine andere.

Alt und renoviert: Rathaus gegenüber vom Ritz

Nach 900 Jahren ungarischer Besetzung, einer Puppenregierung während des Nazi-Regimes und einem Dasein als Ostblockland hat sich Bratislava (dt. Pressburg) Erholung verdient. Die 1993 durch die Teilung gekürte Hauptstadt Slowakiens (nicht Sloweniens) liegt im östlichen Teil der ehemaligen Tschechoslowakei, etwa 60 km von Wien entfernt. Seit ihrer EU-Mitgliedschaft 2004 hat die Korruption im gleichen Maße abgenommen, wie die Zahl der Clubs und Restaurants in der schön geschminkten Altstadt zugenommen hat. An barocken Palästen und Gärten, Wiener Kaffeehäusern und typisch slawischer Bierkultur steht Multikulti Schlange.

Egal, ob Wien-Tourist oder ›Europe in 14 Days‹-Traveller: Bratislava nimmt man mit – bei den Preisen muss man ja fast hinfahren.

Warum Bratislava?

Socialist Chic, selbst erschaffene Avantgarde, und überhaupt, mal etwas ganz Anderes als ›Old Europe‹ erlebt man selten auf solch kleinem Raum wie in Bratislavas City. Oben thronen gigantische Denkmäler aus ›Alten Zeiten‹, unten tobt das Straßen- und Nachtleben auf niedrigem und hohem Niveau. Weder das eine noch das andere sind zu verachten. Auf jeden Fall steigt die Anzahl bildschöner Frauen (auch ein paar Männer) mit der einsetzenden Dämmerung beträchtlich (woher die alle kommen, weiß keiner).

orientieren

Bratislava ist der Heimatflughafen von **Sky-Europe** (www.skyeurope.com), die immerhin nach Basel fliegen, aber nach Deutschland hin noch Potenzial haben – ansonsten dienen sie als hervorragende Luftbrücke nach Athen, Saloniki, Barcelona, Mailand, Catania und 25 weiteren Zielen in Europa. Der **Zug** verkehrt stündlich zwischen Bratislava und **Wien,** das sich daher auch als Flugziel empfiehlt (14 €). Das Luftkissenschiff **Twin City Liner** fährt dreimal tgl. in 75 Min. ab Wiens Innenstadt, oft widersprüchliche Informationen wie Abfahrtszeiten sind aber mit Vorsicht zu genießen (aktuell informieren unter www.twincityliner.com, je nach Tageszeit 15–27 €, nur im Sommer).

informieren

Vorwahl der Slowakei: **00421.** Die Slowakische Krone (SKK, 1 € = ca. 35 Kronen) grundsätzlich nur in Banken oder Wechselstuben tauschen, niemals auf der Straße! Voraussichtlich ab 2009 kann man offiziell in Euro bezahlen. Aktueller Umtauschwert siehe www.nbs.sk.

Touristeninformation: Klobucnická 2, Tel. 544 337 15, am Primatialpalais. Aktuell (auch auf Deutsch) unter www.bratislava.sk und www.bratislava.de.

unterkommen

Viele Bratislava-Besucher sehen nicht viel von ihrem Hotelzimmer, aber unter www.bratislavahotels.com kann man alles buchen, was das weite Spektrum zwischen saubillig und schweineteuer erfasst. Entscheidend ist, ob es sich in der Altstadt befindet – was empfehlenswert ist – oder nicht.

Für Edel-Absteiger: **SAS Radisson Carlton.** Erste Kiste am Platze und wirklich hochdekoriert, mit manchmal interessanten Angeboten (Hviezdoslavovo namestie 1, Tel. 593 900 00, www.radissonsas.com, EZ ab 140 €).

Für die elegante Lösung: **Perugia** ist hübsch, solide und über jeden Zweifel erhaben, die goldene Mitte in jeder Hinsicht (Telena 5, Tel. 544 318 18, EZ ab 100 €). Wer kein Problem hat, in Hochhäusern zu residieren, macht im **Kyew** ein Schnäppchen (Rajska 2, Tel. 596 421 23, EZ ab 55 €). Oder man mag's karibisch, unterhalb der Burg **(Caribic's,** siehe Essen & Trinken).

Für Hartgesottene: Das **Backpacker's Hotel Bratislava** ist natürlich extrem billig und wirkt sehr aufgeräumt, aber man muss wissen, was man tut in ehemaligen sozialistischen Ländern (Pananeska 31, Tel. 546 411 91, www.backpackers.sk, DZ 21–24 €).

Bratislava-erfahrene Backpacker empfehlen die fünf Zimmer des **Gremium** (Gorkeho 11, Tel. 541 310 26, DZ ab 46 €). Aber um den Spaß vollends zu verderben: Wer den Horror-Schocker ›Hostel‹ gesehen hat, der weiß, dass er in Slowakien spielt …

essen & trinken

Locker vom Hocker, cool vom Stuhl: **Primi.** Pizza Garden Pub City Lounge Grill (Michalská 19, Tel. 544 315 42, www.primi.sk).

Für den schnellen Espresso: **Café Café.** Eleganter Internetladen mit leckeren Kuchen, Lounge-Musik, amerikanischen Touristenführerinnen und slowakischen Yuppies, die mit ihrem Handy herumspielen (Cremchova 28).

Gesellschaftlicher Mittelpunkt: **Café Roland.** Konditern, treffen oder essen, den ganzen Tag über hat man das Geschehen im Griff (Hlavne namestie 5).

An der schönen blauen Donau: **Caribic's.** Sehr guter Fisch, sehr gute Preise, sehr gut, dass man hier auch gleich übernachten kann (Zizkova 1, Tel. 544 183 34, EZ ca. 40 €, www.caribics.sk).

Slowakisch abhängen: **Prasna Basta.** Ehemalige Hochburg Böhmens, nun Hochburg der ›böhmischen Bohème‹ mit gutem slowakischen Menü (Zamocninska 11, Tel. 544 149 57).

Habsburger ohne Hamburger: **Kaffe Mayer.** Frisch renoviert und mit gemütlichem Wiener Touch (Hlavne namestie 4, Tel. 544 117 26).

tagsüber

Go East: Steht man auf Restposten sozialistischer Architektur, dann bietet sich eine kleine Wanderung zum monströsen **Slavín-Denkmal** an, das bedrohlich aus der Ferne grüßt, oder sogar zum **Fernsehturm,** wo das **Restaurant Veza** 638 m über dem Meer kulinarisch belohnt (Cesta na Kamziík 14, Tel. 444 627 74). Ortswärts wandert man lieber zur **Burg** hinauf, die der Stadt den Namen Pressburg gab und nach landläufiger Meinung mit ihren vier Türmen aussieht wie ein umgekehrter Tisch.

Eine Attraktion nicht nur für Ostblock-Freaks ist die ästhetisch brutale **Neue Brücke,** die die Ausfallstraße über die Donau darstellt und in deren markanten Kopf sich jetzt einer der hippen Treffs der Stadt befindet: der Restaurant und Club **Ufo** (zur lokalen Szene bietet der Twin City Guide auf www.bratislava.sk aktuellen Überblick).

Außer diesen Außerhalb-City-Highlights widmet man sich der wesentlich gemütlicheren **Altstadt** (siehe must-sees). Am Hauptplatz findet das Leben statt, dort schnuckert man sich durch die Cafés und lässt sich vor dem Denkmal des alten Nací fotografieren.

Relaaax!: Wer sich naherholen will, geht ins Spaßbad **Aulandia Aqua & Spa Paradise,** das mit Schwitz- und Schönheitsprogramm europäischem Standard entspricht (Einsteinova 18, Mo–So 10–22 Uhr, www.aulandia.sk). Etwas einfacher ist das **Aquathermal** eingerichtet (www.aquathermal.sk).

Wer zusätzlich etwas erleben will, absolviert für einen Tag die **Adrenalin-Tour** in der Umgebung, inklusive Paintball-Wettkampf, Wildwasser-Rafting, dreigängiges Mittag- und Abendessen sowie Relax-Zentrum, alles unter englischsprachiger Betreuung, Transfer, Neoprenanzug etc. werden gestellt (www.favouriteplaces.sk).

Was viele bei Tag nie sehen: Altstadt von Bratislava

abends

Bier hilft einem englischen Sprichwort zufolge hässlichen Menschen seit 200 Jahren, Sex zu haben. Und in Bratislava gibt es Engländer zuhauf, die aus gutem Grunde übers Wochenende in die Stadt einfallen: Der Flug kostet etwa so viel wie das Bier – oft unter 1 €.

Wer volle Kanne Stimmung machen will, bestellt gleich das ganze Bierpaket inklusive Stadtbesichtigung, Bierproben, Dinner, Bar-Hopping, Übernachtung im 3-Sterne-Hotel und Ausnüchtern am Tag darauf in der Therme und ist vom Start weg in allerbester Gesellschaft: **Tour de Bar,** organisiert über Detone, Benediktiho 1, Tel. 907 309 229 www.incomingbratislava.sk).

In Bratislava befinden sich übrigens auch Theater, Museen und Kultureinrichtungen wie die Philharmonie. Neben umfassenden Besichtigungen der Bierhallen empfiehlt sich also ein Blick auf den aktuellen Kulturkalender, der von Karel Gott über Sean Paul bis Paul van Dyck für jeden etwas dabei hat (die

Printversion des kostenlosen **Twin City Journal** umfasst Wien und Bratislava und ist an der Touristeninfo erhältlich).

nachts

Da soll bitteschön noch jemand sagen, im Osten sei man dem Trend hinterher. Im Gegenteil: Die lokale Gastro- und Clubszene setzt eigentlich Trends, die es im saturierten Westen noch gar nicht gibt. Im **LeMonde** kann man buchstäblich einen Vorgeschmack davon bekommen. Sagen wir mal, Brad Pitt verschlägt es nach Bratislava, er würde garantiert in der Zweigstelle der Prager Kampa-Kette landen – schon weil ein Riesenfoto von ihm (sowie Naomi Campbell und vielen anderen) in dem neo-retro gestalteten Ambiente prangt. Ideal für Mittagstisch, Cocktail und Dinner (Rybárska brána 19, Tel. 254 415 411, www.lemonde.sk).

Nach dem Motto ›Watch. Taste. Groove.‹ (www.u-f-o.sk) geht oben im **Ufo** die Szenepost ab. Das Aushängeschild der Gastro-Gruppe Red Monkey bietet Blick, gute Cocktails und die Top Events mit Überblick – Tanz und Entertainment bis in die Karpaten.

Das mit Funk und Lachs-Hamburgern aufwartende **Jazz Café** (Venturska) klingt schlimmer nach Junggesellen, als es ist. Im **Cirkus Barok** wird gestrippt, aber bei den ›Erotic Nights‹ übernehmen wir keine Haftung (Rázusovo nábrezie, www.cirkusbarok.sk). Die besten DJs jenseits der Donau legen im Bunker unterhalb der Burg auf: **Ucko,** Nabrezie arm gen L Svobudu, kein Telefon, keine Website, sonst wär's ja kein Kult).

must-sees

Bemerkenswerte Gebäude und Plätze der **Altstadt** sind das Palais Grassalkovich, das Alte Rathaus am Hauptplatz, der Martinsdom, das Michaelistor, das Primatialpalais, die Comenius-Universität, das Slowakische Nationaltheater, der Hauptplatz (Hlavné námestie), der Platz des Slowakischen Nationalaufstands, der Kamenné námestie (Steinplatz), die Obchodná ulica (früher Schöndorferstraße, heute Einkaufsstraße).

Wer mal rauskommen will, sollte sich das 15 km entfernte **Danubia-Museum** des Kunst-Enthusiasten Gerard Meulensteen gönnen, ein moderner Komplex mit zeitgenössischer Kunst (im Sommer 10–20 Uhr, im Winter 10–18 Uhr, www.danubiana.info).

termine

Bratislava ist Bierstadt – den Beweis erbringt man beim **Junifest,** wenn dort 1-Liter-Gläser abgefüllt werden. Dazu singen ›Stars‹ vom Schlage einer Samantha Fox, auch Schuhplattler, Miss-Wahl und Gulaschparty fehlen nicht. Im Herbst findet ein renommiertes **Fotografie-Festival** statt, im Oktober gibt es die **Bratislavaer Jazztage.** Aber immer schön auf www.bratislava.sk checken, was gerade geht.

Du bleibst nicht allein,
weil man überall auf der Welt Bier trinkt, hier aber nicht in Maßen, sondern in Massen. Unter Männern: B. ist das neue Riga. Hö hö.

Nicht hinfahren,
wenn man es in seiner Freizeit rundherum idyllisch und gemütlich haben will. Unter Frauen: B. is not for lovers.

Unbedingt hinfahren,
wenn man an einem lebenden Beispiel erleben will, wie Europas Westen langsam zerfällt, weil Osteuropa sich neu erfindet. Unter uns: B. ist in Sachen Gastro ganz weit vorne.

Sparen	*****
Sport	***
Kultur/Bildung	****
Entertainment	*****
Erotik	****

Cadaqués
Single-Heimspiel

Morgens kommt man an, abends grüßt man sich. Das ehemalige Hippie-Mekka und Dalí-Dorf hat trotz schleichender Syltisierung nichts von seinen ursprünglichen Werten eingebüßt: Ein Traum von einem Meer, klares Wasser, kleiner Ortskern, unveränderte Skyline, lässige Hangouts, lecker' Essen, lustige Mythen, lockeres Leben. Wen wundert's, dass das inoffizielle Cadaqués-Motto lautet: Cadaqués y res mes – Cadaqués und sonst nichts.

›Das schönste Dorf der Welt‹ (Dalí)

Gilt die Costa Brava nördlich von Barcelona fast durchgehend als verbaute Pest, verteidigt Cadaqués ganz im Norden an der französischen Grenze die Klischees von Siebziger-Jahre-Urlaub überaus hartnäckig. Tagestouristen übergeben oft ihr Bier vom Vortag der quälend kurvigen Passstraße, bleiben nicht über Nacht oder treten die Tortour erst gar nicht an.

Was bedeutet: Wer bleibt, bleibt unter sich, um Sonne, Siesta, Strand und ein Stück original katalanischer Lebensart in vollen Zügen zu genießen.

Warum Cadaqués?

In dem kleinen Ort begegnet man sich etwa drei Mal täglich: In den engen Gassen, in den wenigen, zentralen Cafés, und dann wieder am ›Affenfelsen‹, wo alle Nacktbader versammelt sind. Außerdem gibt es Rituale: Morgens frühstücken und einkaufen, mittags in die Buchten zum Baden, danach etwas Leckeres schnuckern, am frühen Abend Körperpflege und sich chic machen, um abends in den gleichen Cafés abzuhängen, in denen man auch einen Bikini oder Croissant mit Café con leche gefrühstückt hat.

orientieren

Nach Cadaqués gelangt man am allerbesten mit dem Auto. Per Flugzeug entweder über Barcelona **(Germanwings)** oder Girona **(Ryanair),** und von dort weiter per Mietwagen. Von Barcelona (Passeig de Garcia) geht aber auch ein Zug direkt nach Figueras, von dort wiederum der Bus, der allerdings nur 2 x tgl. über den Pass fährt. Die Sarfa-Busstation und das Ticketoffice liegen am Ortseingang (Vorsicht! – die Bushaltestelle ist stillgelegt, die Busse fahren am Ende des Parkplatzes ab, Tel. 902 302 025). In Cadaqués findet man sich schnell zurecht, und wenn man sich im Gassengewirr verläuft, ist das in Ordnung.

informieren

Vorwahl von Spanien: **0034.** Die wesentlichen Informationen und der aktuelle Stand der Dinge (Wetter, Feste, Wohnungen) unter www.cadaques.org. Das Wesentliche (von Bars bis Apartments) unter www.acadaques.com.

unterkommen

In Cadaqués leben 2000 Menschen, in der Hauptsaison über 10 000. Viele Privatleute vermieten dann ihre schönen, meist dem deutschen Standard entsprechenden Wohnungen. Apartment- und Fincavermittlung bei **Finques Cadaqués,** Riba Pitxot, 10, Tel. 675 576 880, www.finquescadaques.com) oder A.I.C. (Passeig 6, Tel. 972 258 266, www.inmobiliariacadaques.com).

Edel absteigen: Im gediegenen **Hotel Playa Sol** weilten schon die Großen der Kunstwelt, allen voran Salvador Dalí. Wunderschöner Blick auf Bucht und Ort (Platja Pianc, 3, Tel. 972 258 100, EZ ab 55 €, aber für Gartenseite (Meersicht teurer), www.playasol.com).

Aufgehoben und ausgereift: Die kleine Schwester vom Playa Sol ist das **Blaumar** um die Ecke. Blau, schön, und zum Glück kein Designerhotel. Nach dem Duschen greift der Arm unmittelbar ins Handtuch, zum Frühstück trifft man sich beim Buffet (mit Schwarzbrot!), am Pool, oder hüpft davor schon mal schnell ins nahe Meer (Carrer Massa d'Or, 21, Tel. 972 159 020, www.hotelblaumar.com, EZ ab 56,25 €, zw. November und März geschlossen).

essen & trinken

Schnell, gesellig und lecker im Freien: Kiosco Tao. Von außen kaum zu erkennen, verbirgt sich die Mini-Bar mit den kleinen Hockern in dem vermeintlichen Schuppen gegenüber des poshigen Hotels Rocamar. Hier aber serviert ein rühriges Alt-Hippiepärchen Pfefferminztee und sehr leckere Speisen in einem von Buddha und anderen Weltreise-Erfahrungen geprägten Ambiente. Alleinesitzer gibt's nicht (keine Adresse, tgl. 14–24 Uhr, im Winter nur am Wochenende).

Genau auf der anderen Seite der Bucht an der Playa des Oliveres befindet sich die Brasserie **Ses Oliveres,** die leckerste Fisch- und Muschelgerichte auf der Pfanne haben. Beides ideal (und unübersehbar), wenn man vom Strand kommt und Hunger auf einen Snack oder Durst auf ein frühes Bier hat.

El Bulli vergessen, hier essen: Statt zehn Jahre auf einen Tisch im besten Restaurant der Welt zu warten (www.elbulli.com, zwischen Cadaqués und Roses), doch lieber in die ›beste Pizzeria Europas‹ (Klaus Herrmann, WDR, und viele andere)! Laut, lebendig und nicht mal teuer: **La Gritta**. Alonso und Banderas hat's auch geschmeckt. Reservieren sinnlos, man muss draußen warten, aber meistens nicht lang (Passeig, 11). Wenn's tatsächlich dauert, neben dem Hotel Playasol gibt es eine etwas lauschigere Dependance.

Casa Nun. Mit dem Blick von den Außenplätzen und den schönen Kacheln eigentlich etwas zu romantisch für Singles, aber bei dem preiswerten Menü und der von klassischer Musik angeschwängerten Atmosphäre kann man schon mal ein Auge zudrücken (Placa de Port Dixtos, 6, Tel. 972 258 856).

Deftiger Klassiker: In der **Casa Anita** hat Sohnemann Juan die Regie übernommen, der sich zum äußerst bewussten Gastronomen gewandelt hat und nach 200 Jahren wieder Wein in den Cadaquéser Bergen anbaut (der damals der Reblaus zum Opfer fiel). Die rustikal-charmante Küche ist ganz die alte geblieben, so wie er nach wie vor die Tageskarte auf Deutsch vorbetet.

tagsüber

Gabriel Garcia Marquez war's zu zugig, er machte schnell wieder die Biege. Picasso, Max Ernst und Mick Jagger bleiben etwas länger. Wie auch immer, den Tagesverlauf in Cadaqués entscheidet der Wind. Wenn der Tramuntana aus den Pyrenäen heranrollt, rüttelt er hartnäckig an allem und zerfetzt die sonst so friedliche Wasseroberfläche in der Bucht in giftige Schaumkronen. Dann muss man sich ein windgeschütztes Eckchen suchen, wo dann auch gleich alle zu finden sind. Wenn Sie allerdings einen großen Fehler machen wollen, dann breiten Sie Ihr Handtuch vorne am Strand aus. Man sucht sich in den Seitenbuchten am Ende der großen Cadaqués-Bucht ein stilles Plätzchen: auf der rechten Seite hinter der hervorstehenden Halbinsel verbirgt sich die traditionelle Nacktbadebucht. Auf der linken Seite kommen hinter der **Platja des Pianc** bereits ein paar kleine Einbuchtungen, es lohnt sich aber, immer am Meer weiter bis auf Augenhöhe mit dem mächtigen Felsen **Es Cururucuc** und der vorgelagerten Insel zu marschieren und seine Nische zu finden. Wer weiter gehen will, kann den Wind nutzen, um in der **Surfschule** auf die Bretter gestellt zu werden (Kajak- und Windsurf-Verleih für vier Stunden 15 €, direkt am Strand, Höhe Bar Boia Tel. 972 680 807 585).

Oder man macht sich vollkommen frei von Bewegungszwängen und erforscht die wilde, felsige Küstenlandschaft vom Wasser aus (bei **Bikes & Boats,** Platja es Poal, Tel. 972 258 027, z. B. Capelli Tempest-Motorboot 4 Std. 95 €, 8 Std. 150 € (kein Bootsführerschein nötig), auch Vespa 250-Verleih, 4 Std. 42 €, 24 Std. 55 €, www.bikesandboatscadaques.com. Oder **Cadaqués Rentals sl** (Plaza Doctor Pont, 17 (Port d'Alguer), Tel. 972 159 034, www.rentacosta.com): Boote, Scooter, Wohnungen).

Tauchfreaks tauchen am besten direkt im Hotel **Carpe Diem Club** ab und verbinden so geführte Tauchabenteuer (in der felsigen Cadaqués-Bucht gibt's was zu sehen!) mit dem Sozialen (auch für Reit- und Tennisfreunde interessant, abends dann Grillen unter Mandelbäumen, Carretera de Cap de Creus, 1, Tel. 972 258 131; frisch renovierte Apartments ab zwei Pers., www.carpediemcadaques.com).

Wohin, wenn man weiter hinaus will als die Cadaqués-Bucht? Zwischen **Port Lligat**

Nackt im Wind: Felsen bei Rocamar

und **Cabo Creus** liegen die Picknick-Badebuchten, zum Beispiel die beliebte Badebucht **Guiola:** glasklares Wasser, mondähnliche Landschaft, Totenruhe. Genießer beobachten ab 4 Uhr am Horizont die Perlenkette der heimkehrenden Kutter auf dem Weg zum Fischmarkt nach Roses. Ganz Forsche zischen von **Port Lligat** weiter zur wilden Ostspitze Spaniens, **Cap Creus,** wo es Haie gibt und Piratenfilme gedreht werden. Wenn da kein frischer Wind weht, stimmt was nicht. Das gleichnamige Restaurant ist sehr zu empfehlen, das Museum im alten Leuchtturm kann man mitnehmen (Tel. 972 258 315). Cap Creus erreicht man auch per Chauffeur mit dem **Wassertaxi,** Tel. 972 666 382 852 (70 €/halber Tag) – und auf der kurvigen Landstraße – oder auf dem ausgeschilderten Wanderweg.

abends

Nach einem heißen Tag am Wasser macht man sich am frühen Abend frisch und geht zum Flanieren durchs Dorf. Das abendliche quirlige Dorftreiben spielt sich rund um den Passeig ab – auch der traditionelle **Sardana-Tanz,** der leicht zu beherrschen ist. Anfänger machen am besten einen kleinen Kreis auf, es reicht, wenn einer den Tanzschritt kann. Allmählich wird der Kreis immer größer, und unter den schnarrenden Schalmeien liegt man sich förmlich mit Arm, Reich, Einheimischen und Touristen in den Armen.

Im schmutzigen, lauten, herrlichen **Casino** gibt's eine kühlende Canja (Bier) oder Cava (katalanischer Prosecco), anschließend genießt man die das ›weiße Dorf‹ ins Rosa tauchende Dämmerung von der ›blanken Mauer‹ (Meerblick) auf der Höhe der Kirche oder der ›warmen Mauer‹ (am Rathaus, Dorfblick). Warum die so heißen? Einfach setzen und es am Hintern spüren. Später nach dem Essen heißt es dann Caramba, Caracho und ein Whisky – da geht ›man‹ auf einen Cognac, Cortado oder Carachillo (beides zusammen) in die **Maritim Bar.** Weniger wegen der trägen Kellner, sondern zum Sehen und Gesehenwerden vor der akustischen Kulisse nächtlicher Wellengeräusche.

Das **L'Hostal,** auch am Passeig schräg gegenüber, kennt keine Gnade, wenn es um das Beharren auf den guten, alten Hippie-Siebzigern geht. Das muss man schon wegen des Original-Dalí-Designs gesehen und wegen der Live-Auftritte gehört haben: 30 Jahre alte Kerzen-Wachsberge, Plakate der hierorts gedrehten Filme sind die dazugehörigen stummen Zeugen.

Idylle bis zum Abwinken: Die Gassen

Wahrzeichen Spaniens: Die Kirche

nachts

Discotechnisch ist Cadaqués nicht mehr gut aufgestellt, aber in der engen **Carrer Miquel Rosset** reiht sich Café an Restaurant an Bar: **Transit, Bar Blau, El Boliche, Jamón, Glops, Shadows, Bebere** und das **Cafe Tropical,** zur linken **La Font**, **Tiramisú**, sowie die Restaurants **Casa Anita** und **La Luna.** Einfach sich treiben lassen und dort bleiben, wo am meisten los ist. Bis in die Puppen. Na dann gute Nacht!

must-sees

Zuallererst die weltberühmte **Kirche,** heimliches Wahrzeichen Spaniens, bevor um 12 die Tagestouristen mit dem Schiff eintreffen. Auf dem Weg dorthin ist die **Altstadt** schon drin: Kleine idyllische Fressgässchen, in denen man sich am besten gleich mit Souvenirs und fürs Picknick eindeckt: zum Beispiel Jabugo-Schinken in der Metzgerei **Serra Pla,** Weißbrot bei **Riera** in der Carrer Dr. Callis, Windbeutel bei **La Mallorcina** direkt am Marktplatz. Dann aber Dalí: In **Port-Lligat** in der nächsten Bucht bittet der Geist Salvador Dalís zum Hausbesuch, inklusive Pop-Art-Brunnen mit Ready Made-Michelin-Männchen und Grillenkäfig im Schlafzimmer. Hier liefen einst die schärfsten Partys mit Groupies, Hippies, Rock- und Filmstars von Amanda Lear bis Yul Brunner. Das ist cooler als das von Selbstinszenierung strotzende **Museo Teatro Dalí** in Figueras **(Museo Casa Dalí,** Port-Lligat, Tel. 972 258 063; unbedingt anmelden, es kann immer nur eine begrenzte Besucherzahl hinein!).

termine

Am **1. Januar** wird frühmorgens am Cap de Creus mit Sardanas das neue Jahr begrüßt. **Karneval** ist bei den Einheimischen der Startschuss aus der Winterdepression (die Tamuntana …), weshalb sie sich aufwendig und fantasievoll kostümieren. **Ostern** und **Weihnachten** ist der Ort voller als in der Saison (Juni–August) und am schönsten **Mai** und **September,** wenn man mit dem Wetter Glück hat.

Du bleibst nicht allein,
weil Cadaqués in der Saison ein globales Dorf im besten Sinne ist. Touristen kommen und gehen, Kenner bleiben unter sich.

Nicht hinfahren,
wenn man lange Sandstrände und einen komfortablen Langweil-Urlaub erwartet. Cadaqués hat seine Ecken, Kanten und Felsen, und das ist nicht jedermanns Sache.

Unbedingt hinfahren,
wenn man einen Ort sucht, in den man immer wieder fahren will: Viele Wiederkehrer kennen sich schon aus Kindheitstagen … Cadaqués y res mes!

Sparen	***
Sport	*****
Kultur/Bildung	****
Entertainment	****
Erotik	*****

Special: Happy Times in Schottland

Gibt es Singles, die keine Freunde haben? Eben. Hier der ultimative Tipp für alle, die etwas zu feiern haben, zum Beispiel einen runden Geburtstag: Kleinen Koffer gepackt, die besten Freunde eingeladen und ab mit dem Billigflieger nach Schottland, dort ein Dutzend Mann hoch in einen alten, denkmalgeschützten Kasten eingemietet und eine unvergessliche Zeit erleben. Nach Bedarf zwischendurch in Edinburgh eintauchen und es sich in den Bars, Tanzsälen oder während der Fringe gut gehen lassen.

Grabmal des Denkers Dugald Stewart auf Calton Hill

Edinburgh dürfte eine der grünsten Großstädte Europas sein – man kann ohne weiteres vom Stadtkern aus eine feiste Wanderung in die herbe schottische Landschaft unternehmen. Doch mit dem alten Stadtkern, Edinburgh Castle, dem Akropolis-ähnlichen Calton Hill oder Portobello fühlt man sich ohnehin selten richtig urban. Wem das nicht genug Natur ist, der miete sich direkt in einem schottischen Landsitz ein. Der ist mitunter so großzügig, dass man am besten ein Dutzend Freunde mitbringt, den Speisesaal zum Aufnahmestudio umfunktioniert oder auf andere Weise ein nettes Wochenende zelebriert. Unser Stirling House in Gargunnock ist nur eines von vielen denkmalgeschützten Gebäuden in Schottland, die man mieten kann.

Warum Schottland?

Zugegeben, Schottland lockt nicht gerade wegen seines Wetters. Aber selbst das ist unterschätzt. Man muss bedenken, dass der schottische Regen einen Großteil des Single Malt ausmacht, der zu jeder Jahreszeit wärmt. Auch wenn wenig von schottischen Top-Models bekannt ist, sind die Schotten ein unglaublich freundliches, naturnahes und feierfreudiges Volk – was nicht nur in Edinburgh regelmäßig unter Beweis gestellt wird, sondern auch gleich im Pub um die Ecke.

orientieren

Die Anreise erfolgt am besten mit **Ryanair** von Düsseldorf-Weeze oder Frankfurt/Hahn, mit **Easyjet** von München nach Edinburgh oder von Berlin nach Glasgow-Prestwick, mit **Germanwings** von Köln/Bonn. Übers Land nimmt man sich doch besser einen Mietwagen, am besten schon von Deutschland aus buchen. **Gargunnock** liegt vor den Highlands bei Stirling, ziemlich genau zwischen Glasgow und Edinburgh, und ist nur mit dem Auto gut zu erreichen.

informieren

Vorwahl von Großbritannien: **0044,** dann die erste Null der Ortsvorwahl weglassen. Über lokale Angebote von Golf bis Lachsfischen und Wandern erkundigt man sich vor Ort im **Stirling Visitor Centre**, Dumbarton Road, oder vorab unter Tel. 0178-647 5019 und 0178-647 9901, oder unter www.stirling.co.uk.

Tourist Information Edinburgh: Princes Mall (Princes Street 3, Tel. 0131-473 3800, www.edinburgh.org) und vermittelt auch Bed&Breadkfast und Hotelzimmer (lohnt sich vor allem im Sommer und während der Fringe, wenn man sich nicht durchfragen will).

unterkommen

Wohnen wie die Fürsten: Das **Stirling House** in Gargunnock ist zu buchen unter www.landmarktrust.org.uk (langes Wochenende in der Nebensaison für 16 Personen ca. 1500 €). Der **Landmark Trust** ist eine Organisation, die denkmalgeschützte, historisch und kulturell bedeutsame Gebäude – oft auch Wohnhäuser großer Künstler und Literaten – renoviert und das Geld durch Vermietung wieder einspielt. Leuchttürme, Schlösser, Paläste, ehemalige Gefängnisse oder auch eine ganze Insel finden sich im Programm. Die Website zeigt nur die aktuell verfügbaren Angebote, ausführliches Bild- und Informationsmaterial enthält der dort zu beziehende Katalog. Es empfiehlt sich, einen unvergesslichen Aufenthalt im Freundeskreis inmitten englischer Kultur langfristig zu planen und zu buchen. Das gilt sowohl für die Häuser als auch für die Flüge (Tel. 0162-882 5925).

essen & trinken

Wer beim Landmark Trust bucht, versorgt sich zumindest an einigen Abenden selbst, da die Häuser meistens über eine grandiose Küche verfügen, wo früher Hausangestellte oft für viele geladene und angereiste Gäste opulente Mahlzeiten bereiten mussten. Die örtlichen Verwalter helfen in der Regel gerne, wenn es um Belieferung, Versorgung oder Einkaufsadressen geht. In der Innenstadt von Stirling gibt es zahlreiche Fachgeschäfte. Standesgemäß bieten sich lokale Spezialitäten wie diese an:

Single Malt: zum Beispiel Ardbeg (10 Jahre) ca. 34 €.

Haggis: Schafsmagen, gefüllt mit Herz, Leber, Lunge, Nierenfett, Zwiebeln und Hafermehl, am besten fertig kaufen.

Hotch Potch: Traditionelles schottisches Eintopfessen. Für 4–6 Portionen: Öl in einem großen Topf erhitzen, Lammfleisch (ohne Knochen) darin gut bräunen, eine große, gehackte Zwiebel , eine große gehackte gelbe Rübe, eine Stange klein geschnittenen Sellerie mit Wasser, Salz und Pfeffer dazugeben und bei niedriger Hitze köcheln lassen. Inzwischen 300 g Blumenkohl und zwei Möhren kleinschnippeln und mit einem Becher Tiefkühlerbsen nach etwa einer Stunde dazugeben und ohne Deckel weitere 30 Min. köcheln lassen. Nach Gutdünken die letzten 3 Min. Salat und Petersilie dazu.

tagsüber

Abflug: Im **Stirling House** betritt man eine neue Dimension des Feierns. Das Haus der Kaufmannsdynastie Stirling, die bis zur letzten Nachfahrin 1989 ein Vierteljahrtausend lang hier gelebt hat, will man gar nicht mehr verlassen. Ist auch nicht leicht: Der Grundriss ist ein Mysterium. Auch nach drei Tagen verirrt man sich noch in den Gängen, Sälen, auf den Wendeltreppen und in diverse Schlafzimmer, eines schöner als das andere. Draußen gibt es Regen, Highlands, Schafe und zu jeder Jahreszeit kurzbehoste Schotten mit Sommersandalen. Zwischendurch findet vielleicht auch mal eine Fuchsjagd ihren Weg durch die Stirling-Rabatten. Deshalb wird das schottische Leben drinnen ausgelebt. Zum Beispiel mit einer ausgiebigen Nachstellung der Schlacht von Bannockburn mit Kissen: Also jenes Gemetzel, das unweit des Hauses mit dem berühmten Braveheart (alias Mel Gibson) stattfand.

Ausflug 1: Naturfreunde zieht es in die **Trossachs,** ein traumhaftes Naturschutzgebiet mit wilden Wäldern, Flüssen und Vorausläufern der Highlands, das sich von Perth bis Stirling zieht. Der größte Ort ist **Callander,** von wo die meisten Kanu- und Wanderfahrten starten. Das Touristen-Center lässt keine Fragen mehr über den legendären Volkshelden Rob Roy und Ausflugsmöglichkeiten offen (www.robroyvisitorcentre.com).

Im Sommer fährt regelmäßig ein Bus die schönsten Landschaften ab (Informationen beim Touristenbüro Stirling). Auf gutes Kartenmaterial, festes Schuhwerk und vielleicht auch einen ortskundigen Führer sollte man bei einem Marsch auf eigene Faust nicht verzichten.

Ausflug 2: **Edinburgh** ist nahe genug, um dort einen Tag oder einen netten Abend zu verbringen – für Schottland-Neulinge eine Pflichtübung (siehe must-sees)!

Tagsüber kann man sich auf der Princes Street gegenüber Old Town und Edinburgh Castle in die Knie shoppen, denn hier wird kein britisches Kaufhaus ausgelassen. Abends bietet sich ein Bummel über die George Street (parallel zur Princes Street) an. Das Edinburgher Nachtleben findet originellerweise in alten Bankgebäuden statt, unter anderem in der originalen **All Bar One** (George Street 29), im **Dome,** ganz präzise im Tresorraum einer alten Bank (George Street 14), wo man auch hervorragend essen kann (Abendgarderobe!). Etwas bodenständiger wird's im **Frazer's** nebenan. Freunde des Films Trainspotting besuchen einen Originalschauplatz, wenn sie sich im **Pivo-Caffé** unter junge Menschen mischen, die tschechisches Bier trinken (Calton Road 2–6). Auf dem Nachhauseweg nicht vergessen, auf der linken Seite zu fahren.

Bei weitem nicht so ›posh‹ wie die Nachfolger: All Bar One

abends

Ein besonderer Spaß für alle, die gerne einen auf Jamie Oliver machen, ist das Zubereiten lokaler Speisen für alle, inklusive Einkauf vor Ort. Die Metzger in Stirling mit den Kreissägen auf dem Kopf (Adressen unter www.in-stirling.com) kennen sich natürlich aus, etwa in Sachen **Hotch Potch** oder, etwas gewagter, **Haggis** (siehe essen & trinken).

In der meterhohen ›Dinner Hall‹ von Stirling House müssen sich selbst die Sitznachbarn das Salz reichen, und die Ahnen der Stirlings wohnen in Öl bei. Anschließend kann man zum Single Malt-Verköstigen in das ebenso große Kaminzimmer umsiedeln und auf zwei ellenlangen Sofas endlich mal über Dinge reden, zu denen man zuhause nie kommt. Für solch kostbare Zeit miteinander kann man die Kosten umlegen, es ist dann für jeden billiger als so manche deutsche Pension – im Falle Gargunnock etwa 30 € p. P. pro Nacht (Nebensaison).

Fest steht: So sollte man in Zukunft runde Geburtstage, Junggesellenabschiede oder sogar Hochzeiten feiern, denn dieser Aufenthalt bleibt einfach unvergesslich.

nachts

Wer noch kann oder will, sieht sich in den lokalen Lokalen ein wenig um. Die schließen aber recht zeitig, alkoholische Getränke sollte man daher immer in ausreichenden Mengen eingekauft haben. Zur örtlichen Tuchfühlung auf Gargunnock bieten sich an:

Join the Scots: **The Settle Inn.** Mit dem Entstehungsjahr um 1700 Stirlings ältestes Bier-Pub mit Original Scottish Ales und fast so altes Stammpublikum, mit dem man schnell ins Gespräch kommt (St. Mary's Wynd, Stirling, Tel. 0178-647 4609).

Rest in Peace: **The Albion Bar.** Wem trotz 6 m Deckenhöhe mal im Stirling House das Dach auf den Kopf fällt, bekommt hier bis 11 Uhr sein frisch gezapftes Bier und noch etwas mehr: »Join in the debate at the bar or sit and enjoy your pint in peace«, wirbt das Pub. Wenn das keine Aufforderung ist … außerdem wird seit der Eingemeindung von Ricardo aus Kuba im Salsa Alba regelmäßig kubanische Nacht zelebriert.

must-sees

In Stirling: Die **Altstadt** mit **Stirling Castle,** dem **Knast** und **Top of the Town.** In Edinburgh: Die große **Old Town** mit **Edinburgh Castle** und den im Sommer davor stattfindenden **Tattoo-Paraden** sowie **Calton Hill,** die ›Akropolis des Nordens‹. Wer Kondition hat, wandert auf den Hausberg **Arthur's Seat** und schaut sich das Ganze von oben an – bis hinunter zum Strand von **Portobello.** Sollte es wirklich mal schön und warm sein, kann man hier am besten baden.

termine

Schottland ist im **Winter** gerne nasskalt, umso gemütlicher ist es an einem warmen Kaminfeuer, das allerorten lodert. Ansonsten gibt es in Edinburgh natürlich das **Fringe-Festival** im August. Bei dem stadtweiten **Kulturfestival** mit etwa 1800 Shows (und einem Drittel davon Premieren) tritt man sich gegenseitig die Knöpfe ab.

Du bleibst nicht allein,
weil Du in diesem Fall erst gar nicht alleine losfährst.

Nicht hinfahren,
wenn die gute Laune von gutem Wetter abhängig ist.

Unbedingt hinfahren,
wenn man einmal schottische Kultur am eigenen Leibe erleben und ein wirklich unvergessliches Erlebnis zelebrieren will!

Sparen	*
Sport	***
Kultur/Bildung	****
Entertainment	****
Erotik	**

Malmö
Pop in the Park

Kennen Sie Nina Persson? Am ehesten lernen Sie sie in Malmö kennen. Da wohnt sie wie alle anderen auch, geht einkaufen und abends auch mal aus. Kenner schnalzen mit der Zunge, denn Nina Persson ist die Sängerin von den Cardigans, und die ›Stadt der Parks‹ ist auch Schwedens Pop-Hochburg. Trotzdem wäre es vergeudete Zeit, nur vor dem legendären Tambourine-Aufnahmestudio (Adresse: Sofielsundsvägen 57) herumzuhängen. Es gibt so viel andere junge, aber auch alte Schweden, die sich hier tummeln, dass einem ganz schwindelig wird … übrigens, Nina Persson erkennt man angeblich an ihrer chronisch schlechten Laune.

Nackt in den Øresund, abends Jazz: Ribersborgs Kallbadhus

Die drittgrößte Stadt Schwedens ist seit ihrer ›Öffnung‹ zu Dänemark (wozu sie früher gehörte) ein Anlaufpunkt zu schwedischer Kultur auf kurzem Wege. Viele schwedische Bands leben und arbeiten hier (noch) wie jeder andere auch und nutzen den entspannten Mix von Badeort und Hafenstadt, der jede Menge cooler und netter Restaurants, Cafés, Bars und Designerläden hervorbringt – die meisten fußläufig. Dass die bekannteste Malmöerin Anita Ekberg lieber in Roms Trevi-Brunnen zu baden pflegte, ist beim stadtnahen Ribersborg-Strand mit seinem weißen Sand (›Kleine Copacabana‹) schwer zu verstehen. Im Winter kann man in der Ostsee baden, wenn auch unter anderen Umständen. Und ein ›Cardigan‹ (Strickjacke) wird dann zum Anwärmen nicht mehr genügen.

Warum Malmö?

Stockholm ist ABBA und Königin Sylvia, Malmö ist ›St. Etienne‹ und Anita Ekberg. Alles klar? Malmö steht möglicherweise vor dem ganz großen Hype, Skandinaviens Anlauf-Adresse für einen relaxten Pop-Urlaub zu werden. Sie rüstet architektonisch auf – da wären der überragende **Turning Torso** oder die **Øresund-Brücke** zu nennen, die Schweden mit Dänemark verbindet –, hat aber auch ihre kuscheligen Seiten, wie die freundliche Innenstadt, eine kleine, überschaubare Szene junger schöner Menschen aus In- und Ausland, sowie ein reges Strandleben im Sommer und ein quirliges Kulturleben zu jeder Jahreszeit. Man kann sogar im pudelnackten Zustand schwedische Mitbürger kennenlernen. Es ist auch nicht falsch, im äußersten Notfall zu wissen, dass *kærlek* ›Liebe‹ heißt.

orientieren

Ob man nun per Bahn 35 km vom Malmöer oder 70 km vom **Kopenhagener** Flughafen fährt (s. dort), ist eigentlich egal. Der dänische Flughafen liegt auf der Bahnstrecke (alle 20 Min.) über die Øresund-Brücke nach Malmö. Der **Malmö Sturup Airport** wird von **Ryanair** angeflogen, aber direkt nach Deutschland fliegt gar nichts.

In Malmö kann man das Wesentliche per pedes absolvieren, auch wenn ein Lift manchmal flotter ist, weil dazwischen nicht viel passiert (zum Beispiel zum Turning Tower, 1Rok oder Möllevången-Platz). Noch schlauer ist es, die **Malmöcard** zu erstehen (im Touristenbüro im Hauptbahnhof und in fast allen größeren Hotels, 24 Std. 130 Kronen, 48 Std. 160 Kr., 72 Std. 190 Kr.), darauf gibt es freies Busfahren und freies Parken im ganzen Stadtgebiet, im Sommer freie Stadtrundfahrt und freien Zugang zu Museen und Veranstaltungen (aktuell erfragen).

informieren

Vorwahl von Schweden: **0046,** dann die erste Null der Ortsvorwahl weglassen.

Touristen-Info im Hauptbahnhof (Malmö Turism, Centralstation, www.malmo.se/turist, Tel. 040 341 200), dort vermittelt man sehr hilfsbereit Unterkünfte (sonst auch unter www.malmo.se/hotel), Stadtrundfahrten und Ausflugstipps.

unterkommen

Nobel, mit Sprengkraft: Das **Noble House** ist ein Hotel mit viel Design, und es sind nur ›2 km zum nächsten Golfplatz‹. In Fällen großer Einsamkeit bekommt der Gast einen Teddybär aufs Zimmer (Gustav Adolfs Torg 47, Tel. 040 664 30 00, www.hkchotels.se, EZ Wochenende 795 Kr.).

Apart: **acomme Mazetti,** das Hotel in der ehemaligen Schokoladenfabrik, ideal für längere Aufenthalte, weil gemütlich, mit Küche und sozialem Anschluss an die anderen Gäste: Zu Frühstücksbuffet und Lunch im angesagten Restaurant **Retro,** aber auch in den hauseigenen **Club Frisa** zieht's Leute von außerhalb (Norra Skolgatan 24, Tel. 040 641 30 00, www.accome.com, EZ ab 85 €).

Beste Laune, beste Lage: **Elite Savoy,** direkt gegenüber vom Hauptbahnhof. In der hauseigenen beliebten Bier- und Whiskybar ›Bishop's Arms‹ herrscht am frühen Abend entspannte After Work-Stimmung à la Ally McBeal (Norra Vallgatan 62, www.elite.se).

essen & trinken

Rustikal: Im **Radhuskällaren** (Rathauskeller, Stortorget 1) geht es laut, gemütlich und kulinarisch traditionell schwedisch zur Sache: ideal für die ersten Fleischbällchen, sehr beliebter Mittagstisch.

Smørgåsbord: Ist Schwedisch für ›Buffet‹ und Englisch für ›Bunte Mischung‹. Beides findet man sozial wie auf dem Teller im hippen **Hipp.** Wohl eine der schönsten gastronomischen Einrichtungen der Stadt, direkt neben dem Theater, französisch/schwedische Küche. Abends mutiert der Laden zu einem der besten Nightclubs der Stadt (Kalendegetan 12, Tel. 040 974 031, www.hipp.se).

Fischig: Die Halle am Lilla Torg ist zwar recht touristisch, der lebendige Meeresfrüchtetempel des sympathischen Gastgebers **Johan P. Saluhallens** eine höchst lobenswerte Ausnahme – vor allem zum Mittagstisch (Landbygatan 3, Tel. 040 971 818, www.johanp.nu).

Abgedreht: Im **1ROK** der Frederikssons trifft man auf den Jamie Oliver Malmös, entsprechend gut ist das ›One Room One Kitchen‹ trotz seiner Lage ab vom Schuss gebucht. Aber wer potenziell mit Popstars in einem Zimmer essen will, muss da hin (St. Pauli Kyrkogata 11, Tel. 040 30 20 24, www.1rok.se).

Dat smekt: **smak** bietet eine innovative Küche und eine Top-Terrasse. Nina und Stefan freuen sich über jeden Gast (St. Johannesgatan 7 (Kunsthalle) oder am Scaniaplatsen 2a (Turning Torso), Tel. 040 12 50 35, www.smak.info).

tagsüber

Auf der **Södergatan** ist nicht der CSU-Sprecher zuhause, sondern alles, was in Mode Rang und Namen hat. Das **Design Center** im Hedmanska Garden (Lilla Torg) ist mehr ein Verkaufsraum als alles andere, aber es gibt Schlimmeres.

Ein Highlight ist im Sommer der **Ribersborg-Strand,** ein Beach-Vergnügen wie in Italien. Aber auch im Winter lohnt es sich für das ›unüberseebare‹ Badehaus **Ribersborgs Kallbadhus** von 1898 (Mo–Fr 12–19 Uhr, Sa/So 9–16 Uhr, www.ribban.com), liebevoll geführt von Ole und Stig Kylborn. Das ist ein charmantes Open-Air-Bad, hinter dessen 100 m langer Holzbrücke ein wunderschönes Restaurant auf Holzpfählen wartet – und dahinter eine Natursauna mit Blick aufs Meer und bei gutem Wetter auf Kopenhagen – wohlgemerkt, aus der Sauna heraus. Bei rauer See spritzt die Gischt gegen die Fenster. Kabinen und Aufenthaltsräume sind bewusst ›old style‹; Männer und Frauen saunen getrennt, und außerdem ist das Bad ein hoher gesellschaftlicher Treff der Malmöer. Die gehen lustigerweise alle zusammen rein und setzen drinnen das Gespräch von draußen fort. Das reingemogelte Bier verbindet. Ganz Mutige kühlen sich nicht im künstlichen Meerbecken, sondern in den echten Wellen ab (Slogan: ›a step beyond reality‹). Zudem finden abends oft Jazzkonzerte mit bekannten Musikern statt.

Wer nicht nur allein unterwegs ist, sondern sich auch einsam fühlen will, irrt lieber im **Västra Hamnen** am anziehend wirkenden Turning Torso herum – und fühlt sich wie ein gequirlter Torso. Außer am Strand und in den Cafés am Ufer ist in dem Gewerbegebiet der Hund verfroren.

abends

Lilla Torg heißt das Zauberwort für den erfolgreichen Abend. An dem kleinen Platz neben dem großen Rathausplatz geben sich

Tagsüber gepflegtes Café, abends Szeneladen: Hipp

Feierabend-Feierer, Studenten und Konsorten ein munteres Stelldichein zum Gucken, Schwatzen, Essen oder ein erstes Bier.

Im Herzen, von Herzen: **Victors** hat schwedische Küche vom Feinsten auf der Platte, gemütliches Ambiente (Lilla Torg 1), **MelloYello** ist ein krachiger Laden mit Bier und Leckereien, der gerne von Studenten besucht wird.

nachts

Ab nach Möllevången, könnte das Motto der Abend-Fortsetzung lauten. An dem Marktplatz geht es ab – vor allem beim Konzerthaus **Kulturbolaget** lohnt es sich, den aktuellen Spielplan zu checken (Bergsgatan 18, www.kulturbolaget.se). Ansonsten lohnt dort das **Tempo** eine Stippvisite (Södra Skolgatan 30, Tel. 040 126 021). Viel später zieht die Horde weiter zu Brogatan, um Mitternachtssuppe einzunehmen, an der Bar weiter zu trinken – oder beides (Brogatan 12).

Mattsons Musikpub ist der beste Jazzclub der Stadt (Öran Olsgatan 1). Das **Slagthuset** im Hafengebiet (hinter dem Bahnhof) ist Disco, Saal des Musicaltheaters und Skandinaviens größter Nachtclub in einem (nur Fr/Sa, Jörgan Kocksgatan 7, www. slagthuset.se). Eine Übersicht über die zahllosen Clubs bietet www.malmo.se, auf Deutsch unter ›Nachtleben‹.

must-sees

Wenn man **Calatravas Turning Torso** mal den Rücken drehen will (man beachte das Wortspiel!): **Kopenhagen** ist gleich nebenan – dank der **Øresund-Brücke** und einem zügigen Pendelverkehr im 20-Minuten-Rhythmus. Ob man wirklich stundenlang einsam durch die **Parks** spazieren muss, ist Geschmackssache. Das Museum für zeitgenössische Kunst **Rooseum** lohnt, wenn eine gute Ausstellung läuft (Gasverksgatan 22, www.rooseum.se), allerdings weiß man nicht genau, wie es weitergeht, nachdem es von der Stadt übernommen wurde.

termine

Das **Malmö Festival** im August (Slogan: ›best Swedish artists in every music genre‹) zählt etwa eine Million Besucher, dann verwandelt sich auch die Stadt in einen riesigen Marktplatz. Die Designmesse **Skane Fair** (Ende September bis Anfang Oktober, www.skanemassan.se) zeigt die letzten Schreie in Mode, Interior Design und Essen.

Nur die ›kærlek‹ zählt auf dem **Malmöhus Slott** (ältestes skandinavisches Renaissanceschloss), wenn sommers wunderschöne abendliche Veranstaltungen stattfinden: merkwürdige uralte Phallus-Kulte, blonde Männer und Frauen mit Blumen im Haar, bis aus AB ABBA und aus ABBA AABBBBAA wird – am schlimmsten traditionell zur **Sonnenwende** am 24. Juni. Auch hinfahren, wenn die blumige Veranstaltung nicht ganz oben auf Ihrer Liste steht. Wahrlich, mehr kann man aus Schweden nicht herausholen

Du bleibst nicht allein,
weil die Stadt voller Studenten steckt – und anderen jungen Menschen, die etwas erleben wollen.

Nicht hinfahren,
wenn man im Urlaub sparen, unglaublich aktiv sein oder lange an einem Ort bleiben will.

Unbedingt hinfahren,
wenn man Städte sucht, die das Angenehme einer Großstadt mit dem Nützlichen eines Urlaubsortes verbinden – zum Beispiel Shopping und Sandstrände mit Schwedenhappen.

Sparen	*
Sport	***
Kultur/Bildung	****
Entertainment	****
Erotik	****

Palermo & Umgebung

No Palermo, no Party

Wer bei Sizilien immer nur an Mafia und Orangen denkt, ist nicht mehr ganz auf dem Laufenden. Der Fußballclub ist regelmäßiger Gast in der Champions League, die Oper spielt auf internationalem Niveau – und Angst braucht man schon deshalb nicht zu haben, weil die Mafia jedem die Finger umdreht, der Touristen beraubt oder betrügt. Die können sich an Grillessen mitten im Straßenverkehr oder Schwiegersöhne verprügelnden Mamas delektieren – manchmal auch gleichzeitig.

Sprach und Sportel gut: Cefalu

An jeder Ecke Palermos sind die Zeugnisse der Völker zu bewundern, die über die Jahrhunderte hin die Insel beherrscht haben: Griechen, Byzantiner, Araber, Normannen, Schwaben und Spanier haben vor Ort zahlreiche blonde und rothaarige Ureinwohner sowie ein einzigartiges kunsthistorisches Erbe hinterlassen. Zu alter Pracht gesellen sich in der barocken Altstadt bunte Märkte mit Gemüseständen, Fruchtpyramiden und frischem Fisch.

Warum Palermo?

Obwohl hier das Chaos fröhlich Urständ' feiert, findet man in Palermo Ruhe und Gelassenheit. Armut paart sich mit Anmut, quirliger Lebenslust, Dreck mit majestätischer Schönheit, und über allem schwebt ein morbider Charme aus vergangenen, prächtigen Tagen. Kurzum: Palermo ist nichts für Snobs. Stattdessen gibt es etwas, was in den modernen Metropolen Europas nicht mehr zu finden ist: Palermo hat das Faszinierende des einfachen Lebens, eine unglaublich natürliche Lebensfreude und eine bezaubernde Gastfreundschaft.

orientieren

TUIfly fliegt von Köln, Hannover, Berlin und München direkt nach Palermo. Der **Flughafen** liegt ca. 30 km westlich. Für gut 5 € kommen Sie mit Bus oder Bahn ins Stadtzentrum. Ca. 55 € kostet die Taxifahrt.

Um auch die Provinz Palermo besser zu erkunden, empfiehlt es sich, mit dem **Mietwagen** unterwegs zu sein. Am besten von Deutschland aus buchen. Alle Anbieter finden Sie am Flughafen.

informieren

Vorwahl von Italien: **0039** – dann die erste Null von Festnetznummern mitwählen.
Allgemeine Informationen unter www.enit.de, gebührenfreie Servicenummer 00800 00 482 542.
Vor Ort: Assessorato Regionale Turismo, Via E. Notarbartolo 9, Palermo, Tel. 0917 078 201, www.regione.sicilia.it/turismo. Auskunft Cefalú über die **Touristeninformation** am Corso Ruggero 77, zwischen Piazza Garibaldi und Piazza Duomo, Tel. 092 114 210 50.

unterkommen

Auf www.book-italy-hotels.com wird Ihnen geholfen, wenn es um Hotelzimmer, Apartments und dergleichen geht.
Perfekt und preisgünstig: Das perfekte Singlehotel ist das **Cortese** direkt am wunderbaren Markt Ballarò. Der Treffpunkt junger Reisender ist einfach und sauber. Von hier lässt sich fast alles zu Fuß erreichen (Via Scarparelli 16, Tel. 091 331 722, EZ 50 €). Ebenfalls preisgünstig und zentral ist das **Gardenia Hotel.** Zwei Sterne, gemütlich, sauber e basta (Via Mariano Stabile, Tel. 091 322 761, EZ 65 €).
Für Artisten: Das **Hotel Posta,** bekannt als das ›Hotel der Künstler‹, befindet sich im historischen Zentrum von Palermo, gegenüber vom archäologischen Museum und ganz in der Nähe von allen wichtigsten Anziehungspunkten der Stadt. Die Gäste können den privaten Strand des Hotels in Mondello kostenlos in Anspruch nehmen (Via A.Gagini 77, Tel. 091 587 338, EZ 87 €).
Wunderschön!: Eine Oase von Luxus und Wohlbefinden ist das **Hotel Ucciardhome** in der historischen Altstadt. Das Designerhotel verbindet Modernität und traditionelle sizilianische Baukunst (Via Enrico Albanese 34/36, Tel. 091 348 423, aus Italien 848 336 766 (kostenlose Rufnummer), EZ 120 €.

Tauchen, Tennis, Schwimmen, Radfahren: Hotel Kalura

Ein Deutscher ist schon da: Dom von Palermo mit Grab Friedrichs II.

Für Sparer: Ein nettes Bed&Breakfast in **Cefalù** ist **Ale Robi** (Via Porpora 17, Tel. 0921 142 4020, EZ ab 20 €).

essen & trinken

Entspannt: Ein fantastisches Lokal ist das **I Beati Paoli** am Piazza Marina, der seit einiger Zeit wieder im Mittelpunkt des mondänen Stadtlebens steht. Von den Tischen draußen hat man einen herrlichen Blick auf den schönen Platz, der in die Parkanlage der Villa Garibaldi mündet. Die Stimmung an den Tischen ist locker und man kommt schnell in Kontakt (Piazza Marina 50, Tel. 091 616 66 34).

Entrückt: Das **I Grilli** gleich hinter der Kirche San Domenico ist etwas für Feinschmecker. Im vornehmen Ambiente im ersten Stock eines antiken Palazzos gibt es eine kreativ abgewandelte sizilianische Küche (Largo Cavalieri di Malta, Tel. 091 334 130).

tagsüber

Das Palermo-Sightseeingprogramm – **Königspalast, Kathedrale, Teatro Massimo** etc. – ›entdeckt‹ man fast von selbst, schließlich war Palermo vor 200 Jahren eine der prächtigsten Residenzstädte Europas. Auf der eleganten **Via Libertà** gibt es immer etwas zu sehen. Italiener flanieren nicht, sie gehen auf die ›passeggiata‹, bei der es um eine ›bella figura‹ geht.

Das **Kandinsky Café** liegt im Garten an der Straße. Die Pizzeria ist ein Treffpunkt hauptsächlich für junge Leute. Es stehen auch so manche typisch sizilianische Spezialitäten auf der Karte. Nicht zu vergessen das **Kandinsky Florio,** ein Herrenhaus oberhalb eines kleinen Hafens mit einer herrlichen Terrasse und einer Küche auf hohem Niveau. Vor allem im Sommer gehört es zu den bestbesuchten Lokalen der Stadt, denn es bietet eine gesunde Mischung aus Essen, Tanz und Unterhaltung (Via Discesa Tonnara 4, Tel. 091 637 56 11).

Daneben bietet Palermo aber noch mehr Highlights in und außerhalb der Altstadt: **Monreale** liegt ungefähr 10 km in den Bergen und hat einen wirklich großartigen **Dom** mit unglaublichen byzantinischen Mosaiken. Hinzu kommt der herrliche Blick auf Palermo. Auf dem kleinen Domplatz kommt man schnell mit anderen Besuchern in Kontakt. Aus gleichem Grund lohnt auch eine Führung durch die unterirdischen Gänge von **Qanat.** Die von den Arabern gebauten Wasserleitungen, durch die das Trinkwasser von den Quellen in die Stadt gebracht wird, sind ein Abenteuer, das zusammenschmiedet. Organisiert werden die Touren von der **Cooperativa Solidarietà** (Via Gaetano La Loggia, Tel. 091 652 0067, um Voranmeldung wird gebeten).

Ein anderes faszinierendes Ziel, nur ein paar Kilometer von Palermo entfernt, ist **Ustica,** ein grandioser Naturpark auf offenem Meer. Mit Fähren oder im Tragflächenboot ist die Insel bequem in einer Stunde zu erreichen. Viel Zeit, schnorchelnd die üppige Unterwasserwelt oder die nachbarlichen Handtücher zu erkunden. Die Strände in **Mondello** (hier finden jährlich Windsurfmeisterschaften statt) oder die Bucht von **San Vito lo Capo** bieten nicht nur kristallklares Wasser, sondern auch Gelegenheit, in Ruhe andere Reisende kennenzulernen. Der Luxus-Badeort liegt in einer malerischen Bucht zwischen Monte Pellegrino und Monte Gallo. Hier lässt sich prima segeln, surfen und flirten.

Wem die Stadt zu intensiv wird, der kann sich in **Corleone** auf die Suche nach Bossen und Paten begeben. Die Kleinstadt bei Palermo kennt man aus fast jedem Mafiaroman und Patenfilm. Deutsche haben in Palermo auch kulturell leichtes Spiel – es gibt sogar ein **Goethe-Institut** (Via Paolo Gili, 4 Tel. 091 652 86 80, www.goethe.de).

abends

Wer nach einem abwechslungsreichen Tag und viel Sonne die Nacht herbeisehnt, wird nicht allein unterwegs sein. Seitdem vor allem die Jungen die Altstadt von Palermo wiederentdeckt haben, heißt es auch hier – wie in Barcelona – wir gehen auf die ›Movida‹. Die Zeit des Aufbruchs bedeutet, man zieht von Kneipe zu Kneipe, immer auf der Suche nach neuen Leuten, neuer Musik und einer neuen Szene. Kultstätte für gute Live-Musik und Veranstaltungsort zeitgenössischer Kunstausstellungen ist das **Agricantus** (Via XX Settembre 82/a, Tel. 091 309 636).

Eine skurrile Szenerie spielt sich Abend für Abend auf **Il Borgo**, dem Nachtmarkt Palermos ab: Zwischen frittierten Kichererbsenschnitten, Baby-Kalmaren oder in großen Kesseln gekochten Artischocken spielen Kinder und lassen Halbstarke ihre Motoren aufheulen, während Schwiegermütter besagte Söhne verprügeln und die Alten kopfschüttelnd zuschauen.

nachts

Eine Kultstätte ist das **Tina Pica.** Das auf zwei Stockwerke verteilte Lokal befindet sich in einer entweihten Kirche. Das Lokal ist e-

Korrekte Location für die Passeggiata: Via Roma

Immer was im Gange: Osterprozession

ne der beliebtesten Discos der Stadt und beschäftigt die berühmtesten DJs. Da es auch als Pizzeria fungiert, kann man schon zum Abendessen kommen (Via Giovanni Meli, Tel. 091 612 1172).

must-sees

Etwa 60 km von Palermo lädt das Badeörtchen **Cefalù** zum ausgelassenen Beachen ein – im Sommer ist es aber sehr überlaufen (von Palermo mit dem Zug gut erreichbar). Am besten absolviert man das ganze Programm im **Hotel Kalura,** denn dort ist man ab dem Frühstück auf der großartigen Panorama-Terrasse nicht unbedingt allein. Sportreiseveranstalter schlagen regelmäßig im Frühjahr ihre Zelte auf und bieten vielfältige Tagestouren an der Küste und ins Hinterland an, die aufgrund der Höhenmeter allerdings eher etwas für Leute sind, die sich auf dem Mountainbike (ca. 16 €) oder dem Rennrad für einen sportlichen Sommer fit machen wollen.

Das **Hinterland** – die Madonie – ist ein Naturpark und bildet einen der landschaftlichen und sportlichen Höhepunkte der ganzen Insel. Wer nicht gerne bergauf radelt, kann natürlich das Auto nehmen, um oben wilde Ziegen, Pferde und schneebedeckte Berge zu erleben. Die **Tauchkurse** im deutsch-italienisch geführten Hotel haben es aufgrund der Meeresvegetation in sich, ansonsten hilft auch der 25 m lange Pool (Via Vincenzo Cavallaro 13, Tel. 092 142 13 54, www.hotel-kalura.com). **Sprachkurse** absolviert man im Ort, gemeinsam geht man zur Anwendung bei Einheimischen auf Entdeckungsreise (www.kulturforum.it).

termine

Wenn sie schon mal die Möglichkeit haben, eins der größten Opernhäuser Europas zu sehen, dann besuchen sie doch gleich eine Vorstellung. Nach Jahren der Renovierung wird im **Teatro Massimo** wieder gespielt, und zwar von November bis Mai. Im Sommer finden Gastkonzerte statt (www.teatromassimo.it). Im Sommer findet die ›Movida‹ auf der Straße vor den Kneipen statt. Und Sommer ist fast das ganze Jahr.

Du bleibst nicht allein,
weil die Palermitaner neugierig sind und Fremde schnell ins Herz schließen. Alternativ braucht man nur versuchen, zu betrügen.

Nicht hinfahren,
wenn man bei seinen Vorurteilen gegenüber Mafia und Verbrechen bleiben will.

Unbedingt hinfahren,
wenn man die Sonne und das gute Essen liebt – wo kann man es besser genießen als dort, wo der Fenchel wild wächst und am Meer Orangen von den Bäumen fallen, während oben in den Bergen noch Schnee liegt?

Sparen	***
Sport	*****
Kultur/Bildung	***
Entertainment	****
Erotik	***

Essen, Trinken, Fernwehen

San Sebastián

Was zieht Woody Allen bloß immer wieder her? Was macht er, nachdem er sich im ›La Perla‹ satt gegessen und an Bikinis satt gesehen hat? Ist es das Jazz- oder das Filmfestival, die baskische Küche, die relaxte Atmosphäre oder einfach der Genuss, unerkannt zu bleiben? Auf jeden Fall hat auch er den ›genius loci‹ erkannt, wie weiland Königin María Cristina 1866, die San Sebastián zu ihrem Sommersitz erklärt hat. Auch heute noch braut und brodelt sich an der baskischen Küste eine Menge zusammen.

Kriegen sich nie: Chillida-Skulpturen

San Sebastián ist der klassische baskische Badeort, seit der spanische Hof ihn zum sommerlichen Regierungssitz erklärt hatte. Nicht weniger profan ist seine Lage am berühmten Jakobsweg. Hier lässt es sich richtig Urlaub machen: Faul am Strand, etwas aktiver während des Jazz- und Filmfestivals, oder auch ganz sportlich mit dem Surfbrett. Immer wieder sieht man die sandigen Spuren nackter Füße, mitten in der Innenstadt, die von Fans wilder Wellen zeugen … und wo hat man schon mal so viel Lebensqualität mitten in der Stadt? Deshalb ist sie trotz ihres Status als Kleinod alles andere als klein und öde.

Warum San Sebastián?

Travel with style: Wer Wein, gutes Essen und Gesang liebt, wird hier auf seine Kosten kommen. Wir stellen exklusiv einen Herrenkochclub vor, weil man normalerweise lokal ansässiges Mitglied sein muss. Dazu gibt es Ausflüge zu apfelwein- und leutseligen Sidrerías in der Umgebung – besonders im Winter begehrt. Man kann natürlich auch einfach am Strand spazieren, schwimmen, am Strand spazieren, Land, Leute und Sprache in einem der ansässigen Akademien kennenlernen und – nicht zu vergessen – am Strand spazieren.

orientieren

Nach San Sebastián geht's über Bilbao (92 km entfernt, s. dort, stündlicher Bus-Shuttle nach San Sebastián), zum Beispiel per **TUIfly** ab Köln/Bonn und Stuttgart. Oder von Biarritz (ca. 45 km entfernt) mit **Ryanair** ab Frankfurt/Hahn.

San Sebastián selbst hat man schnell zu Fuß oder mit dem Zweirad im Griff: Scooter- und Fahrradverleih, Einzel- und Gruppenausfahrten bei **Bike Rent Donosti** an der Playa de la Zurriola, 22, Tel. 943 290 854, Mob. 655 744 58). **Europcar** befindet sich direkt am Hauptbahnhof (Tel. 943 322 304), Autos mit Chauffeur gibt's bei **Coop. Suital,** Tel. 934 398 018).

informieren

Vorwahl von Spanien: **0034.**
Touristeninformation an der Reina Regente, 3, Tel. 934 481 166, www.sansebastianturismo.com, Zimmerreservierungen unter www.reservassansebastian.com. Gruppenführungen zu den Highlights der Stadt auf der Route Essentielle (Spanisch/Englisch) jeden Sa und So ab 11 Uhr an der Touristeninformation (90 Min./5 €).

unterkommen

Hotels vermittelt das **Tourismus-Büro,** wie auch die angegebenen Sprachkurse, wenn man sich anmeldet. Wer zu mehreren fährt, kann im Umland oder an der Küste in einer der wunderschönen **Agrituri** unterkommen, bei denen oft Sport- und Freizeitmöglichkeiten angeschlossen sind. Angebote und nähere Informationen unter www.nekatur.net.
Promis und Adlige trifft man traditionell im unübersehbaren, ehrwürdigen und sehenswerten **Hotel María Cristina** am Urumea-Fluss (Calle Oquendo, 1, Tel. 943 437 600, www.mariacristina.es, einfach teuer).
Gehoben, aber nicht abgehoben: **Hotel Niza,** direkt an der Concha, im Eigentum der Künstlerfamilie Chillida, für gehobene Ansprüche (Zubieta, 56, Tel. 943 426 663, www.hotelniza.com, EZ zw. 70 und 100 €).
Ein anständiges Haus: **Hotel Record** in Gros. Preiswert, sympathisch, sauber (Calzada Vieja, 35, Tel. 943 285 768, www.hotelrecord.com, EZ zw. 45 und 62 €).

essen & trinken

Dining with the Celebs: **La Perla** (Paseo de la Concha, Tel. 943 469 927).
Am Hafen: **Aita Mari** am Hafen, Gandarias, Pintxos, Tapas und auch ein paar Tische (Puerto, 23, Tel. 943 431 359, www.aitamari.com).
Zum Ausfliegen: **San Marcos,** altes Fort mit Restauration, etwas außerhalb, aber mit tollem Blick über die Stadt, den Hafen, die französische Küste und die Berge (www.sanmarcos-convenciones.com).

tagsüber

Ein Tag in San Sebastián ist ausgefüllt. Und wenn man ihn einfach in einer der schönsten Stadtbuchten der Welt verbringt, der **Bahia de la Concha,** die exakt der Form einer Venusmuschel (Concha) entspricht und obendrein schützend von der Insel Santa Clara eingerahmt wird, die übrigens mal in ostfriesischer Hand war. Dort befindet sich nicht nur Woody Allens Lieblingsrestaurant ›La Perla‹, sondern auch gleichnamiges **Thalasso-Therapiezentrum** (Tel. 943 458 856). Der Anblick und das Flair sind wahrlich königlich, denn selten findet man in solch einer urbanen Infrastruktur Belle Époque-Badevergnügen, gekrönt von dem royalen Badehaus. Entsprechend sind die San Sebastianer relaxt – wären wir auch, wenn wir nach Feierabend schnell noch mal aufs Surfbrett springen und ein paar Wellen mitnehmen könnten: Die besseren Brecher krachen allerdings an der **Playa de la Zurriola** über Sie hinweg, dem **Surfertreff** der Stadt.

Wer etwas mehr Zeit mitnimmt, kann die spanische Sprache und baskische Sitten und Gebräuche im direkten Kontakt vertiefen, indem man mit Gleichgesinnten tagsüber lernt und nachmittags an den Strand oder an die Straße geht, um sich mit Land und Leuten sprachlich vertraut zu machen (zum Beispiel **Lacunza,** Mundaiz, 8, Tel. 943 326 680, www.lacunza.com, alle Levels, ab 100 €/Woche, oder bei **Tandem** im Intensiv-Austausch mit einem Einheimischen, Preise unter www.tandemsansebastian.com).

Das Schöne daran: Gleich erschließen sich Mittel und Wege zu allen lokalen Angeboten, beim gemeinsamen Markt- oder Kinobesuch, Kochkurs oder auch Sportprogramm: zum Beispiel Pelotaball, Aizkolari (Baumstammsägen), 300-kg-Steineheben oder auch Grasmähen – der Baske ist um Sportarten wirklich nicht verlegen. Fußballspielen kann man schließlich auch zuhause.

Basken messen sich mit ihresgleichen sogar, was die besten Pintxos der Stadt, jene Delikatesschen am Zahnstocher *(pintxo,* gesprochen ›pintscho‹) angeht, für die man offiziell höchstens zwei Bissen benötigen darf. Am späten Nachmittag macht man am besten, was auch die einheimischen Männer unternehmen: eine Runde ›poteo‹ – in der Altstadt von Kneipe zu Kneipe ziehen und überall einen Schluck vom baskischen Wein *(txakoli)* zischen, immer mit dem einen oder anderen Häppchen Pintxos (zum Beispiel Angulas (Babyaale) oder ›Rita Hayworth‹ (Peperoni, Sardine, Olive), die unwiderstehlich lecker auf dem Tresen präsentiert werden, zum Beispiel in der Altstadt, wo sich die Pintxo-Bars die Klinke in die Hand geben – und sich natürlich jedes Jahr einen großen Wettstreit liefern, wer die besten Pintxos am Haken hat.

abends

Wer das schafft, der hat es geschafft: in einem **Txoko** mitzukochen und zu essen. Das sind private Herren-Kochclubs, in denen man sich gerne schon mittags trifft und etwas am Herd zaubert, sich vielleicht schon mal einen Sídre gönnt, schwadroniert und vor allem isst. Meistens ist jedes Mitglied auf ein Gericht spezialisiert. Und weil die Clubs privat sind, hier die Privatnummer des Touristenführers Dr. Hans Harms (635 749 969). Wenn Hans Zeit und Lust hat, nimmt er Sie mit oder organisiert zusammen mit anderen Männern und Frauen einen Kochabend – selbstverständlich dominieren baskische Spezialitäten, zum Beispiel Stockfisch in Knoblauch, Tintenfisch in eigener Tinte oder etwas vom Rind. Übrigens: Hans' Ding sind die Salate!

Wenn es ›txotx‹ heißt, ist die Saison eröffnet: Zwischen Januar und April bietet sich

Prachtvoll: San Sebastiáns Hausfassaden

ein Ausflug in eine umliegende **Sidrería** an, denn dies ist die Zeit des Apfelweins, der in sehr geselliger Runde direkt aus den Fässern verkostet wird. Dazu isst man, was auf den Tisch kommt, zum Beispiel Kabeljau mit Paprika, Rostbraten, Käse, Nüsse (nähere Informationen im Touristenzentrum).

nachts

Wohl auch eine der ›schönst‹ gelegenen Diskotheken Europas: Wie ein ankerndes Schiff liegt **La Kabutzia** in einem bauhausverwandten Gebäude des Nautikclubs aus dem Jahr 1929 direkt am Wasser (Paseo De La Concha, Edificio del Real Club Náutico). Latin, House und R&B rocken das Haus bis früh in den Morgen, wenn man die Sonne über der Bucht aufgehen sieht (im Winter Di geschlossen).

must-sees

Wenigstens ein Stückchen des **Jakobsweges** sollte man zurückgelegt haben, zumal man hier gleich zwei zur Auswahl hat. Wer bereit ist, ein paar Meter zu fahren, besucht das **Chillida-Freilichtmuseum** in dem ehemaligen Landhaus des renommierten Stahlschweißers in Hernani (Jáuregui, 66, Tel. 943 336 006, www.museochillidaleku.com, Buslinie G2 von der Haltestelle C/Oquendo, mit dem Auto Autobahn Richtung Victoria-Gasteiz, Ausfahrt Hernani, im Winter 10.30–15 Uhr, sommers 10.30–20 Uhr (auch Gruppen- und Privatführungen). Wer Chillidas **Windkamm-Skulpturen** am Ende der Bahia de la Concha nicht entdeckt, war allerdings nie wirklich da.

termine

Die Babyaale feiern am 19. Januar zur **San Sebastián-Nacht** fröhliche Urständ', wenn die Trommler die Stadt beherrschen und zu einem ganz besonderen Mahl-Ritual eingekehrt wird. Zwischen Januar und April ist **Sidrería-Zeit.** Wo sonst überall zu dieser Jahreszeit der Hund verfroren ist, wird in Astigarraga und anderswo zu Hausgemachtem munter gekeltert und gebechert. Sidrerías findet man unter www.sagardotegiak.com. Organisierte Ausflüge vermittelt das Tourismusbüro.

Das renommierte **Jazzfestival Jazzaldia** bietet im Juli sämtliche internationalen Größen des Jazz an, sodass es möglich sein sollte, Musik und Urlaub sinnvoll zu verbinden. Ende September findet das weltweit renommierte **Filmfestival** statt, zu dem wir nicht nur Woody Allen begegnen, sondern auch Robert De Niro, Angelica Houston oder wer gerade die ›Concha‹ für sein Lebenswerk erhält.

Ansonsten bestellt man in einem der vielen Drei-Sterne-Restaurants mittelfristig einen Tisch vor und genießt dort die ›nueva cocina vasca‹: Kein Ort der Welt verbucht mehr Sterne als San Sebastián.

Du bleibst nicht allein,
weil man in Sprach-, Ess- und Sportkursen sofort Anschluss findet und die Surfer am Strand immer nett sind. Vielleicht sogar so nett, dass Sie Ihnen ein Brett borgen.

Nicht hinfahren,
wenn man gerne auf Stube hockt und dem Wind nichts abgewinnen kann.

Unbedingt hinfahren,
wenn man Strand mit Stadt mit Genuss verbinden will. Und natürlich, wenn es Nacht wird, Señorita.

Sparen * * *
Sport * * * * *
Kultur/Bildung * * *
Entertainment * * * *
Erotik * * *
*(falls man Essen als Sex des Alters betrachtet: * * * * *)*

Sitges

Urlaub für Jedermann

Badewanne Barcelonas oder auch Europas ›gay hub‹ – Sitges deckt alles ab. Der Badeort ist unter der Woche recht fest in regenbogenfarbener Hand und am Wochenende willkommene Sommerfrische für ›Barcas‹ jeder Couleur. Sitges ist die schnelle Lösung für Kurzentschlossene und Weitgereiste. An kaum einem verschmelzen Kommunikation, Kommerz und Kultur so perfekt wie hier, ob man nun auf dem Boulevard in andere Leute hinein ›bladet‹ oder in exklusiven Ferienclubs einfach seine Ruhe haben will. Da hat man schon etwas mit den Barcas gemeinsam.

Prominent: Hafen und Kathedrale

Sitges mit seinen 17 Stränden ist einer der lebendigsten Orte an der spanischen Mittelmeerküste, der vor allem für sein angenehmes Klima, das kulturelle Angebot und den fröhlichen und gastfreundlichen Charakter seiner Einwohner bekannt ist. Eine palmenbesäumte, breite Promenade erstreckt sich von der felsigen Steilküste im Osten, entlang des ganzen Ortes bis zum Golfplatz im Westen. Die alte Architektur ist geprägt von Sitges-Stämmigen, die im 20. Jh. in Amerika ihr Glück machten und irgendwann zurückkamen, um prachtvoll zu bauen. Deshalb hat Sitges eine besonders schöne Skyline an der Strandpromenade.

Warum Sitges?

Die flachen Strände mit feinem Sand mit ihrer Architektur der schöneren Epochen sind ein Anziehungspunkt für Touristen aus Europa und Übersee. Weil Sitges im Bewusstsein der Barceloneser unter ›Wochenende‹ verbucht ist, haben zahlreiche Mode- und Markenstores Niederlassungen, die auch am Wochenende öffnen.

In den engen Straßen des alten Ortskerns gibt es zahlreiche Shops, Bars und Lokale, aber »nicht nur für Schwule«, wie Wikipedia vermeldet. Außerdem wäre da noch das international renommierte Fantasy-Film Festival. Na, wer sagt's denn!

orientieren

Nach Sitges gelangt man mit **Lufthansa** oder **Germanwings** über Barcelona, oder per **Ryanair** auch ins nahe Reús. Züge der RENFE (Tel. 902 240 202) bringen Sie in ungefähr 25 Min. zum Stadtzentrum. Nach Sitges direkt geht es entweder mit dem **Mom-Bus** (2 Stationen Richtung El Vendrell, 2,80 €, Tel. 938 937 060) oder einem Zug der **RENFE** (dann müssen Sie in der Stadt an der Station **Barcelona Sants** umsteigen).

Welche der beiden Möglichkeiten die beste für Sie ist, hängt vom Zeitpunkt Ihrer Ankunft ab. Achten Sie darauf, dass Sie in die richtige Richtung fahren!

informieren

Vorwahl von Spanien: **0034.**
Touristeninformation mit Veranstaltungskalender: www.sitges.es, aber nur in Catalan.

Aktuelle Info, auch Zimmervermittlung und Gay Guide unter www.sitgesguide.com. Möglicherweise ist der Content von www.sitgestour.com mittlerweile angereichert worden, dann findet man hier Anknüpfungspunkte an lokale Aktivitäten in Sachen Sport, Kultur, Hotels und Wellness. www.gaysitges.com zeigt alles, was das Homo-Herz in seinem ›Kleinen Paradies‹ begehrt.

unterkommen

Unter www.sitges.de vermittelt eine von Simon Borowiaks Buch ›Frau Rettich, die Czerni und ich‹ angeregte Gabi von Frankfurt aus Wohnungen vor Ort.

Unter Dach und Fach: Nicht nur Französisch, sondern auch Spanisch aus dem Eff-Eff beherrschen? Apartments, inklusive Sprachkurs, gibt es für flinke Zungen bei **Hola! Sitges** (Carrer Francesc Gumà, 25, Tel. 938 941 333, www.holasitges.com).

Clubbing: **Port Sitges Resort.** Clubanlage mit großem sportlichen und kulturellen Angebot im etwas hoch gestochenen Port d'Aiguadolç. Organisieren zahlreiche Veranstaltungen, vom Tauchkurs bis zur Senioren-Fußball-WM (Paseo Port Aiguadolç, 1–20, Tel. 938 113 177, www.portsitges.com, EZ n. Absprache, je nach Package).

Speziell: **Hotel Terramar.** Das markante Ding am Ende der Bucht sieht aus wie ein hässlicher Kasten, ist in Wirklichkeit ein Design-Juwel, zumindest aus Retro-Perspektive. Hat auch verschiedene Preise gewonnen. Nebenan ist ein 18-Loch-Golfplatz, für Gäste gibt's Ermäßigung (Passeig Marítim, Tel. 938 940 050, www.hotelterramar.com, EZ 72 €, nur in der Saison geöffnet).

Gay-bevorzugt: **Hotel Liberty**. Internationale Gäste, berühmtes Frühstück im In-

Retro-Strand-Architektur: Beach-Hotels

nenhof, kommunikative Gastgeber (Carrer Illa de Cuba 45, Tel. 938 110 872, www.libertyhotelsitges.com, EZ ab 65 €).

Romantisch: **Hotel Noucentista el Xalet.** Wunderschöne Jugendstilvilla aus dem 19. Jahrhundert (Illa de Cuba, 35, Tel. 938 110 070, EZ ab 30 €, www.elxalet.com).

essen & trinken

Frühstück mit Meerblick: **Chiringuitos** sind die kleinen Ess-Ballermänner am Strand, von denen man in Sitges **Kansas** empfehlen kann, wenn es um mehr als schmierige Tapas gehen soll. Offiziell ›members only‹, aber in Wirklichkeit der Treffpunkt zum späten Frühstück ›American Style‹.

Ungefährlich: Tiburon. Die ›Haifischbar‹ von Sitges wartet mit mariniertem Thunfisch und anderen Köstlichkeiten auf (am Sporthafen Port d'Aiguadolc, kein Telefon).

Arglos genießen: Argos. Ferran Adriá-Preisträger Marcelo Guerreiro verbindet raffiniert das Angebot aus dem Meer mit dem wundervollen Blick darauf (Port d'Aiguadolç, 1, Tel. 938 113 177).

tagsüber

Machen wir uns nichts vor: Nach Sitges fährt man aus drei Gründen: Urlaub, Shoppen und etwas, das sich darauf reimt. Einfacher gesagt: Urlaub, Urlaub, Urlaub.

Version 1: Urlaub von Barcelona, zum Beispiel am Wochenende als ›Abstecher‹.

Version 2: Ungestörten Urlaub unter gleichgeschlechtlich Gesinnten, mehr ›unter sich‹ als hier kann man ihn in Europa wahrscheinlich nirgends verbringen, ganze Straßenzüge und Strandabschnitte sind bunt beflaggt.

Version 3: Urlaub an einem der schönsten Strände, in lebendiger Atmo, mit viel Aktivität dabei. Homo, Hetero oder im Mix, spielt keine Rolle. Die Einheimischen haben sich längst daran gewöhnt. Am Meer, mit Handtuch und Schwimmbrille bewaffnet, kann man sich geschlechtlich zuordnen, was auf den ersten Blick gelingt.

Die tattoolastige **Playa del Muerto** ist zum Beispiel gay, dort kann man sich bei Bedarf nach den derzeit angesagten Nacktstränden erkundigen (die meistens regenbogenfarbig an den Felsen markiert sind). Stinknormale Heteros, also auch Familien mit Kindern, Spanier und Spanner, die werktags in Barcelonas Werbeagenturen herumhängen, treffen sich an der **Sausalito Beach** (Playa de la Barra, auf der Höhe vom Hotel Subur Marítim, Paseo Maritimo 25, blauweiße Flagge). Hier wird man in jeder Hinsicht verwöhnt: Drinks und Snacks zu jeder Tageszeit, Mietliegen mit Handtuch, wenn man Lust hat, Anschluss an das Sausalito-Beachvolleyball-Team. Nur faulenzen muss man allein.

Wer Lust hat zu tauchen oder einen Bootsausflug unternehmen will, wende sich an **Transnauta** am schönen Torre de Capitanía im Yachthafen Port d'Aiguadolç (Tel. 938 114 446, an www.transnauta.com).

Normalerweise geht so ein Beach-Tag ja von selbst herum. Wer dennoch den Hintern hochbekommt, startet vielleicht einmal eine nette Tour ins Hinterland, zum Beispiel ins naturgeschützte **Garraf-Massiv** – zum Motorradfahren, auf dem Mountainbike, zum Klettern oder für eine geführte Höhlenbesichtigung (Kontakt: Ctra. de Rat Penat a Plana Novella, Tel. 935 971 819, www.diba.es.

www.bikerentalbarcelona.com vermietet Fahrräder und bringt sie auch ins Hotel, Telefonisch frühzeitig informieren unter 666 057 655, tgl. 10–20 Uhr, ab 9,99 €).

abends

Nach getaner Arbeit am Strand gibt man sich downtown ein chillendes Stelldichein bei Bier oder Eiscrème. Sehr wirksam erlebt man den liberalen Homo-Heten-Verbund an der **Carrer 1 Mai,** wo sich neben dem plakativen Gay-Treff **Parrot Bar** Oma und Opa auf der Bank niederlassen, ohne dass sich die einen an den anderen stören. Dort gibt es bei **Farggi** übrigens fantastisches Eis. In der **Calle de las Pescados,** auch ›Straße der Sünden‹ genannt, setzt sich das muntere Treiben zum **Strand** hin fort – wobei es auch gerne wie in einer Schinkenstraße zugeht.

nachts

Rot: Pacha. Das erste Pacha der berühmten Disco-Kette mit der Kirsche, gegründet 1966, hat nichts von seiner Spritzigkeit eingebüßt und ganzjährig Fr–So geöffnet (Carrer San Dídac).

Schwarz: Otto Zutz. R&B, Hip-Hop, Funk. Was der Barceloneser vor der Tür hat, will er auch in seiner Sommerfrische nicht missen. Nur: Der Ableger des vielleicht besten Clubs

Für jeden etwas dabei: Die »Straße der Sünden«

der Stadt ist möglicherweise noch besser. Geschmackssache (Port d'Aiguadolç).

Bunt: **Organic.** Gar nicht vegetarisch, sondern jede Menge Fleisch. 70er/80er/90er Dance Music. Öffnet erst um Mitternacht, wird nur langsam voll und ist nicht billig (Red Bull/Wodka 10 €) – aber ›the one and only‹ in Sitges (Carrer Bonair, www.theorganicclub.com, wer die Homepage ausgedruckt mitbringt, kommt kostenlos rein).

must-sees

An der prominenten **Bartholomäuskirche** kommt man ohnehin vorbei, wenn man von den Bade- zu den Bootsbuchten wechselt. Wer mit offenen Augen durch den Ort geht, wird die **Jugendstilvillen** in der Ortsmitte mit Genuss hinnehmen. Wenn man nicht primär nach **Barcelona** reist, sollte man doch mal einen Blick hineinwerfen.

termine

Im Januar findet der in der Szene aufgrund der frühen Saisonstart-Möglichkeit populäre **Sitges Halbmarathon** statt. Im Februar wird Sitges als Ausgleich zum Köln des Mittelmeeres: Der **Karneval** dort ist nur um ein Vielfaches fantasievoller. Zum Feiertag **Corpus Cristi** im Juni sind die Straßen mit Blumenmustern übersät. Im Juli findet das beliebte **International Jazz Festival** seine Fans, im Sommer gibt es eine Konzertserie mit Interpreten klassischer Musik.

Zum wichtigsten internationalen **Fantasy-Filmfestival** (Logo: King Kong über Sitges-Skyline) im Oktober erscheinen durchaus Hollywoodgrößen im Teatre Retiro oder dem Casino Prado (www.cinemasitges.com) – im gleichen Monat wird das legendäre **Oldtimer-Rennen** zwischen Barcelona und Sitges ausgetragen.

Du bleibst nicht allein,
wenn Du homosexuelle Kontakte knüpfen willst … oder auch heterosexuelle.

Nicht hinfahren,
wenn man Spießer ist.

Unbedingt hinfahren,
wenn man Stadt- und Strandurlaub perfekt miteinander verbinden will.

Sparen	***
Sport	****
Kultur/Bildung	**
Entertainment	****
Erotik	*****

Worpswede

»Weltdorf« der Kunst

»Worpswede, Worpswede, Worpswede! Versunkene Glocken-Stimmung! Birken, Birken, Kiefern und alte Weiden. Schönes braunes Moor, köstliches Braun! Die Kanäle mit den schwarzen Spiegelungen, asphaltschwarz. Die Hamme mit ihren dunklen Segeln, es ist ein Wunderland, ein Götterland …« mit diesen Worten der Malerin Paula Modersohn-Becker, die den Ort weltbekannt gemacht hat, ist schon vieles über die Atmosphäre ausgesagt. Wir sagen: Nix wie hin, wenn man mal auf andere Gedanken kommen will. Ansonsten ist man so schnell in Bremen, wie die Bremer Stadtmusikanten keine Singles mehr waren, ganz nach dem Motto: ›Etwas Besseres finden wir nirgendwo.‹

Zum Rilke-Rezitieren: Barkenhoff

Um die Wende zum 20. Jh. fanden die Künstler Fritz Mackensen, Otto Modersohn und dessen spätere Frau Paula in dem Dorf im Teufelsmoor ihre ideale Zuflucht, um ihr Konzept eines zur Natur gewandten Expressionismus zu realisieren. Heinrich Vogeler, Hans am Ende und viele andere kamen dazu. Und immer noch leben in der ›Künstlerkolonie‹ Worpswede einige, die glauben, auch auf sie wirke die nur hier innewohnende kreative Kraft. Uraltkanzler Helmut Schmidt hielt in seiner Amtszeit seine schützenden Hände übers Teufelmoor, das ein Bundeswehr-Schießplatz zu werden drohte. Heute hat es einen ganzen Haufen Esoteriker in das Dorf verschlagen, die von den Busladungen aus dem nahen Bremen offenbar ganz gut leben können.

Warum Worpswede?

Worpswede ist nicht gerade ein Ferienclub für Leute unter Dreißig. Aber das landschaftliche Juwel lebt von seinen Eigen- und Einzigarten. Da wäre die furchtbar träge Hamme, auf der noch trägere Bootsfahrten angeboten werden. Die merkwürdige Eso-

Szene, die sich in Fachgeschäften für Glasperlenspiel- oder Körperreisenbedarf materialisiert. Aber auch ein bodenständiger Musikclub, aus dem die englische BBC schon gesendet hat, ganz zu schweigen von den eigenartigen Rundungen, die der Landschaft einen unvergleichlichen Zauber und tiefen Frieden verleihen. Wenn einem die Naturstimmungen nicht reichen, gibt es einige lustige Käuze, die für Stimmung sorgen.

orientieren

Bremen erreicht man hervorragend von allen Seiten, **Worpswede** erreicht man über Bremen mit dem Auto. Vom Bremer Hauptbahnhof verkehrt stündlich die Buslinie 670 und braucht etwa 60 Minuten.

An den Wochenenden im Sommer kann man von Worpswede mit dem historischen **Moorexpress** durchs Teufelsmoor bis Stade (je nach Distanz 3–9 €) fahren. Alles Weitere und Nähere bei der Worpsweder Gästeinformation.

informieren

Gästeinformationen für Worpswede und das Teufelsmoor in der Bergstraße 13, 27726 Worpswede, Tel. 04792-93 58 20. Öffnungszeiten: Mo–Fr 10–17 Uhr, Sa, So und an Feiertagen 10–14 Uhr, aktuelle Angebote unter www.worpswede.de. Meistens vermitteln auch die Hotels organisierte Ausflüge.

www.bremen.de zeigt, was in Bremen touristisch und kulturell läuft, www.bremen-tourism.de vermittelt Pensionen und das aktuelle Stadtprogramm, www.bremen.stadtus.de Szene und nightlife.

unterkommen

Künstlerisch: **Pension Haus im Schluh.** Daniela Platz, Ur-Enkelin des Worpsweder Jugendstil-Malers Heinrich Vogeler, öffnet die Tür. Alle Zimmer ohne Fernseher und Telefon, dafür mit Waschschüssel, Krug … und mit Absicht. Zwei Jugendstilzimmer sind mit echten Vogeler-Möbeln ausgestattet. Das muss aber unter uns bleiben, sonst ist es ständig ausgebucht (Im Schluh 37, Tel. 04792-95 00 61, www. haus-im-schluh.de, EZ 41 €).

Kunstvoll: **Der Eichenhof.** Wie der Name sagt: Unglaubliche 80 Eichen säumen den Weg auf ein großes Wiesengelände mit mehreren Hotelhäusern. Sehr spezielles modernes Ambiente, einige Zimmer im speziellen Design. Tipp: Für 13 € die Blocksauna auf der Wiese reservieren (Ostendorfer Str. 13, Tel. 04792-26 76-7 (bis 19 Uhr), www.eichenhof-worpswede.de, EZ ab 86 €, Weekend Special 130 €).

Kunst original: **Hotel Buchenhof.** Der ehemalige Wohnsitz des Malers Hans am Ende, heute noch lange nicht am Ende: Betten mit Überlänge, Allergikerzimmer, alles im Stil der Jahrhundertwende (Ostendorfer Str. 16, Tel. 04792-93 390, www.hotel-buchenhof.de, EZ ab 60 €, Spezialangebote ab 3 Tagen Aufenthalt).

essen & trinken

Abgefahren: **Worpsweder Bahnhof.** Bis 24 Uhr stilecht in Vogeler-Ambiente speisen. Zum Beispiel rustikal im ehemaligen Schalterraum oder ganz fein in der Ersten Klasse (Bahnhof, Tel. 04792-10 12).

Verrückt: **Kaffee Worpswede.** Im markanten Backstein-Gebäude des Designers Bernhard Hoetger wurden schon in den Zwanzigern wilde Partys gefeiert, als es noch ›Café Verrückt‹ hieß. Ideal für Kaffee, Kuchen und Co. nach der Eroberung des Weyerbergs (Lindenallee 1, Tel. 04792-10 28).

Im Wald: **Kaffeehaus Niedersachsen.** Altworpsweder Ausflugslokal mit großem Kaffeegarten auf dem Weyerberg. Highlights: Die Buchweizentorte und saisonale Spezialitäten aus der guten norddeutschen Küche (Am Thiergarten 2, Tel. 04792-12 31).

Insellage: **Neu-Helgoland.** Traditions-Restaurant direkt an der Hamme, schon als es noch echte Torfschipper gab. Deutsche Küche mit bodenständiger Ausrichtung. Spezialitäten wie Knipp und Buchweizenpfannkuchen. Kohl und Pinkel im Winter, ab Mitte September Kartoffelspezialitäten (Hammeweg 19, Tel. 04792-76 06).

›Essen wie ein Flirt‹: **Eichenhof-Restaurant**. Eines der besten Restaurants vor Ort. Abends beliebt, sonntags Treffpunkt für Worpsweder Frühstücks-Freaks, nicht zuletzt wegen des unnachahmlichen Brotes und Frühstücks-Chefin Hanna Böttgers selbst gemachter Marmelade (Ostendorfer Str. 13. Tel. 04792-26 76-7)!

tagsüber

Entschweben: Worpswede ist in erster Linie Natur, dann Kultur. Beide bedingen sich. Aber auf jeden Fall ist das eine Angelegenheit für Spaziergänger, die sich von Stimmungen einfangen lassen wollen oder sich gleich bei der Gästeinformation einfinden und bei Bedarf gemeinsam auf Kunst- oder Naturspaziergänge loszuckeln.

Designers Bernhard Hoetger, der uns noch öfter begegnen wird – zum Beispiel im heute sogenannten **Kreativen Haus,** einem Seminarzentrum, Hoetgers ehemaliges Privathaus (Hinterm Berg 14, 04792-933 30, www.daskreativehaus.de). Wer sich näher heranwagt, macht vielleicht die Bekanntschaft mit seinem Leiter Helmut Weyh, eine alte Worpswede-Koryphäe, der das Kreative Haus ins Leben gerufen hatte und heute noch Seminare und Vorträge veranstaltet. Bei guter Laune führt Weyh Sie durchs Haus und zeigt Ihnen, durch welches Zimmer der Bach verlief, in den die Kinder des Designers gepinkelt haben, der mit dem Bahlsen-TET-Logo zu Geld gekommen war. Und wenn er richtig gute Laune hat, fragt er Sie nach Ihrem Geburtsdatum und sagt Ihnen, welcher Typ Sie sind und was in Ihrem Leben geschieht und geschehen ist. Es stimmt immer! Wenn Ihnen auf dem Weg dorthin mitten im Wald ein markantes **Bienenwabenhaus**

Zwischen Hügel und Hamme: Weite Weite Weite

Hier noch einige Highlights, die nicht unbedingt auf jeder Tour dabei sind: Das Dorf liegt rund um den **Weyerberg,** der so etwas wie das natürliche Zentrum bildet, obwohl er unbewohnt ist, und gleichzeitig oft gemaltes künstlerisches Objekt ist. Mit satten 54,4 m ü.d.M. ist er weit und breit die höchste Erhebung, hier oben haben einst Rilkes, Vogelers und Modersohns geflirtet. Obenauf thront der leicht unheimliche **Niedersachsenstein** des Worpsweder Künstlers und

auffällt – es ist von keinem Geringeren als dem Architekten Bruno Taut, ebenfalls Jahrhundertwende.

Wer zum Laufen zu faul ist, leiht sich im **Radladen Worpswede** ein Rad und besorgt sich dort auch eine Karte oder eine Begleitung (Findorffstr. 28, Tel. 04792-23 23) oder bucht – noch bequemer – eine Kutschfahrt bei **Broka** (Bahnhofstr. 18, Tel. 04792-12 93). Und wen es in den kreativen Fingern juckt, der bucht auf www.worpswede.de ei-

Drei-Klassen-Essen im Vogeler-Design: Bahnhof Worpswede

nen Mal- oder Bildhauerkurs in einem der Worpsweder **Ateliers** mit unterschiedlichen Ausrichtungen. Diese und andere Leistungen sind alle beim Gästehaus Worpswede abrufbar (Tel. 04792-93 58 20).

Entschlacken: Original-Heilmoor-Packungen gibt es übrigens vom **Inner Wellness Institut**, das Ayurvedische Massage, Hawaii-Massage oder auch ›Vollmondnächte‹ mit Musik und Lyrik im Garten (zu jedem Vollmond, klar) oder ›Frauenwohlfühlabende‹ veranstaltet. Wo Ingrid Kreis zart zugreift, kneten Sie jahrelange Erfahrung aus dem pazifischen und indischen Raum in den siebten Himmel. Nicht erotisch, aber doch höchst sinnlich geht es zu, wenn man sich die Aquawellness-Massage gönnt – auf dem Rücken schwebend mit Musik in den Ohren (Ostendorfer Straße 13a, Tel. 04792-95 42 97, www.inner-wellness-institut.de; als Gast vom Eichenhof, Diedrichshof oder Buchenhof – alle gleich nebenan – sollte man sich nach Kombi-Angeboten erkundigen).

Entfliehen: Hamburg ist das Tor zur Welt, aber **Bremen** hat den Schlüssel dazu, sagt der Bremer mit Anspielung auf sein Wappen gerne. Wer es in Worpswede nicht aushält – wir machen jede Wette, dass das zumindest für ein Wochenende nicht zutrifft, Werder-Heimspiele ausgenommen – besichtigt die Hansestadt, zum Beispiel per Velo und findet unter www.radtouren-bremen.de Mitstreiter, Tourvorschläge und organisierte Gruppenfahrten. www.bremen-tourism.de präsentiert weitere interessante Gruppenangebote, teilweise auch sehr spezielle, wie die typisch norddeutsche, winterliche **Kohl- und Pinkeltour** mit geschmücktem Bollerwagen, Musik, kleinen Snacks und Schnäpschen (ab 38 €) … besser dürfte man nicht ins Bremer Sozialleben hineinkommen.

Wer ohnehin ein Freund alkoholischer Getränke ist, findet seine Bier-Heimstatt natürlich in der **Beck's Brauerei.** Der Rundgang der Brauereitour führt durch das Museum, den Rohstoffraum und das Sudhaus sowie vorbei an Malzsilos und Gär- und Lagertanks. Anschließend finden im Gästeraum ein Biertest und Umtrunk statt. Abschluss der Veranstaltung ist der traditionelle »Scheidebecher, ein kleines Bier, mit dem wir Tschüss sagen« (O-Ton Website; Besucherzentrum, Am Deich 18/19, Tel. 0421-509 455 55, www.beckundco.de, Anmeldung ist grundsätzlich erforderlich, auch online möglich, 7,90 €, Dauer 2,5 Std.).

Frauen wird eher das Shoppen interessieren: Bremens Modelegende heißt **Evelyn,** und so heißt auch ihr Laden, in dem Sie die angesagtesten Marken von Dries van Noten über Diane von Fürstenberg und DKNY findet. Evelyn selbst ist ungeheuer nett und vielseitig, sie singt sogar, Jazz. Vielleicht hat sie gerade einen Auftritt? (Evelyn Showroom, Kontorhaus am Markt, Langenstraße 2–4, www.evelyn.de).

abends & nachts

Natour: Kahnfahrten auf der **Hamme**, oder Nachtwanderungen auf den Weyerberg mit Laternen und Schauergeschichten (3,50 €/Person) machen Worpswede auch in den Abendstunden zu einem magischen Ort – alles organisiert vom Gästehaus.
Kultour: In der **Music Hall Worpswede** sorgt Chef Hadé dank seiner allseits guten Verbindungen dafür, dass plötzlich Altrocker wie Roger Chapman und Wishbone Ash oder gar die Temptations ebenso wie Otto Sander und Dieter Hildebrandt ins Dorf kommen (Tel. 04792-95 01 39, www.musichall-worpswede.de).
Bremen: Die **Glocke** heißt Bremens renommiertes Kulturhaus im Art-Déco-Stil. Bevor man den Auftritt hochkarätiger Musiker verpasst, sollte man einen Blick auf das Programm werfen (Domsheide 4–5, Tel. 0421-33 66, www.glocke.de). Der **Schlachthof** ist da schon etwas rustikaler, bietet Popkonzerte interessanter Bands, die noch nicht in der BRAVO durchgekaut werden (Findorffstr. 51, Tel. 0421-377 75 11, www.schlachthof-bremen.de).

Das **StuBu** (StudentenBude) ist zwar ständig von der Schließung bedroht, so lange wird aber auf fünf Ebenen noch einiges an Tanz- und Kontaktmöglichkeiten geboten (Rembertiring 21, Tel. 0421-32 14 23, www.stubu.de). Demjenigen, dem das zu jung oder bunt wird, sei die Cocktail- und Musikbar **2raumlounge** ans Herz gelegt (Auf den Häfen 12–15, Tel. 0421-745 77, www.2raumlounge. de).

must-sees

Ins Worpsweder Pflichtprogramm gehört der **Barkenhoff**, das ehemalige Haus des Jugendstil-Malers Heinrich Vogeler. Heute beherbergt es das **Heinrich Vogeler-Museum,** dort bekommt man schon einen korrekten Eindruck von der Zauberkraft dieser Ortschaft. Auch am **Kunstmuseum Worpswede** kommt man kaum vorbei, wenn man ein paar Originale der großen Worpsweder Zeit sehen will.

In Bremen schlägt man im **Paula Modersohn-Becker-Museum** in der **Böttcherstraße** zwei Worpsweder Fliegen mit einer Klappe, denn es ist von Bernhard Hoetger gebaut, was man mit geschultem Auge sofort an den Backsteinen erkennt. Allein die von Frau zu Frau gewidmete Installation von Jenny Holzer lohnt den Besuch (Kunstsammlungen Böttcherstraße, Böttcherstraße 6–10, Tel. 0421-336 506 6/77, www.pmbm.de).

Das Stadtviertelchen **Schnoor** ist ein unumgängliches Kleinod im wahrsten Sinne. Hinter den winzigen Häusern, bei denen man sich fragt, wie klein die Menschen früher gewesen sein müssen, verbergen sich teilweise interessante Geschäfte (www.der-schnoor.de).

Du bleibst nicht allein,
weil man hier überall nette Menschen antrifft – sei es im Supermarkt oder bei Gruppentouren.

Nicht hinfahren,
wenn man mit folgenden Zeilen nichts anfangen kann: »Es ist ein seltsames Land … dort beginnt ein Himmel von unbeschreiblicher Veränderlichkeit und Größe« – Rainer Maria Rilke, Sie kleiner Banause.

Unbedingt hinfahren,
wenn man mal Ruhe braucht, zum Beispiel, um endlich mal seine Memoiren oder ein anderes Projekt fertigzustellen – man kommt zwar nicht weiter, aber wieder.

Sparen	**
Sport	***
Kultur/Bildung	*****
Entertainment	***
Erotik	***

Baden-Baden

Wandern, Wohlfühlen, Welt für sich

Es gibt jede Menge alter wohlhabender Herrschaften in dem Örtchen am Schwarzwald. Aber man muss nicht als Kurschatten unterwegs sein. Schließlich hat Baden-Baden den Südwestrundfunk, Alexandra Kamp, Ralf Bauer oder auch Tony Marshall. Wer sich hier aber nicht mit den Bädern, dem Schwarzwald und den Kulinaria dieses liebevollen Landstrichs beschäftigt, hat es auch nicht verdient, im Casino oder in Iffezheim seinen Einsatz herauszubekommen!

Großer Bahnhof: Festspielhaus Baden-Baden

»S'gibt Badische und Unsymbadische«, hieß jahrelang der Slogan Baden-Badens beziehungsweise seiner fast schon schüchternen Einwohner, von ein paar lokal bekannten Großmäulern einmal abgesehen. Und es stimmt, denn nach einem Aufenthalt zwischen Fremersberg und Merkur hängt die Charme-Messlatte etwas höher. Schon die römischen Soldaten wussten seit 70 AD die heilsamen Annehmlichkeiten von Aquae Aureliae zu schätzen. Turgenjews Roman ›Der Rauch‹ spielt in der Schwarzwaldmetropole, Dostojewski verspielte im Casino Haus und Hof und verarbeitete sein Trauma in der Erzählung ›Der Spieler‹, heute kommen die Russen mit Festgeld und kaufen die Villen auf. Die Stadt konkurriert ständig mit Wiesbaden und Bad Homburg um die meisten Millionäre in Deutschland und hat ein ganz besonderes Flair, das irgendwo zwischen Bad und Badischem, Provinz und Weltläufigkeit einen einzigartigen Platz in der Welt hat. Aus diesem Grund ist der Ort wohl auch im Gespräch, Kandidat fürs Weltkulturerbe zu werden.

Warum Baden-Baden?

»Es kann nicht schaden, in Baden-Baden baden zu geh'n«, hieß es einmal in einem recht preiswerten Schlager. In der Tat locken die entschlackenden Bäder- und die heißen Naturquellen immer mehr junge Menschen aus ihrem deutschen Alltag in die kleine Schwarzwaldmetropole, vor allem für ein flottes Wochenende inklusive Schwarzwald, Casino, Festspielhaus, Kunsthalle und bester Küche im Rebland oder im Elsass: zahlreiche Gelegenheiten, es sich für eine kurze Weile rundum richtig gut gehen zu lassen.

orientieren

Baden-Baden ist über den **Flughafen Karlsruhe/Baden-Baden** (www.badenair-park.de) von Hamburg und Berlin (dba, Air Berlin) zu erreichen. Viele der großen Züge zwischen Frankfurt und Basel halten an dem bescheidenen **Bahnhof** in Baden-Oos. Von dort kann man sich ein **Taxi** in die nahe gelegene Innenstadt leisten (ca. 8 €). Das **Busnetz,** auch in Wandergebiete hineinführend, kann sich sehen lassen. Mit einer Residenz in Citylage erreicht man jedoch alles Sehenswerte zu Fuß.

informieren

Touristeninformation in der Trinkhalle, Kaiserallee 3, Tel. 07221-275 200. Jede Menge Informationen rund um Baden-Baden, auch zum umfangreichen Sport- und Freizeitangebot, erhält man unter www.bad-bad.de, dem ›ultimativen Stadtführer‹, oder www.baden-baden.de. Aktuelle Events für junge Menschen findet man im www.blabla-magazin.de.

unterkommen

Luxus: Steigenberger Hotel Badischer Hof. Im ehemaligen Kapuzinerkloster steht Baden-Badens Symbol, der berühmte warme Brunnen. Eigene Therme (Lange Str. 47, Tel. 07221-934-0, www.badischer-hof.steigenberger.de, EZ 30 €/best available rate).

Lauschig: Hotel am Markt. In der leisen Altstadt direkt neben der Stiftskirche. Uralt und urgemütlich (Marktplatz 18, Tel. 07221-27 040, www.hotel-am-markt-baden.de, EZ 41 €).

Downtown: Hotel Colmar. Direkt in der Fußgängerzone, schönes altes Gebäude, nettes Personal, alle Highlights fußläufig (Lange Straße 34, www.hotel-colmar.de, EZ 78 €).

essen & trinken

Fürstlich: Café König. Wenn die russischen Dichter nicht gerade um die Ecke ihr Geld verspielten, saßen sie hier und ließen es sich bei Schwarzwälder Kirschtorte und -wasser gut gehen (Lichtentaler Str. 12).

Köstlich: Eiscafé Capri, Leo's, Le Bistro, Wall Street im Hamilton. Sehen und Gesehenwerden ist des Badeners Glück auf Erden. In diesen Etablissements verschafft er/sie sich tagsüber Einblick in die große weite Welt und fühlt sich als Teil derselben; alle rund um den **Leopoldsplatz.**

Gastlich: Bütthof. Belohnendes Ausflugslokal am Ende der Geroldsauer Wasserfälle, rustikal und lecker. Elke Heidenreich kam den weiten Weg nur wegen des Wurstsalats (Tel. 07221-737 47, Di–Fr ab 15 Uhr, Sa/So und Feiertag ab 10 Uhr).

Göttlich: Bühlerhöhe. Die feinste Kiste weit und breit. Etwas einsam gelegen, aber wenn es einem beim Wandern über den Weg läuft, zum Snacken in der Espresso-Lounge tagsüber ideal (der Blick!), ganz abgesehen von Franz Kellers Küche (Schwarzwaldhochstr. 1, Tel. 07226-550).

tagsüber

Wandern und wandeln: Die **Merkur-Bergbahn** bringt Sie in die schwindelnden Höhen des Hausbergs und vermittelt einen Vorgeschmack auf den Schwarzwald. Am besten mit der Bahn rauf, oben Vesper (wie man hier sagt) und Panoramablick, zu Fuß runter (außer Januar und Februar tgl. 10–22 Uhr, Tel. 07221-27 71, Fahrt 2,50 €. Buslinien 204 und 205). Es sei denn, man will ganz hoch hinaus:

Die **Schwarzwaldgeier** haben hier ihr Gleitschirm-Quartier aufgeschlagen, seit Orkan Lothar auf dem Merkurgipfel eine Schneise geschlagen hat (www.schwarz

Shoppen und Blicken: die Stiftskirche

waldgeier.de). Die berühmte **Schwarzwaldhochstraße** hinauf (Buslinie 245, Einzelfahrpreis 2,50 €) in die blauen Berge, Aussteigen an der **Bühlerhöhe,** Blick genießen, und herunterwandern in Richtung der schönen **Geroldsauer Wasserfälle** (im Winter kann man auch herrlich Ski laufen, z. B. bei Unterstmatt, Skiverleih vor Ort). Zum Glück tut sich vor dem traumhaften Abgang an den Fällen entlang der **Bütthof** zur Stärkung auf – einfach saugemütlich.

Spaziergängern genügt natürlich eine Schlenderei durch Baden-Badens ›Central Park‹, die schier endlose **Lichtentaler Allee.** Ambitionierte nehmen hier die Blades oder Joggingschuhe zur Hand. Alternativ zum strammen Wandern kann man in der ›Stadt‹ wandeln: Die hervorragende **Kunsthalle** mit der frisch angegliederten **Frieder Burda-Stiftung** des Architekten Richard Meier – Zeichen einer Weltstadt (Lichtentaler Allee 8 b, Tel. 07221-398 98-0. www.sammlung-frieder-burda.de, Di–So 11–18 Uhr, Mi 11–20 Uhr, Mo geschl., 8 €).

Dann das pompöse **Theater Baden-Baden** aus der Belle Époque. Daneben liegen die **Arkaden,** das **Kurhaus** mit integriertem **Casino** und Kurmuschel – und wirkt alles recht leblos. Dann lieber in den City-Cafés gegenüber in der Fußgängerzone ein dickes Eis schlecken und Leute gucken – hier kommt jeder vorbei, der in der Stadt was zu tun hat. Cooler, auch am Abend, geht es **In der Trinkhalle** hinter der ›Trinkhalle‹ her (Kaiserallee 3).

In Baden baden: Wer viel herumkommt, hat sich ein Bad in der Menge **(Caracalla-Thermen)** oder sehr individuell im **Friedrichsbad** verdient: Zu dem Tempel der Jahrhundertwende mit römisch-irischen Ritual meinte Badegast Mark Twain: »Nach zehn Minuten vergisst man die Zeit, nach 20 Minuten die Welt.« Mitbringen braucht man nichts außer Geld und Zeit, anlassen darf man höchstens die Uhr. Schon die riesigen Duschen sind ein Traum. Männlein und Weiblein treffen sich erst nach Sauna, Bürstenmassage und Quellwasser-Therapie in den warmen Becken unter einer mit Putten besetzten Kuppel. Spätestens im Ruheraum vergisst man die Welt, weil man nach den körperlichen Beanspruchungen dick eingemummelt wird und unweigerlich einschläft, es sei denn, man wird vom Glockenschlag der Stiftskirche in der Altstadt oder von einem schnarchenden Nachbarn geweckt (Römerplatz 1, Tel. 07221-27 59 20, 3 Std. 29 € inkl. Massage, www.roemisch-irisches-bad.de).

Wesentlich unprätentiöser geht es sommers im riesigen **Hardbergbad** zu, vor allem wenn die Schule aus ist. Wurde einmal zum schönsten Freibad Europas gewählt und erfreut sich größter Beliebtheit. Offen hat's, wenn die badische Fahne weht (Hardbergstr. 30, Buslinie 201, Station Große Dollenstraße). Nacktfreunde hüpfen in den **Tripp-See,** auch ›Spanner-See‹ genannt, Geheimtipp im Wald hinter Südwestrundfunk und Golfplatz (Richtung Yburg, letztes Stück nur zu Fuß erreichbar).

abends

In der ehemaligen ›Weinkanzlei‹ **La Provence** trifft man auf hochnäsige SWR-Leute, lecker' Essen, alle möglichen Sorten Bier und jede Menge Geselligkeit. Deutschinternationale Küche, gemütlicher Kissen-Keller mit viel Stimmung (tgl. ab 12 Uhr, durchgehend warme Küche, Schloss-Str. 20, Tel. 07221-25 550-2). Im **Medici** am Kongresshaus kann man im Zigarrenclub oder der Sushibar auf dicke Hose machen.

Ganz großer Bahnhof ist das mittlerweile von Skandalen und Schulden befreite **Festspielhaus,** das jeden Klassiker auf den Plan setzt, der auf Welttournee durch Deutschland kommt, sei es Baden-Baden-Bewohner Boulez oder die Chicago Symphony. Es lohnt sich deshalb, den Aufenthalt mit dem Spielplan zu koordinieren (Im Alten Bahnhof, www.festspielhaus.de). Das Theater ist aber auch nicht ohne, allein schon wegen der puppigen Ästhetik (www.theater-baden-baden.de).

nachts

Casino Baden-Baden. Nirgends kann man so schön Geld verlieren. Aber nur mit Sakko und Krawatte, meine Herren. Wird zur Not auch vor Ort gestellt (Kaiserallee 1, Spielbetrieb tgl. ab 14 Uhr).

Max's. Früher die legendäre Disco von Peter Kamp alias Griffin, Vater von Alexandra, noch heute suchen Tanzschulabgänger Partner (Am Hindenburgplatz, geöffnet 23–5

Gar nicht provinziell: La Provence

Vorne Heilwasser, dahinter Wein und Whisky: Trinkhalle

Uhr. Tel. 07221-243 40, www.maxsbaden-baden.de).

must-sees

Baden-Baden als Gesamtkunstwerk muss man sich auf der Zunge zergehen lassen – an seinen **Parks**, die in die überschaubare **Innenstadt** übergeht, kommt man ständig vorbei. Ansonsten ist der **Schwarzwald** eigentlich Pflicht, wie auch natürlich ein Abstecher nach **Frankreich,** wo man schon kurz hinter dem Rhein (zum Beispiel in **Bischwiller** oder dem Goethe-Ort **Sesenheim**) überall eine herrliche Choucroute oder zumindest Flammkuchen mit gutem Wein genießen kann.

Neben den erwähnten Kulturgütern wie der **Kunst- und Festspielhalle** ist das **Brahmshaus** zu besichtigen (Maximilianstraße 85, im Stadtteil Lichtental. Tel. 07221-998 72 Mo, Mi, Fr 15–17 Uhr, So 10–13 Uhr, Eintritt 2 €).

Das **Alte Schloss** auf dem von Bergsteigern gefürchteten Battert-Felsen bietet einen berauschenden Blick, wie auch das **Neue Schloss,** ehemaliger Sitz des Markgrafen von Baden, das gerade zu einem Luxus-Palasthotel umgebaut wird.

Das **Friedrichsbad** muss man eigentlich von innen erlebt haben – das geht aber nur nackt und gegen Geld.

termine

Schwimmen im Sommer, Skifahren und Rodeln im zauberhaften Winter, baden zu jeder Zeit ... Baden-Baden spielt immer seine landschaftlichen Reize aus, besonders beliebt ist es im **Frühling** und im **Indian Summer.** Im Februar ist promitechnisch mords was los, wenn L'tur-Chef Karl-Heinz Kögel den **Medienpreis** stiftet. Im April finden die **Brahmstage** statt, vor allem konzertant (www.brahms-baden-baden.de).

Wer zur Rennsaison früh aufsteht, wird belohnt: Ab 7 Uhr morgens gibt es während des Frühjahrs-Meetings und dann in der Saison auf der **Rennbahn Iffezheim** ein ausgiebiges Frühstück. Vor dem Buffet werden im Frühtau die Galopper trainiert (Rennbahnstraße 16, Iffezheim, Tel. 07229-18 70, www.baden-galopp.com).

Du bleibst nicht allein,
weil es hier viel zu tun gibt – und viele andere das Gleiche wollen: wandern, einkehren sowie Kultur, Landschaft und Leute genießen.

Nicht hinfahren,
wenn man das Casino mit Las Vegas und Ruhe mit Einsamkeit gleichsetzt.

Unbedingt hinfahren,
wenn man die 80er mit ihrem Lifestyle-Gehabe nochmal live erleben will.

Sparen	***
Sport	****
Kultur/Bildung	**
Entertainment	****
Erotik	*****

Biarritz

Surfin' Fronkreisch

Erst Walfängerort, dann von Victor Hugo entdeckt, von Dumas und Zola besucht, von Königshäusern geadelt, von Stars wie Sinatra, Crosby, Gary Cooper und Rita Hayworth frequentiert – und schließlich auf die Bretter gekommen, die manchen die Welt bedeuten. Wo die Brandung für beide eine große Rolle spielt, ist die Erholung nicht weit. Jeder eben, wie er kann. Übrigens: Biarritz' bekanntester Single ist noch Jungfrau und thront auf einem Felsen hoch über dem wütenden Meer.

Erste Surfer-Anlaufstelle Europas: Skyline von Biarritz

Bis in die Mitte des 19. Jh. war der baskische Walfängerort gesellschaftlich unbedeutend – bis 1854 Kaiserin Eugénie, Gattin Napoleons III. für zwei Monate nach Biarritz kam und der Kaiser ihr daraufhin eine Residenz (das heutige Hôtel du Palais) bauen ließ. Erst kamen Europas Königshäuser, dann Golfer und Surfer. Angeblich wurde hier sogar der Surfsport erstmals in Europa vorgeführt, nämlich 1957 durch den amerikanischen Regisseur Dick Zanuck und seinen Drehbuchautor Peter Viertel, der zu den Dreharbeiten zu Hemingways ›The Sun Also Rises‹ auf sein Board nicht verzichten wollte. Das Strandcafé Beach 57 ist heute noch Zeuge der Geburtsstunde.

Warum Biarritz?

Blöde Frage, sagen die **Surfer** etwas vorlaut: Das ist die perfekte Welle! Eine interessante Frage, murmelt der **Golfer** in seinen Moustache. Sehen Sie diese prächtigen Hügel, spüren Sie die salzige Luft, gibt es einen besseren Ort, um sein Handicap zu verbessern? Eine Frage der Gesundheit, meint die vornehme Badeurlauberin, die dem Meer sogar die winterliche **Thalasso-Therapie** vorzieht. Jetzt mach mal halblang Alter, mischt sich wieder der Surfer ein, zieh dir was über, wir sehen uns gleich in der Rue Mazagran, und dann wird mit den Jungs und Mädels durch die **Bars** gesurft.

orientieren

Mit **Ryanair** geht's direkt von Frankfurt/Hahn und Berlin nach Bayonne-Anglet Biarritz Airport, mit **Air Berlin** von Berlin/Tegel, mit der **Air France** gelegentlich von Frankfurt/Main, Stuttgart und München – ansonsten fast nur über die Drehkreuze Paris/ Charles de Gaulle (Air France) oder Lyon/ Saint-Exupéry. Das Taxi in die Stadt kostet ca. 15 €. Zum Glück gibt's nicht weit entfernt den Flughafen **San Sebastián** (s. dort), ganz entfernt (ca. 160 km) auch Bilbao, den **TUIfly** dans le Saison von Köln/Bonn und Stuttgart anfliegt (siehe ebenfalls dort).

informieren

Vorwahl von Frankreich: **0033,** dann die erste Null der Rufnummer weglassen.
Touristen-Info: Am Square d'Ixelles, Tel. 05 59 22 37 10. Nähere und weitere Informationen unter www.biarritz.fr (leider nur auf Französisch).

unterkommen

Le freak, c'est chic: Le Caritz. Wenn man eines der zehn Zimmer ergattern kann, hat man freie Sicht auf den Atlantik, der Whirpool bietet Meerblick, nachts stört natürlich das laute Rauschen … (Plage du Port Vieux, Tel. 05 59 24 41 84, www.lecaritz-biarritz.com, EZ ab 72 €).
Für Kavaliere alter Schule: Hotel Edouard VII. Sommerlich, freundlich, frisch renoviert (21, avenue Carnot, www.hotel-edouardVII.com, EZ ab 78 €).
Für Gambler, nicht für Gammler: Hotel Tonic. Gut situiert, direkt am Casino, hervorragendes Restaurant La Maison Blanche (58, avenue Edouard, www.tonichotel.com, EZ ab 125 €).
Charmant und calme: Maison Garnier. Ruhig, strandnah, so intim – und diese Duschen (29, rue Gambetta, Tel. 05 59 01 60 70, www.hotel-biarritz.com, EZ ab 95 €)!
Très décoratif: Hotel Maitagaria. Haus der Jahrhundertwende, im Sommer Frühstück im Garten, im Winter Plausch am Kamin – mit großem Einrichtungsmagazin-Repertoire (34, rue Carnot, Tel. 05 59 24 26 65, www.hotel-maitagaria.com, EZ ab 47 €).
Bleibt alles en famille: Hôtel La Marine. M. et Mme Nervino leiten das bescheidene, aber frisch renovierte Hotel seit 40 Jahren. Mittlerweile kommen die Kinder und Enkel der ersten Generation alljährlich zu Besuch (1, rue des Goelands, Tel. 05 59 24 34 09, www.hotel-lamarine-biarritz.co, EZ zw. 35 und 45 €).

essen & trinken

Baskisch statt Backfisch: Sissinou. Geben mit baskischen Schweinereien wie Chipirons (Babykalmare) oder Piperade (Schinken mit einer Pfeffer-Tomaten-Zwiebeln-Mixtur) in der Küche Vollgas (5, avenue Foch, Tel. 05 59 410141).
Mords was auf der Pfanne: L'Huitrier a la Plancha. Neueres Fischrestaurant in freundlicher Atmo, das, wie der Name sagt, très baskisch Fisch und Fleisch im eigenen Saft und Fett schmoren lässt (22, rue Harispe, Tel. 05 59 41 01 41).
Für Freaks: Clos Basque. Die Königin der baskischen Küche am Platze ist Beatrice Viateau, der es gelingt, immer neue Varianten des *terroir* (lokale Spezialitäten) auf den Teller zu zaubern. Schlichte, intime Atmo, faire Preise. Mit den Servierern kann man ausführlich fachsimpeln (12, rue Louis Barthou, Tel. 05 59 24 24 96).

tagsüber

Spazieren: Royalty und High Society (die heute wesentlich diskreter als in Cannes flaniert) kamen als erste nach Biarritz, die Briten importierten Golf und Rugby, die Amerikaner den Surfsport. Doch in buchstäblich erster Linie steht die berüchtigte **Biskaya,** die unvergleichlich schön tost und brandet.

Eines der schönsten Erlebnisse ist ein ausgedehnter Spaziergang am 6 km langen Strand entlang, immer das Meer und die schönen Art-déco-Häuser im Blick: von der **Grand Plage** mit dem **Casino,** die in die **Plage Miramar** übergeht, durch den felsigen **alten Fischerhafen** mit seinen künstlichen Becken für die Boote und seinen alten Hütten, die man sich unbedingt für einen

Sundowner oder zum Dinner vormerken sollte. Gleich dahinter kommt die **Meerjungfrau** von Biarritz, die man über **Eiffels Eisenbrücke** erreicht und die bei Brandung oder in der Dämmerung immer für einen dramatischen Auftritt gut ist. Der geschützte **Port-Vieux** lädt dann schon eher zum gemächlichen Baden und Sandkuscheln ein.

Nun zum Sport: Die gewaltigen Brecher der **Côte des Basques** machen heiß aufs Surfen, wovon wir schon vor dem Casino eine Vorgeschmack bekommen haben. Professionelle Ausbildung mit netten Menschen erhält man in der **École du Surf,** die Surf-

Life is a beach: Strand von Biarritz

kurse von einer Stunde bis einer Woche anbieten, inklusive etwas rustikaler Unterkunft, gemeinsamen Essen und Ausgehen (102 Rue Pierre de Chevigné, Höhe Plage de Milady, www.surftraining.com, Surf'n'Stay-Package 1 Woche 606 €, 2- bis 4-Bettzimmer).

Wesentlich zentraler verkauft der **Quicksilver Store** am Casino Equipment und Unterrichtseinheiten, der breite Strand mit Millionen Zuschauern und die ›rockige‹ Felsküste bietet sich allerdings mehr für Könner an.

Wer lieber spazieren geht, sollte den quirligen **Markt** in den Hallen nicht verpassen, der täglich mit Frischfisch, Meeresfrüchten und Pata Negra-Schinken über die Bühne geht – und danach hervorragend zu Mittag essen, wo man dem Treiben zusehen kann (Bar du Marché, Rue des Halles 8).

Bei 15 **Golfplätzen** rundherum werden auch britische Ansprüche bedient – am schönsten meeresnah am Leuchtturm (Golfschule Biarritz le Phare, Avenue Edith Cavell, www.golfbiarritz.com) oder bei Golf Ocean (www.golf-ocean.com), Michael Maghers American Golf School (www.americangolfschool.com), Golf Attitude (www.golfattitude-stage.com) oder bei Parcours Sensations (www.parcourssensations.com).

Und dann hätten wir noch die lokalen Sportarten: **Pelota** oder die härtere Biarritz-Version **Cesta Punta** spielt man mit Einheimischen an den **Indoor Front Walls Euskal-Jaï** (Parc des Sports d'Aguiléra, Tel. 05 59 23 91 09) oder an der frischen Luft bei **Braou** (Avenue Coulaoun). **Taucher** oder die, die es werden wollen, finden am alten Fischerhafen den **B.A.B. Subaquatique Club** (Port des Pêcheurs, Tel. 05 59 24 80 40, www.babsub.fr.st). **Rugby** sollte man in Biarritz den Profis überlassen und dabei zusehen, wie Biarritz mal wieder französischer Meister wird (www.bo-pb.com).

A propos, wie der Franzose sagt: Selbst wenn es regnet, ist Biarritz schön – und nicht nur für Strandläufer. Verschiedene Hotels und Etablissements laden zur **Thalasso-Therapie** ein, die man sich nicht entgehen lassen sollte, wenn man doch schon nachts vom Gischtwogen träumt, z. B. im Hôtel Miramar (Rue Louison Bobet, Tel. 05 59 22 33 34), in den Thermes Marins (Rue de Madrid 80, Tel. 05 59 23 01 22, www.biarritz-thalasso.com) oder beim Spa Kemana (Carrefour Hélianthe 3, Tel. 05 59 22 12 13, www.kemana.fr).

Shoppen: Kein edles Beach Ressort ohne Marken- und Modeläden. So steht Biarritz mit **Hermès** (Avenue Edouard VII) oder den **Galeries Lafayette** (Place Clemenceau) Paris und Lyon in kaum etwas nach. Recht baskisch erlebt man Fashion bei **64,** das neue Mode junger einheimischer Talente führt. **Henriet** an der Place Clemenceau ist legitimiert, Schokolade feilzubieten, weil sie baskische Spezialitäten darstellen. Dort befindet sich auch **Miremont,** ein Teeladen mit den feinsten Kuchen weit und breit.

abends

Das **Ventilo Caffe** (Rue Mazagran 30) ist der allabendliche Treffpunkt der jungen, vor allem aber der Altsurfer. Aber hier liegt man schon ganz richtig, denn die Straße zieht sich durch den ganzen Ort und lädt zum Spätshoppen (landwärts) und Barhoppen (seewärts) ein. Schließlich trifft man in Richtung Place du Port Vieux neben der leckeren lockeren Tapa-Bar **La Santa Maria** (Esplanade Port Vieux) eine hohe Cocktail- und DJ-Dichte an. Wenn man dann einige Drinks später (baskische Spezialität: **Patxaran,** ein Schlehenschnaps mit Anis, Pflaumen und Vanille) nicht dicht genug ist, schließt sich der Diskothekenbesuch im **Le Caveau** an (4, rue Gambetta). Da Salzluft müde macht, sollte das fürs Nachtprogramm reichen – morgen ist schließlich wieder ein Tag, an dem man mit Surfbrettern oder Golfschlägern bewaffnet in aller Herrgottsfrühe die Welt retten muss.

must-sees

Die **Place Georges-Clemenceau** ist der Mittelpunkt der Stadt. Die **Strandpromenade** an der **Grand Plage** wird vom **Casino** gekrönt. **Rocher de la Vierge,** ein Felsriff in der Nähe des **Fischerhafens,** ist über eine Brücke von Gustave Eiffel erreichbar.

Hartgesottene besuchen das **Musée du Chocolat** (Avenue Beau Rivage), das sich durch die Biarritzer Schoko-Kultur rechtfertigt, kleine Haie das **Musée de la Mer** (Espl. du Rocher de la Vierge, www.museedelamer.com). England-Freaks zieht es ins Heimatmuseum **Musée Historique** (Rue Broquedis) in einer entweihten anglikanischen Kirche mit Portraits britischer Promi-Touristen oder auch zum prominenten weißen **Leuchtturm** mit Blick bis Spanien (Avenue de L'Impératrice, Info bei Biarritz Tourisme). Ausgeflügelt wird am liebsten ins nahe **St-Jean-de-Luz,** das noch hübscher ist als Biarritz – aber eben auch ruhiger (ATCRB-Busfahrt 30 Minuten, 3 €).

termine

Da ist kein Brett und kein Bett im Ort mehr frei: Das internationale **Surf Festival** im Juli ist zweifellos das Hauptereignis des Jahres, wenn die Meister der Wellen gekürt werden. Nicht unterschätzt werden sollten auch das Golfturnier um den **Biarritz Cup** im Golf-Mekka des Kontinents mit über 600 Teilnehmern sowie die **Pro-Am,** das Golfturnier zu Weihnachten.

An der Grand Plage werden in den heißen Monaten Juli und August andauernd **Feuerwerke** abgefackelt – vielleicht um gelangweilte reiche Residenten zu unterhalten. Ansonsten sollte man sich einfach bei www.biarritz.fr nach Events, auch baskischen und spanischen ›Fiestas‹ bzw. französischen ›Festivals‹ updaten.

Du bleibst nicht allein,
weil man einfach unter den Arm genommen und mitgeschleppt wird – vom Strand in die Bars, zum Pelotaspiel oder schlimmstenfalls auf Shoppingtour.

Nicht hinfahren,
wenn man nicht einmal Englisch beherrscht, vollkommen anti-›sportif‹ ist oder ein Körperbewusstsein hat, das nicht einmal für das Spa reicht. Da hat ja selbst Proust geprustet.

Unbedingt hinfahren,
wenn man sich aus Surfen, Golfen etc. oder auch Bekanntschaften einen Sport macht – aber auch, wenn man Strandspaziergänge mag.

Sparen	**
Sport	*****
Kultur/Bildung	***
Entertainment	****
Erotik	****

Das Dach Europas Chamonix Mont-Blanc

Das Ortseingangsschild verrät einiges: Chamonix Mont-Blanc – Capitale Mondiale de l'Alpinisme – Welthauptstadt des Alpinismus. Franzosen gehen nicht bescheiden mit ihrem Erbe um. Faktum ist: Chamonix liegt am Fuß von Europas Dach und ist von einem unbestreitbaren Zauber umhüllt. Hier leben und lieben die Menschen ihren Berg. Doch Vorsicht! Es besteht akute Ansteckungsgefahr! Hierher kommen viele, die es einfach nicht lassen können. Wer die Weite sucht, könnte verfallen, von 68 000 Gästebetten entfallen 42 000 auf Berg-Junkies.

Über den Gipfeln von Chamonix

Chamonix verdankt seinen Bekanntheitsgrad dem Montblanc, der Seilbahn, die zur Aiguille du Midi auf relativer Augenhöhe (3842 m) hochführt, und den ersten Olympischen Winterspielen 1924. Seinen Ruf unter Bergfreaks verdankt die 10 000-Einwohner-Stadt den unerschöpflichen Möglichkeiten an alpinen Erlebnissen neben den normalen Pisten, ob Extremski, Gletscher- oder Eiskaskadentouren im Winter, Trekking oder Klettern im Sommer. Tendenziell coole Nutzer dieses Sports prägen die Stadt: Après-Ski an der Piste gibt es nicht. Gefeiert wird abends in der Stadt. Karnevalsmusik ist hier hundertprozentig nicht zu finden und französische Schlager auch nicht, denn die Touristen kommen aus England, Schweden, den Niederlanden, Italien und mittlerweile Russland. Gerade mal fünf Prozent deutsche Touristen hat die Stadt: Ein wahres Urlaubsgefühl in dem Sprachengewimmel.

Warum Chamonix?

Chamonix ist mit Sicherheit der unfranzösischste aller französischen Skiorte. Die Menschen kommen für den Berg und für den Sport ... und das verbindet. Die klassische Touristenfamilie ist klar in der Minderheit, dafür gibt es umso mehr Energiegeladene zwischen 18 und weit über 40, die nur eines im Sinn haben: Berge erleben und Spaß am Leben zu haben. In Chamonix verbindet sich die Vielfalt der Bergszene-Kultur, vom jungen Snowboard-Freak zum etablierten Globetrotter und Bergsteiger.

orientieren

Mit dem **Auto** ist Chamonix über Basel–Bern–Martigny gut erreichbar. Aber Vorsicht, bei starken Schneefällen kann der Pass **Col des Montets** geschlossen sein. Dann muss man den einstündigen Umweg über Genf in Kauf nehmen. Wer nichts dagegen hat, vor Ort mit dem Skibus zu fahren, kann nach Genf fliegen, von Berlin und Hamburg mit **Easyjet** oder mit **Lufthansa** von verschiedenen deutschen Großstädten.

Vom **Flughafen Genf** gibt es vier Mal am Tag ein **Bus Shuttle** nach Chamonix für 55 € Hin- und Rückfahrt (ca. 2 Std. Fahrzeit). Viel bequemer ist der Shuttle über den Taxibus **Alpybus.com,** ab 19,50 € (one-way) vom Flughafen bis bzw. ab Unterkunft im Chamonix-Tal, 8 x tgl.

Zu Chamonix zählen auch die zahlreichen Dörfer des lang gestreckten Tals. Wer kein Auto dabei hat, sollte in Chamonix wohnen, wo vom Einkaufen über Bars etc. alles in großer Vielfalt zu finden ist. **Argentière,** 7 km entfernt, liegt am Fuße des aufregendsten und anspruchvollsten Skigebiets von Chamonix, **Les Grands Montets.** Der Ort ist allerdings ziemlich ruhig und fest in britischer Hand. Abzuraten ist von den etwas günstigeren Dörfern um Les Houches und Servoz: die Sonne kommt im Winter kaum hin.

informieren

Vorwahl von Frankreich: **0033,** danach die erste Null der Rufnummer weglassen.
Office du tourisme im Stadtzentrum, 85, place du Triangle de l'Amitié, tgl. 8.30–12.30, 14–19 Uhr, Tel. 04 50 53 00 24. Alles Aktuelle über www.chamonix.com, die offizielle Seite von Chamonix. Über die inoffiziellen Seiten www.chamonix.net oder www.chamonix-valley.com erfährt man ebenfalls Nützliches.

unterkommen

Unter www.chamonix-locations.fr, www.loc-chamonix.com und www.chamonixrentals.com kann man private Apartments mieten. Bed&Breakfast (chambres d'hôtes) findet man über die verschiedenen Homepages von Chamonix oder über die Office du Tourisme.
Alles Party: Sehr zentral wohnt man im **Gustavia,** gegenüber dem Bahnhof. Das Hotel gehört einem schwedischen Reiseveranstalter, ist aber nicht sehr groß und schön eingerichtet. In der **Bar Chambre 9** ist zunehmend bis nachts um 2 Uhr Party in sehr kommunikativer Atmosphäre (272, avenue Michel-Croz, Tel. 04 50 53 00 31, www.hotel-gustavia.com, EZ ab 62 €).
Nichtraucher am Kamin: Nah am Zentrum, aber ruhig liegt die **Auberge du Manoir,** eine ausgebaute Scheune, im Savoyen-Stil eingerichtet. Die Pension bietet nur Frühstück und ist Nichtraucher – etwas für diejenigen, die am Kamin lesen oder das Après-Ski in der Stadt genießen wollen (8, route du Bouchet, Tel. 04 50 53 10 77, www.auberge-du-manoir.com, EZ ab 70 €).
Modern und cosy: Wer ein wenig mehr Zeit im Hotel verbringen und nicht auf feine Küche und nette Atmosphäre verzichten will, wohnt im **Hotel Eden** in Les Praz. Das Hotel liegt etwa 20 Gehminuten vom Zentrum entfernt, aber in unmittelbarer Nähe des Skigebiets Brévent-Flégère: ein schwedisch beeinflusstes Hotel, wo auch Engländer und sogar Australier gern mal Urlaub machen (Les Praz, Tel. 04 50 53 18 43, www.hoteleden-chamonix.com, EZ ab 120 € im Winter).
Kellerfeten: Im kleinen **Hotel Cantina,** mitten in der Stadt, haben diejenigen mit kleinem Budget und hoher Partymotivation ihre perfekte Bleibe. Das einfach eingerichtete Hotel zieht Snowboarder und junge Skifahrer mit Surferseele an. Das dazugehörige Restaurant bietet TexMex-Küche, im Keller ist jede Nacht im Club bis 2 Uhr volles Haus bei Drum'n'Bass, Electro oder Reggae (37, impasse des Rhododendrons, Tel. 04 50 53 83 80, www.lacantina.fr, EZ ab 38 €).

essen & trinken

Für ein unalkoholisches und ruhiges Après-Ski empfiehlt sich der kleine Teeladen **Le Gouthé** mit seinen köstlichen Kakaos und Tees (Rue des Moulins). Dazu kann man fantastische Kalorienbomben verspeisen. In dem winzigen Laden herrscht eine freundliche und offene Atmosphäre, und man kann sich jede Menge Tipps für den nächsten Tag holen: es ist das Stammcafé der unabhängigen Bergführer, die ein Paar Häuser weiter ihr Büro haben. Ganz französisch geht es im **Bistrot des Sports** zu. Ideal, um bei einem kleinen Café nach dem Einkaufen das Treiben der verschiedenen Leute zu beobachten (182, rue Joseph Vallot). Ruhiger ist es im **Atelier Café** – optimal, um entspannt ein paar Postkarten zu schreiben (Quai d'Arv).

Viele der Après-Ski-Kneipen bieten gute Küche für den Sportler-Hunger. Wer es sich am frühen Abend in die **Bar Chambre 9** des Hotels Gustavia (siehe unterkommen) gemütlich macht, muss sich keine Gedanken um seine Verpflegung machen. Auch in der **Micro Brasserie de Chamonix,** eine kanadische Brauerei, ist von 17 bis 2 Uhr Stimmung garantiert. Jeden Tag Musikprogramm, teilweise kleine nette Konzerte und Jamsessions, dazu isst man Steak oder Chicken Wings zum selbst gebrauten Bier. Sonntags gibt es Sunday Roast (350, route du Bouchet, Tel. 04 5053 61 59, www.mbchx.com).

Savoyische Spezialitäten (Käsefondue, Raclette und – unbedingt probieren – Tartiflette, Kartoffelauflauf mit Reblochonkäse, das gibt Kraft) kann man gut verkosten in **Les P'tits Diables** (263, avenue Cachat le Géant, Tel. 04 50 55 87 30) oder im **Le Fer à Cheval** (25, place du Poilu, Tel. 04 50 53 80 20). Das große Restaurant **La Calèche** an der Hauptstraße von Chamonix ist eine große Scheune, schön im Savoyen-Stil dekoriert. Dienstags gibt es Folklore-Musik und traditionellen Tanz (18, rue Paccard, Tel. 04 50 55 94 68, www.restaurant-caleche.com).

Die beste Fondue soll es im Restaurant des Top-Hotels **Hameau Albert 1er** geben, in der **Maison Carrier.** Das Restaurant ist für alle Feinschmecker ein absolutes Muss, Reservierung empfohlen (38, route du Bouchet, Tel. 04 50 53 05 09, www.hameaualbert.fr). Ebenfalls sehr gut und etwas günstiger isst man im Restaurant **Atmosphere,** mitten in der Stadt (123, place Balmat, Tel. 04 50 55 97 97, www.restaurant-atmosphere.com).

tagsüber

Vom klassischen Skifahren über abgefahrenes Offpist und Eiskaskadenklettern bis hin zum Klettern und Paragliding hat Chamonix im Sommer wie im Winter alles zu bieten, was die Berge hergeben, und noch mehr. Der Golfclub – im Winter eine riesige Langlaufpiste – bietet fantastische Sicht. Chamonix' Stärke als Skigebiet, verteilt auf verschiedene, nicht verbundene Standorte, liegt definitiv an seinem Angebot an wunderschönen ungesalzenen Abfahrten neben den Pisten. Der Preis dafür: Man ist in der Regel auf den Skibus (oder Auto) angewiesen.

Das Skigebiet **Brevent-Flégère** ist eher ein klassisches Skigebiet mit verschiedenen Pisten, taugt für jeden Geschmack und jedes Level. Sonnig, also nachmittags matschiger Schnee. Die Brévent-Gondel ist vom Stadtzentrum zu Fuß zu erreichen. Die Hänge liegen gegenüber dem Mont Blanc, die Aussicht ist atemberaubend. Im sonnigen **Le Tour** (Col de Balme) am Ende des Tals wird man eher Familien finden und diejenigen die ruhig und entspannt ein wenig rutschen wollen. Das Juwel ist das Skigebiet **Les Grands Montets** mit wenigen Liften, aber fantastisches Offpist auf zum Teil respekteinflößend steilen Pisten. Bei schlechten Schneebedingungen kann es allerdings auf der Piste eng werden, und wenn es endlich man geschneit hat, herrscht oft akute Lawinengefahr auf den steilen Hängen. Warnungen, die Piste nicht zu verlassen, sollte man sehr ernst nehmen. Tagespass: 36 € für die verschiedenen Skigebiete im Tal. Für die Gondel zu les Grands Montets auf 3275 m zahlt man sat-

Süße Verlockungen alle 400 Meter

te 10 € extra pro Fahrt. Das hat Vorteile, überlaufen ist es oben nie.

Über die **Compagnie des Guides de Chamonix** (www.chamonix-guides.com), oder die alternative **Compagnie des guides indépendants** (www.guides-du-mont-blanc.com) kann man Wochenkurse oder Tagestouren in allen Levels buchen. Die berühmteste Tour ist die Abfahrt Vallée Blanche auf dem Gletscher Mer de Glace (Eismeer) ab der Seilbahn Aiguille du Midi in 3842 m Höhe.

Grundsätzlich gilt: Welche Tour man macht, kann man erst vor Ort entscheiden, da gewisse Bedingungen erfüllt sein müssen. Die meisten Hotels haben Verbindungen zu einzelnen Organisationen, geben Tipps und vermitteln Touren. Auch in einzelnen Bars und Cafés erfährt man bei erfahrenen Skifahrern oder direkt bei den Profis, welche Hänge gerade praktikabel sind.

Ab Ostern starten an der Gondel zur Aiguille du Midi die **Mont Blanc-Besteigung** und die lange Tour nach Zermatt. Im Sommer wird aus den vielen Steilhängen ein Kletterparadies. Infos über das Office du Tourisme und die Bergführergesellschaften. Übers **Paragliding** informieren die Schulen www.summits.fr oder www.lesailesdumontblanc.free.fr. Mit etwas Glück kann man mit der Paragliding-Weltmeisterin Sandie Cochepain einen Tandem-Flug absolvieren. In der Regel wird vom Brévent aus geflogen; am Fuße der Brévent Gondel findet man die Kneipe **La Cabole,** Treffpunkt der Paraglider.

einkaufen

Ob Supermarkt oder kulinarische Spezialitäten im kleinen Fachgeschäft: die Versorgung in der Stadt ist sehr gut. Viele Geschäfte schließen aber über Mittag!! Samstags ist **Markttag** auf der Place du Mont Blanc (regionale Spezialitäten). Auf den zwei Hauptstraßen **Rue du Docteur Paccard** und **Avenue Michel Croz** haben alle großen Outdoor-Firmen eigene Stores. Wer keine himalajataugliche Jacke benötigt, wird sein Geld für schöne sportliche und stadttaugliche Kleidung los. Pelztragenden Russinnen sei Dank gibt es seit Neuestem auch eine Chanel-Boutique und ein Swarovski-Geschäft – ein bisschen Glanz muss sein.

nachts

Die meisten Kneipen und Bars haben eine Lizenz bis zwei Uhr früh. Die Nachteulen ziehen weiter in die wenigen Diskotheken, wo das Publikum entsprechend sehr gemischt ist: **Le Garage** (200, avenue du Midi) oder **Le Tof** (158, place Edmond Desilloud). Das Gute daran: bei der letzten Runde in der Bar entsteht eine gewisse Gruppendynamik, man muss sich im Grunde nur noch anschließen. Ein bisschen urbane Luft schnuppert man seit 2006 im etwas gepflegteren (und teureren) **No Escape,** eine Lounge-Restaurant-Bar, die auch in Berlin oder Hamburg sein könnte (27, rue de la Tour, Tel. 04 50 93 80 65, offen bis 4 Uhr). Die Lounge ist ganz in der Nähe des **Casinos,** wo man bis 3 Uhr zocken kann (Casino, 12, place H. B. de Saussure, Tel. 04 50 53 07 65).

must-sees

»Über den Wolken …« – wie oft haben wir es schon gesungen? Zugegeben, in der Hauptsaison braucht man für den Weg zur grenzenlosen Freiheit etwas Geduld, denn hoch wollen alle. Den Titel der höchsten Seilbahn der Welt hat sie verloren, dennoch ist die steile Fahrt mit der Gondel zur **Aiguille du Midi** nichts für Schwindlige. Oben überwältigen das Panorama und die Gewissheit, dass der Mensch die Natur niemals vollkommen beherrschen wird. Die legendäre Abfahrt **La Vallée Blanche** auf dem Gletscher **Mer de Glace** startet hier. Man sollte sich nicht eigenhändig wagen. Zwar sieht die hoch frequentierte Gletscherabfahrt teilweise wie eine normale Piste aus, aber unter der Schneedecke sind die Spalten nicht immer sichtbar. Und das erste Stück muss man angeseilt auf der Berggräte entlanglaufen.

Einen bodenständigeren Anblick der **Mer de Glace** hat man von le **Montenvers** aus, erreichbar über die alte Zahnradbahn von Chamonix aus. Vom Aussichtspunkt läuft man noch ein gutes Stück runter bis zum Gletscher, der jedes Jahr ein wenig weiter abnimmt.

termine

Im November und teilweise Mai sind in Chamonix die Bürgersteige hochgeklappt, auch Februar sollte man meiden, dann haben die Franzosen zwei Wochen Skiferien, dann ist es einfach zu voll. Seit 2006 gibt es Mitte Februar ein **Frauenwochenende** mit Events und Aktionen (www.talents-aiguilles.com). Die ganze Saison über finden Freerider- und Snowboarder-Events statt. Um Ostern kann man ideal neben dem Skifahren in Sommeraktivitäten reinschnuppern.

Läufer kommen entweder zum **Mont Blanc Marathon** Ende Juni (www.mont-blancmarathon.net) oder, die Härteren, zum **Ultra Trail,** ein dreitägiger Lauf über die Schweiz und Italien um das Mont Blanc-Massiv (www.ultratrail.com). Klassischere alpine Events sind der **Kletter-Weltcup** Mitte Juli oder die kombinierte Männer-Weltcupabfahrt **Kandahar,** die im Turnus mit St. Anton und Garmisch-Partenkirchen regelmäßig in Chamonix ausgetragen wird.

Du bleibst nicht allein,
weil Sport verbindet. Was man auch mag, man findet Gleichgesinnte. Tagsüber auf der Piste, abends beim Konzert. Chamonix pulsiert durch die vielen Menschen, die mal dahin gekommen sind und den Absprung nicht geschafft haben. Jeder, der begeisterungsfähig ist, ist willkommen.

Nicht hinfahren,
wenn man denkt, um 17 Uhr auf der Alm zu DJ-Ötzi-Mucke Kontakte knüpfen zu können. In Skischuhen tanzen ist in Chamonix nicht angesagt. Auf keinen Fall hinfahren, wenn man Briten nicht ausstehen kann.

Unbedingt hinfahren,
wenn man im Schnee sein, dabei auf Coolness und Multikulti nicht verzichten will und im Café den Aschenbecher mit jemandem teilen will, der vielleicht vor drei Monaten am Everest war.

Sparen	**
Sport	*****
Kultur/Bildung	**
Entertainment	***
Erotik	****

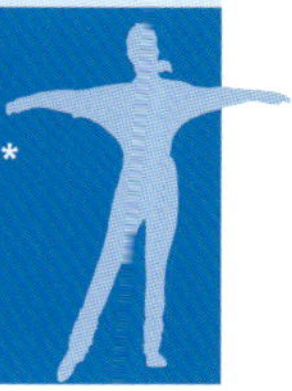

Herbe Schönheit Cilento

Kaum ein Neapel-Tourist kommt in die wildere Region Kampaniens, die direkt unterhalb der Amalfi-Küste beginnt. Viele kennen jedoch ihre Exportschlager: Olivenöl, Büffelmozzarella und die Mafia. Darüber hinaus ist sie die Wiege der abendländischen Kultur – hier betraten zum ersten Mal griechische Kolonisten Italien – und hat besonders Sportsfreunden was zu bieten. Die fahren geschlossen hin und sind vor Ort oft hin und weg, zu Fuß, zu Pferd, vor allem aber auf dem Rad. Erkundigen Sie sich bei Gruppenbuchungen jeder Art auf jeden Fall nach der Teilnehmerzahl, damit Sie nicht am Ende allein dastehen!

Wiege der Philosophie: Bucht von Casalvelino Marina

Der Cilento beginnt südlich von Salerno und beschreibt vor allem die Küste. Im bergigen Cilento-Nationalpark gibt es noch Wölfe und sogar ein paar Bären. Er ist ein Paradies für Radtouristen und Wanderer, die sich eher vor Schlangen fürchten müssen. Seine Urigkeit und Eigenheit manifestiert sich in Begegnungen mit den Einwohnern, die unglaublich herzlich sein können.

Warum Cilento?

Christus kam nur bis Eboli – aber dahinter geht es für uns Sterbliche weiter. Es muss nicht immer die romantische Amalfi-Küste, Ischia oder etwa Capri sein, vor allem, weil sich dort Pärchen tummeln wie nichts Gutes. Dann doch lieber mal einen straffen Sporturlaub einlegen und seinesgleichen begegnen, in Clubhotels, auf gemeinsamen Ausflügen und auch an der Hotelbar – und es bald zu schätzen wissen, dass der Cilento mit seinen wildromantischen Buchten und seinen schönen Dörfchen nicht so überlaufen ist – außer, wenn die Neapolitaner Ferien haben.

orientieren

Tuifly fliegt **Neapel** von Stuttgart, Köln/Bonn, Düsseldorf, Leipzig, München, Hannover und Hamburg aus an, **easyjet** ab Berlin und Basel. Dann geht's noch je nach Anschluss etwa 2,5 Std. weiter mit dem Zug über Salerno nach **Ascea.** Dort wird man meistens nach Voranmeldung von den Veranstaltern abgeholt. Mit dem Auto sind es ca. 1300 km von München, 1900 km ab Berlin oder Köln, 2000 km ab Hamburg. Ab 6 Personen lohnt meist ein Bus-Shuttle direkt vom Flughafen Neapel, oft wird er von den Veranstaltern gestellt (ca. 25 €/p. P.).

informieren

Vorwahl von Italien: **0039,** danach entfällt die erste Null der Rufnummer.
Allgemeine Info, von Geschichte bis Flora und Fauna: www. cilento-nationalpark.de.

unterkommen

www.cilento-ferien.de vermittelt einen Gesamteindruck über die Gegend Kampaniens sowie Ferienwohnungen und Apartments, ebenso www.hotel.portanapoli.com (auf Deutsch, auch für Neapel) – wenn man nicht ohnehin in einem Sporthotel einquartiert ist:
Für Fahrrad-Freaks: Hydraclub. Seit 2003 öffnet das markante rosa Feriendomizil im Burg-Design im Frühjahr seine Pforten speziell für Radsportler – und zu sehr speziellen Preisen. In der Atmosphäre eines Sommerhotels in der Nebensaison findet man am vitaminreichen Frühstücksbuffet und beim 3-Gänge-Dinner schnell zu einer Truppe zusammen. Sandro und Sergio freuen sich über jeden Gast einzeln, abends heizt der deutsch sprechende Cesare mit selbst gemachter Karaoke ein (Tel. 0974 907 010, www.hydraclub.it, EZ Halbpension 41 €, Zuschlag für Terrasse/Balkon 3 €, Anfragen auf Deutsch bei Tobias Oelmaier, Tel. 0221-46 66 28 oder www.radundmeer.de).
Universell: Il Tempio, direkt am Sandstrand. Die mediterrane Architektur fügt sich harmonisch zwischen Küste und Berge. Das hoteleigene Sportprogramm kann sich sehen lassen: eigenes Beachvolleyball-Feld, Mountainbikes zum Leihen, Katamaran-, Jetski- und Motorbootverleih. Im Sommer kann man auch Segeltörns buchen (Tel. 0974 907 202, www.iltempio.it, EZ ab ca. 50 €, mit Terrasse am Meer zzgl. 10 € tgl.).

Ein einziges Auf und Ab: Radfahren im Cilento

essen & trinken

Agritura: La Focazza. Landhaus mit cilentanischer Küche, teilweise aus eigenem Anbau (auch zur Übernachtung, Via Montegrappa, Loc. Focazza, Tel. 0974 977 956, im Winter geschlossen).
Enoteca: Cilentanische Küche bedeutet, das Beste aus Meer und Wasser auf den Teller zu zaubern. Zum Beispiel sehr original im **Perbacco** in Pisciotta mit Fisch, Mozzarella, kampanischen Weinen (Contrada Amrina Campagne 5, Tel. 0974 973 849, ab Ostern).

tagsüber

Natur: Der **Cilento-Nationalpark** ist eines der schönsten Radsport-Reviere der Welt. Die Radtourenkarte vom Hydraclub umfasst 16 Touren zwischen 30 und 220 km. Die Räder gibt's bei **Ciclidea,** wo der radelnde, deutsch sprechende Lokalmatador Pino neben Rennrädern auch Touren anbietet (Statale 18, Capaccio-Paestum, Tel. 0828 723 564, ab 75 €/Woche). Im Hydraclub ist Pino während der Radwochen im März/April fast täglich präsent und stellt Leihräder.

Meistens sind ortskundige Fahrer dabei, so dass man sich um nichts kümmern muss. Aber obacht: Der Cilento ist sehr bergig, selbst die Küstenstraße verläuft nicht geradeaus. Während die Wade also frisch definiert wird, erschließt sich eine traumhafte Landschaft, inklusive Olivenwäldern, Märchenlandschaften mit kleinen Bergdörfern, Mozzarella spendende Büffel, Esel, kleine Schlangen, aus denen man Gürtel fertigt, Kinder, Opas und viel Espresso.

Es geht aber auch lockerer: Italimar vermittelt **Wanderungen** von bis zu mehreren Tagen mit deutschsprachigen Führern. Viele Touren führen abseits der Wanderwege, zum Beispiel durch die **Calore-Schlucht** oder verzweigte Höhlen, die nur mit Fackeln durchquert werden können. Alternativ kann man auch **Kanu-Touren** auf dem Calore buchen (Ecoturismo Sportivo Sviluppo Turistico in Felitto, Tel. 0828 945 039).

Cruising: Wer ein Auto hat, kann sich die Küste, aber auch einige sehenswerte Attraktionen erschließen. Auch Dichter Horaz, Denker Cicero und Cäsarmörder Brutus haben sich schon in **Marina di Ascea** in die Wellen geschmissen – tun Sie's ihnen gleich! Weiter geht's auf der traumhaften Küstenstraße nach **Pisciotta** mit dem besten Olivenöl weit und breit, **Palinuro** hat eine der schönsten Badebuchten. Wer so weit gekommen ist, sollte auf keinen Fall das **Capo Palinuro** mit seiner **Blauen Grotte** auslassen, am besten mit dem Boot (Bootstouren im Hafen, auch buchbar im Hotel Il Tempio.

Von dort lohnt sich ein Abstecher ins Landesinnere Richtung **San Severino** – das Tal sieht aus, als hätte man dort einige Folgen von ›Winnetou‹ gedreht. Weiter die Küste hinunter wird es hinter **Sapri** zum Baden immer einladender, deshalb sollte man die Badehose immer parat haben.

nachts

Adriano ist ziemlich in der Welt herumgekommen, bevor er in **Casalvelino Marina** die **Rock-Bar** eröffnete. Hier trifft sich die reifere Dorfjugend, um zu trinken und zu plauschen. Manchmal wird man Zeuge eines Auftritts heimischer Nachwuchstalente, die eine einzigartige traditionelle Gesangskunst vortragen.

must-sees

Ganz vorne: **Paestum**, die beeindruckende römische Anlage, die selbst Amalfi-Touristen einen Abstecher wert ist, wenn sie noch nie in Rom waren. Wer weiter geht, erlebt an der Küstenstraße **Agròpoli,** das aber nur in der Altstadt auf dem Berg hübsch ist, und auf Höhe des Badeorts Casalvelino die Überreste von **Elea,** der ersten Siedlung der Griechen und wichtige philosophische Schule.

termine

Im Frühjahr wird es sehr belebt, wenn Profi- und Amateursportler einfallen, um sich fit für die Saison zu machen. Der Höhepunkt ist an **Ostern** erreicht, da öffnen sich zum ersten Mal versuchsweise die Fensterläden der Geschäfte und Bars, die nur im **Ferragosto** (August) richtig brummen, wenn Neapel wie ausgestorben ist, weil sich alles auf den Inseln oder eben hier tummelt. Manche hängen im milden, warmen **Herbst** (September/Oktober) noch eine sportliche Woche dran. Im Winter ist im Cilento tote Hose.

Du bleibst nicht allein,
weil man hier generell Gruppenreisen bucht und sich unter sportlichen, lebenslustigen Menschen wiederfindet.

Nicht hinfahren,
wenn man Cluburlaub mit Daueranimation erwartet!

Unbedingt hinfahren,
wenn man Mallorcas Straßen nicht mehr sehen kann.

Sparen	*****
Sport	*****
Kultur/Bildung	***
Entertainment	***
Erotik	***

Einfach mal malerisch

Collioure

Collioure dient in mehrfacher Hinsicht jeder Couleur: Es dürfte der farbigste Ort Frankreichs sein. Außerdem ein Mekka der Maler, und wenn wir Matisse sagen, weiß wohl jeder, was die Stunde geschlagen hat. Apropos: Klar, Hemingway war auch hier (aber wo war der zwischen Marseille und Granada nicht?). Aber da wären noch Collioures regelmäßige Gäste, die vom Hobby-Landschaftsmaler bis zum Wein-Fan und Gourmet die urmittelalterliche Seestadt mit allen Sinnen erleben können.

Jenseits von Raum und Zeit: Blick auf die Plage di Boutigue

Collioure an der Mittelmeerküste Côte Vermeille liegt in der Nähe der größeren Orte Perpignan und Béziers. Der historische Ort ist umgeben von den Weinbergen von Rivesaltes-Roussillon und rühmt sich, einer der schönsten Orte Frankreichs zu sein. Das ehemalige Fischerdorf besteht im Ganzen aus zwei Buchten, die von einer Königsburg getrennt werden. Collioure ist katalanisch geprägt, die Hausfarbe im verwinkelten Vieux Quartier du Moure meist Rot. Der Ort ist von einer ›malerischen‹ Vergangenheit geprägt: George Braque, Juan Gris, Picasso und der Fauvisme wurden durch die Anwesenheit von Matisse und André Derain seit 1904 hier verortet. Kurz: Collioure strotzt heute vor historischer Idylle, Galerien, Wein und Degustation und einem entsprechend gefärbten Touristenboom.

Warum Collioure?

Der Ort in Frankreichs Wein-Hotspot, dem Roussillon, ist mit seinen alten Festungsanlagen und Burgen so schön, dass es weh tut. Außerdem bündelt er auf verschiedene Weisen die Themen Kunst und Genuss, sei es in Form von Malern, die ihren Wein mit Bildern bezahlten, Nachahmern, die so leicht nicht mehr wegkommen, oder Gastronomen, die ihr Angebot hochmütig zum Kunstwerk erklären.

orientieren

Der nächste Flughafen zu Collioure ist **Perpignan** (Flugplan unter www.montpellier.aeroport.fr). **Ryanair** fliegt von Weeze, Bremen, Leipzig und Frankfurt/Hahn ins spanische **Girona,** 90 Autominuten entfernt.

informieren

Vorwahl von Frankreich: **0033,** danach die erste Null der Rufnummer weglassen.
Termine, Ausflüge und freie Unterkünfte beim **Office de Tourisme,** Place du 18 Juin, Tel. 04 68 82 15 47, www.collioure.com.

unterkommen

Gut aufgehoben: Das **Hotel Princes de Catalogne** ist zentral, freundlich und vermittelt Aktivitäten wie Thalassotherapie, Tauchen, Fahrradfahren, Klettern, Canyoning, jeweils inkl. Sportausrüstung (Rue des Palmiers, Tel. 04 68 82 08 60, www. hotel-princescatalogne. com, EZ 60–94 €).
Genial zentral: Zwischen Berg und Meer, mit kleinem Garten pro Zimmer, lädt das schnuckelige **Le Madeloc** zum Relaxen ein (Rue Romain Rolland, Tel. 04 68 82 07 56, www.madeloc.com, EZ 70–100 €).
Ambitioniert: Le Bon Port, kleines Hotel im Geiste des Malers Claude Dufau, der nicht jedermanns Sache ist – dafür nur 50 m zum Strand (12, route de Port-Vendres, Tel. 04 68 82 06 08, www.bon-port.com, EZ 60 €).

essen & trinken

Les Templiers ist, wenn man so will, das geistige Zentrum der Stadt, da hier vor hundert Jahren Maler ihre Zeche mit Werken bezahlten, die jetzt im Museum hängen. Heute hängen in den Dunstschwaden Bilder von Leuten, die an der Theke hängen und sich für Matisse halten (Avenue Camille Pelletan, Tel. 04 68 98 31 10, www.hotel-templiers. com, auch Hotel). Nebenan herrscht im **Maison Annaic Noblet** anarchische Lebensfreude zu Burgern und Drinks. Für die lustige Kulisse wurden ein paar Autos verbraucht.
Noch eine Alternative: La Cuisine Comptoire verstehen sich als Künstler an der Glastheke. Zumindest schmecken die Tapas mit einem katalanischen Wein saulecker. Schöner Innenhof, zur Not auch Paella-SOS-Bringservice (2, rue Colbert, Chez Henri, Tel. 04 68 81 14 40).
Französisch' Fusion: Le 5ème Péché Restaurant. Die Küche des Japaners Masashi Lijima auf Collioures Shoppingmeile bringt Tabus zu Tisch. Wer traut sich schon, die heilige französische Küche mit Japans Kulinaria anzutasten? Sie hoffentlich! (18, rue de la Fraternité 18, Tel. 04 68 98 09 76)

tagsüber

In Collioure kann man spielend drei Wochen im Rhythmus Strand, Hotel, Essen, Trinken, Schlafen verbringen – oder sich nach einem Tag langweilen. Wer jedoch zwischen beiden Extremen den Hintern hochbekommt, befin-

Stolz und schön direkt am Strand: Burg am Beach von Collioure

det sich bald in bester Gesellschaft. Schon geht's gezielt raus aufs Meer, zum Beispiel zum gemeinsamen Fischen, wo jeder anpacken kann. Oder man schippert über die See ins benachbarte **Port Argelès** (tgl. Abfahrt 11 Uhr morgens, Tel. 04 68 82 05 59) bzw. geht gleich mit dem **Tauchzentrum CIP** unter (17, rue de la Tour d'Auvergne 17, Tel. 04 68 82 07 16 (www. cip-collioure.com).

Wer es weniger stressig, dafür als Kenner angehen lassen will, nimmt an einer **Walk and Taste-Tour** teil. Es gibt sicher Schlimmeres, als unter sachkundiger Führung in Collioures wahnsinnig schönem Hinterland einen weinseligen Vormittag zu verbringen und die lokalen Weine sowie Naschereien im Preis drin zu haben – und es werden bestimmt mehr dabei sein als zwei sich zankende Typen wie in dem Film ›Sideways‹, der als Vorbereitung sicher nicht die schlechteste Wahl ist (von Collioure nach Port-Vendres, Banyuls und Cerbère, April, Mai, Juni, September und Oktober Di und Fr 9–12.30 Uhr, Abfahrt vom Fremdenverkehrsbüro, 12 €).

abends

Wer ein bisschen langweiliger sein will, bucht die **Tour für Naturliebhaber,** bei der Sie in der ›heure bleu‹ ein ortskundiger Führer begleitet (im Tourismusbüro fragen oder unter www.collioure.com).

Ansonsten entspannt man sich am Abend beim Sundowner in einer der vielen **Strandbars** an der Plage Boramar, wenn die letzten Schwimmer ihre Züge ziehen.

nachts

Zocken wie Le Chiffre: Täglich bietet sich das **Casino** zwischen 10 Uhr abends und 4 Uhr morgens an, Ihnen das Taschengeld abzunehmen. Es gibt kostenlosen Shuttle-Service und in der Woche allabendliche Showeinlagen. In der hauseigenen Disco **Le Vertigo** kann man's außerhalb der Saison jeden Fr und Sa bis morgens halb 5 krachen lassen, sonst jeden Abend (Espace Cap Dourats, an der RN 114, Ausfahrt 14, aktuelles Line-Up unter www.vertigo-collioure.com). Die größte Disco am Platze ist jedoch **L'Indigo** (www.indigo-collioure.com).

must-sees

Collioure hat jede Menge Gemäuer – vielleicht sogar ein bisschen zu viel. Das **Château Royal** kann man nicht verpassen. Im **Espace Fauve** steht man zumindest vor den Reproduktionen bekannter Künstler (Quai de L'Amiraute), im **Modern Art Museum** (Villa Pams, Route de Port Vendres) sieht das schon anders aus. Apropos: Auf dem **Chemin de Fauvisme** entdeckt man 20 Motive, die man von berühmten Bildern kennt.

termine

Das **Catalan Folk Festival** Ende September auf der Place 18 Juin offenbart die kulturellen Wurzeln von Collioure. Im **Chateau Royal** finden oft Antikmärkte statt sowie der jährliche Weihnachtsmarkt Mitte Dezember. Im **Juli** ist es so heiß, dass zu anstrengende Aktivitäten nicht angeboten werden.

Du bleibst nicht allein,
weil sich Weinnasen riechen können.

Nicht hinfahren,
wenn man Platzangst hat.

Unbedingt hinfahren,
wenn man von Idylle und Burgen gar nicht genug bekommen kann, sich mit Kunstkopien begnügen und in Natur und Kultur berauschen kann.

Sparen	**
Sport	***
Kultur/Bildung	*****
Entertainment	**
Erotik	**

Dingle

Dreh- und Angelpunkt

Die ›letzte Ausfahrt vor Brooklyn‹ dürfte die verkehrsärmste weit und breit sein. Und direkt davor liegt ein toter Mann im Wasser. Apropos Wasser: Den Whiskey nimmt man dort ein, wo man auch einen Steckdosenadapter bekommt. Das Angebot an gemeinschaftlichen Outdoor-Aktivitäten ist reich. Der irische Charme überwältigend. Und mit ›Fungie the funny dolphin‹ hat jeder Besucher jemanden zum Spielen. Sonst reicht ein Gemeinschaftstänzchen im Pub.

Yes, Sir: Irish Moos bis zum Abwinken

Zugegeben, Naturmelancholiker finden in Europas westlichster Ecke ihr Arkadien. Sie können optional den ganzen Tag im Regen herumrennen, leer aufs Meer blicken, dabei norwegischen Jazz oder Heinrich Bölls ›Irisches Tagebuch‹ auf iPod hören und abends tief und traurig ins Guinness-Glas schauen. Aber Natur-, Sports- und Menschenfreunde haben an Dingles Tag- und Nachtleben ihre helle Freude.

Zum Beispiel tagsüber reiten, rennen oder angeln, und abends beim ›Riverdance‹ das Tanzbein schwingen. Hier noch ein Warnhinweis: So mancher Dingle-Besucher ist dort hängen geblieben. Und bestimmt nicht wegen des Wetters …

Warum Dingle?

Gebrauchsanweisung für den Dingle-Single, dem Pub-Hub Irlands: Aus jeder zweiten Haustür kommt Irish Folk live. In der Saison tritt man sich die Knöpfe ab. In einem B&B mittendrin bleibt man auch nachts auf dem Laufenden.

Bei zahlreichen Ausflugsgelegenheiten – zum Fischen, Tauchen, Radfahren, Reiten, Wandern – tritt man auch den Besuch der Single-Inseln Blasket und Skellig Islands nicht allein an. Spätestens ›Dick Mack‹ oder ›John Fox‹ erweisen sich als treue Begleiter. Überhaupt, wer's feucht-fröhlich mag, schwimmt eine Runde mit dem Delfin ›Fungie‹, dem fröhlichsten tierischen Single der Welt!

orientieren

Europas westlichsten Punkt erreicht man mit dem Wagen, sprich Leihwagen – und der zahlt sich aus, denn ohne Rundtrip um die Halbinsel würde man sich etwas vergeben. Die nächsten Flughäfen sind Shannon (152 km) oder Kerry (72 km). **Ryanair** fliegt direkt von Weeze (Shannon) und Hahn (Kerry), oder man fliegt über Dublin oder London ein: **Aer Lingus, Easyjet, Aer Arran.**

Der Ort Dingle ist schnell beschritten. Alles bewegt sich auf drei Straßen: Strand Street (Shopping), Green Street (noch mehr Shopping) und Lower Main Street (Restaurants und Pubs). Das Old Pier geht unfehlbar von der Strand Street ab und ist Ausgangspunkt für die Angeltrips, Exkursionen und natürlich zu ›Fungie‹ …

informieren

Vorwahl von Irland: **00353**, dann die erste Null der Rufnummer weglassen.
Offizielle Homepage: www.dingle-peninsula.ie. Das **Informationsbüro,** das auch B&Bs vermittelt, befindet sich am Old Pier, direkt am Wasser. Zum Buchen von Unterkunft oder Touren www.dingle-peninsula-tours.com.

Anschluss an die Welt findet man vor Ort im **Dingle Internet Cafe & Call Center** (Main Street, Tel. 066 915 24 78).

unterkommen

Die Bed&Breakfasts sind in der Regel einwandfrei und empfehlenswert, soweit sie ›en suite‹ sind, also mit Bad/Dusche ausgestattet. Besonders bemerkenswert dabei die umsonst gebotene Hilfe und irische Herzlichkeit. Alternativ geht man ins Hotel.

Außerhalb: Das gesellige **Ballintaggart House** ist ruhig-ländlich gelegen und bietet Unterkunft in allen Preislagen. Doppelzimmer werden als Einzelzimmer reduziert, was in Irland nicht die Regel ist (Racecourse Road, an der N86, Tel. 066 915 14 54).

Am Hafen: Die **Dingle Harbour Lodge** bietet einen direkten Anschluss an die Hausbar mit abendlicher Live-Musik und dazu fantastischen Hafenblick (Strand Street, Tel. 066 915 15 77, www.dingleharbourlodge.com).

Bed&Breakfast: Empfehlenswerte, weil charmant und hilfreich geführte B&B's sind **The Mainstay Guesthouse** (Dykegate Lane, Tel. 066 915 15 98) oder **Walsh's Townhouse**, gepflegtes B&B mitten im ›Bermuda-Dreieck‹ von Dingle: ideal, um von der Theke direkt ins etwas plüschige Himmelbett zu fallen. Joe bittet um ein wenig Geduld, falls er gerade die Kinder zum Ballett bringen oder von der Schule holen muss (Main Street, Tel. 066 915 11 47).

Tipp: Zum Vorab-Schmachten empfiehlt sich der 1969 hier gedrehte Film ›Ryans Tochter‹ mit Robert Mitchum. Vor Ort kann man jeden Einwohner auf die wilde Zeit ansprechen, als Dingle Drehort war. Zum Beispiel beim **Pub Ashes** auf der Main Street. Die Mutter des Chefs hat schon bei den Dreharbeiten von ›Ryan's Daughter‹ das Team verköstigt. Hausfreund Gregory Peck war oft und gern gesehener Gast, seine Vorfahren stammen aus der Nähe von Dingle.

essen & trinken

Ob Bar oder Tisch, hier fühlt man sich wohl: **Doyle's Seafood Bar and Townhouse** (4 John Street, Tel. 066 915 11 74 www.doylesofdingle.com) gehört zu den ›1000 places to see before you die‹. Die Fischer bringen ihre beste Ware direkt in die Küche, die daraus kulinarische Aaaah's bereiten. Mit Gästehaus.

Lord Bakers (Main Street, Tel. 066 915 12 77) ist Dingles ältestes Restaurant, wohl deshalb auch etwas ›posh‹ im Service. Muss man genießen. Ansonsten kredenzen viele Pubs preiswerteres Essen, auch wenn's etwas rustikaler ist, und etliche der Restaurants bieten zwischen 6 und 7 Uhr abends ein ›Early Bird Menu‹ verbilligt an.

tagsüber

Der frühe Vogel fängt den Wurm. Und der frühe Fisch. Morgens nach dem kräftigen irischen Frühstück schließt man sich am besten potenziellen Anglern, Fischern, Tauchern, oder den Freunden von ›Fungie‹ an. In jedem Fall geht's runter zum Old Pier, wo die Touren starten **(Dingle Boatman's Association,** Tel. 066 915 26 26 oder 066 915 19 67), Fischzüge vor- und nachmittags je 2-stündig für 20 €). Das Ding mit ›Fungie‹, dem irischen Flipper, ist unglaublich: Seit 20 Jahren unterhält der eingefleischte Single seine Fans, sobald man ihn mit einem Surfbrett lockt. Und, wartet mal, ich glaube, er will uns

Ältestes Restaurant von Dingle: Lord Baker's

was sagen … (geführte Touren im **Dingle Activities Center:** Fischen, Wandern, Klettern, Reiten, www.dingleactivities.com).

Mit festem Boden unter den Beinen und vom irischen Wasser gewaschen, stärkt man sich vielleicht schon mal diskret bei **Dick Mack,** dem legendären Schuster, der eine Theke ist. Da sind Sie nicht der Einzige. Wo Dick Mack ist? Gegenüber der Kirche. Wo die Kirche ist? Gegenüber Dick Mack. Irische Logik. Deutsche Gründlichkeit: auf der Green Street, wo vornehmlich Frauen gute Einkaufsmöglichkeiten finden. Wie die Boutique **La Bohème** (neben Dick Mack) oder **The Linen Chest** (Strand Street), alles aus dem berühmten irischen Leinen vom Kissen bis zum Nachthemd. Überhaupt findet sich hier viel lokales Handwerk.

Dingles Umgebung ist wie aus der Sir Irish Moos-Werbung gemacht. Deshalb sollte man sich auch einmal auf Schusters Rappen oder ein echtes Pferd schwingen, um von hoch oben in den Bergen immer wieder beglückt von so viel Naturschönheit zu werden. Oder um als geübter Reiter am Strand entlang zu kacheln: **Long's Horse Riding** (Tel. 066 915 97 23, ab 25 €/Std., **Dingle Horse Riding** (Tel. 066 915 21 99, ab 25 €/Std.), **Colaiste die Stables** (Tel. 066 915 91 00, ab 20 €/Std.).

Ein ›must‹ ist der **Rundtrip um die Halbinsel,** ein Abstecher auf die **Blasket Islands** lohnt sich – übrigens ist es schneller und günstiger, direkt ab Dunquin überzusetzen. Auf der vor 50 Jahren endgültig evakuierten Insel lebten Menschen mit eigenem gälischen Spracheinschlag und eigener Dichtung. Von dort sieht man auf Death Man's Island und die Skellig-Inseln, einst Heimat echt eingefleischter Singles: Im 9. Jh. (!) haben auf dem nackten Felsen Mönche gehaust, die nur von Luft, Liebe, Regenwasser, Möweneiern und dem Proviant passierender Schiffe gelebt haben (Blasket Islands Ferry & Tours, Gleann Loic, Dun Chaoin, Co. Chiarrai, Tel. 066 915 48 64, www.blasketislands.ie, direkt buchen unter 087 231 61 31).

Etwas gepflegter genießt man die Szenerie natürlich beim Golf (auch für Anfänger bei **Lathair Spoirt an Daingin,** Dingle Driving Range and Pitch & Putt Course (Milltown, Tel. 066 915 20 20). Ganz Coole gehen surfen. An einem der schönsten Strände Irlands verabredet man sich mit Jamie und rauscht unter Anleitung über die Wellen: **The West Coast Surf School** (Inch, Dingle, Tel. 086 306 70 53).

Einsam aber schneller: Surfen mit Jamie am Inch Beach

abends

Nach der Dämmerung verlagert sich der Schwerpunkt ganz klar auf die Pubs. So zahlreich gesegnet wie auf Dingles Lower Main Street sind sie in Irland kein zweites Mal (zum Beispiel **John Berry's** oder **An Droicead Begad).** Also nichts wie hinein, wo gerade virtuoser Irish Folk live ertönt, ein schönes Guinness gezapft, ein paar Blicke gewechselt, ein Lächeln erhascht und Tanzbeine geschwungen werden: Kontakte nicht ausgeschlossen, da Dinglians sehr aufgeschlossen.

nachts

Wir sind immer noch in Irland, da sind um Mitternacht die Bürgersteige hochgeklappt. Was nicht bedeutet, dass es auf der Straße nicht weitergeht.

Vielleicht haben **Dick Mack** (Green Street, gegenüber St. Mary's Church) oder **Foxy John's** (Main Street, gleichzeitig Radverleih und Krempelladen) ja noch Lust, ein Bier zu zapfen, die Stammgäste sind sicher noch da. Ansonsten ab in die Heia, der Tag in Dingle wird wieder lang. Außerdem ist man ja verabredet …

must-sees

Fungie. Die **Blasket Islands. Dick Mack** und **Foxy Brown,** sonst glaubt es zuhause wieder keiner. Stubenhocker können sich das **Dingle Oceanworld Aquarium** (Tel. 066 915 21 11) zu Gemüte ziehen.

termine

Dingle hat in Sachen sozialer Anschluss **immer Saison.** Selbst im Winter bleiben die Temperaturen relativ milde, allerdings trübt zwischen November und Februar das Wetter so ein, dass viele Veranstalter dicht machen. Dann trösten nur noch Fungie, der verrückte Delfin und Paddy (billig) oder, passend für Singles, ein guter Single Malt.

Du bleibst nicht allein,
weil Dingle die höchste Pub-Dichte Irlands aufweist. Weil viele Dichter hier dichter sind als anderswo. Und wenn man nicht dem Whiskey erliegt, dann dem irischen Charme.

Nicht hinfahren,
wenn man lieber hinter dem Ofen sitzt oder Kate Moss treffen will. Hier dominieren frische Luft und Sir Irish Moos.

Unbedingt hinfahren,
wenn man gerne ein Bad im Meer und in der Menge nimmt – egal, zu welcher Tages- oder Nachtzeit.

Sparen	*
Sport	****
Kultur/Bildung	**
Entertainment	*****
Erotik	**

Freiburg

Einsam, Zweisam, Dreisam

Einsamer als der Philosoph Martin Heidegger kann man kaum leben: in einer Holzhütte in Todtnauberg. Wenn der Hund bellte, meinte er »Sei still, Herrchen denkt!« Aber wenn er im Winter auf Skiern zu seiner Vorlesung nach Freiburg hinunterfuhr, das war großer Bahnhof. Noch heute ist Freiburg im Breisgau eine der wärmsten, studentischsten und quirligsten Städte Deutschlands. Mit dem Schwarzwald im Rücken und badischem Wein im Glas mutiert Freiburg zur lebenswertesten Stadt unserer Republik. Verständlich, dass ein Heidegger-Schüler sein Studium mal so zusammenfasste: »In Freiburg waren wir nur saufen und Ski fahren.«

Hier kaufen Kenner: Nordseite vom Münster

Freiburg im Breisgau ist eine schöne Stadt. Die ganze Altstadt ist von ›Bächle‹ durchzogen, die man genauso wenig übersehen sollte wie das Münster. Kaum angekommen, umweht den Besucher schon das milde Klima, das unter anderem für Freiburgs Ruf als Weinstadt verantwortlich ist. Wohl aber auch für die Fröhlichkeit und charmante Ausstrahlung seiner Einwohner. Alles zusammen erlebt man schon am Colombipark: Weinberg, Palmen und entspannte Menschen sind repräsentativ für das relaxte Klima.

Und so geht es weiter, bis hoch hinaus nach Schauinsland, dem Vorboten des Schwarzwaldes.

Warum Freiburg?

Fußballstadt, Fahrradstadt, Jazzstadt, Studentenstadt, Weinstadt, Altstadt … und überhaupt: Das Klima ist perfekt, sozial wie auch meteorologisch, Freiburg zählt zu den lebenswertesten Städten Deutschlands. Die Studenten halten den Ort lebendig, was sich vor allem auf die gastronomische Infrastruktur niederschlägt. Der Schwarzwald, der Kaiserstuhl und das Elsass sind liebe Nachbarn. Deshalb ist es so lebenswert, das ein Kurzbesuch langfristige Folgen haben kann. Frau Seifert von der Touristeninformation kam beispielsweise nur für kurze Zeit – und blieb für immer. So charmant kann man hier sein.

orientieren

Freiburg liegt an der Autobahn wie auch direkt an den Gleisen zwischen Karlsruhe und Basel, etwa stündlich hält hier ein **Fernzug.**

Freiburg selbst ist eine ausgesprochene und selbst ernannte **Fahrradstadt.** Die Fahrradstation ›mobile‹ am Hauptbahnhof verleiht Räder für 7,50 €. Die Altstadt ist komplett Fußgängerzone.

informieren

Alles Wichtige und Wesentliche über Freiburg, inklusive preiswerte und noch zu habende **Unterkünfte,** vermittelt die **Tourist Information** am Rotteckring 14, direkt am Colombipark, Tel. 0761-388 18 80 umfassende Info bietet zudem das Heft **Lust auf Freiburg** für 7 € (Foto-Edition Raasch). www.freiburg.de zeigt Ihnen den Weg, bis hin zu Unterkünften.

Auf www.regiowebcam.de findet man nicht nur den aktuellen Zustand Freiburgs, sondern auch Radtourenpläne und Tipps zur Fortbewegung.

unterkommen

www.freiburg-tourist.de vermittelt Wohnungen und Hotels sowie spezielle Arrangements.

›Mit guten Gefühlen übernachten‹: Best Western Hotel Victoria. Das komplett restaurierte Gebäude aus dem Jahr 1874 wird heute nur mit regenerativen Energien betrieben. Ideal für Geschäftsreisende (Eisenbahnstr. 54, Tel. 0761-20 73 40, www.hotel-victoria.de, EZ ab 117 €).

Untrügerische Idylle: Weinstube & Hotel Sichelschmiede. Ein kleiner Traum mitten in der Altstadt. Niedliches Hotelchen mit ›Philosophen-Stüble‹ für den gepflegten Absacker (Insel 1, Tel. 0761-350 96, EZ 59 €).

Direkt am Weinberg: Park-Hotel Post. Mittendrin, statt nur daneben (am Colombipark, Eisenbahnstr. 35–37, Tel. 0761-31680, www.park-hotel.post.de, EZ 109 €.

essen & trinken

Brotgenuss und Kaffeekult: Aran. Neben Obelisk und Bächle am ›August‹ besten Kaffee genießen, das klappt hier ganz vorzüglich. Wie auch Freiburger und -innen kennenlernen (Salzstraße 28, direkt am Augustinerplatz).

Vortrefflich: Aran Café

Tapas und Weine: La Cabana. Eines von mehreren schönen kleinen Restaurants in der Romantik-Überdosis Fischerau. Küche bis nach Mitternacht (Fischerau 30, Tel. 0761-208 85 66, ab 19 Uhr).

Urig: Osteria Oporto. Für die Auswahl de Weine recht überheblich, aber saugemütlich mit seinen Schinken über der Bar. Gut für den Starter in den Abend (Grünwälderstraße 2, unweit des ›Fressgässle‹, Tel. 0761-387 00 38).

Gruß aus der Küche: Colombi Restaurant. Alfred Klink bietet erstklassige Mittagsmenüs zwischen 26 und 60 € (Rotteckring 16, Am Colombipark, Tel. 0761-210 60, www.colombi.de).

tagsüber

Dolce far niente: Am schönsten ist Freiburg in der **Oberen Altstadt,** rechts vom Münster gelegen – wie etwa in der **Konviktstraße** oder im **Präsenzgässle.**

Zunächst führt der Weg durch die geschäftige **Bertoldstraße** über die weniger attraktive Kaiser-Josephstraße und geht dort in die **Salzstraße** über.

Egal, in welche hübschen Gässchen man sich verliert, irgendwie läuft alles immer auf den **Augustinerplatz** zu. Nicht umsonst, denn erstens ist er hübsch, zweitens sozialer Mittelpunkt, drittens laden Cafés zu mehr als nur einer wunderbaren Koffeinstärkung ein. Abhängen und gucken, wie die anderen gucken, das lässt sich hier stundenlang praktizieren.

Sich gehen lassen: In der **Fischerau** reiht sich Restaurant an Restaurant, im Sommer stehen die Tische draußen – weshalb man immer reservieren sollte. Wo auch immer man geht und bummelt, irgendwann gelangt man wieder an eines der prominenten Stadttore, die das Ende des Altstadtidylls und den Beginn des Straßenverkehrs markieren.

Diese Stadt ist einfach zu schön, um wahr zu sein – selbst die McDonald's-Filiale am **Martinstor** ist in einem uralten Gebäude untergebracht.

Nirgends kauft man besser Japanisch ein als bei **Kido,** das unter dem Stichwort ›Japanisches Wohnen‹ alles Mögliche versammelt, von der Schrankwand bis zum Maskottchen, alles im feinsten Design. Verena Kirsten ist in Süddeutschland führend mit ihrem Angebot (Fischerau 14).

Für den Ernstfall: Condomeria. Reichhaltiges Fachgeschäft, pflegt legeren Umgang mit Erektionsbekleidung (Gerberau 28, www.condomeria-freiburg.de).

Von der Sonne verwöhnt: Alte Wache. Erste Adresse der Weinstadt Freiburg. Kein Wunder, liegt direkt zentral im Schatten des Münsters (Münsterplatz 38, Tel. 0761-20 28 70, www. alte-wache.com).

Übrigens, auf dem Freiburger **Wochenmarkt** kauft man nur auf der Nordseite, denn da stehen die lokalen Bauern.

In die blauen Berge: Mit der Seilbahn geht's ›uuf d'Höh'‹, wie man hier sagt, ins **Schauinsland,** wo man gemeinsam auf über 1200 Höhenmetern schauen, Ski fahren oder den Berg auf Rollern oder Mountainbikes wieder herunterkesseln kann: **Bergwelt Rolling,** Europas einzige Rollerstrecke mit einer Abfahrt von 8 km zwischen Berg- und Talstation (Seilbahn-Bergfahrt und Rollertalfahrt 23 €, anmelden unter Tel. 0761-264 68).

Oder man geht einfach entspannt auf ge-

Abhängen: Colombi-Park

führte **Wanderungen** (Halbtag-, Ganztag- oder Mehrtagestouren, Info und Anmeldung Tel. 0761-557 32 59 oder 0761-70 19 43). Oder man walkt ganz nordisch gen Osten in den Schwarzwald: geführte **Nordic Walking** Tour auf dem Schauinsland, Schnuppertour (1 Std.) 10 €, Gipfeltour (1,5–2 Std.) 15 €, mind. 4 Pers. (individ. Vereinbarungen möglich, Info und Anmeldung unter Tel. 0761-29 01 07. Noch mehr Angebote gibt's unter www.bergwelt-schauinsland.de).

nachts

Birth of the Cool: **Jazzhaus.** Hier hat schon der große Miles Davis gespielt, heute gibt es auch Kabarettabende und 70er-Partys (Schnewlingstr., Tel. 0761-349 73, www.jazzhaus.de).

Die **Jackson Pollock-Bar** ist der Freiburger Intellektuellentreff mit Lesungen, Di Latin Dance (Bertoldstr. 46 in der Theaterpassage).

Im **Ruefetto** wird ebenfalls gejazzt, nach Hause geht's erst, wenn alles ausdiskutiert ist (Granatgässle 3, Tel. 0761-202 59 51, hinter dem Café Ruef). Badisch weinselig geht's bis drei Uhr früh in **Webers Weinstube** zu, wo es badische Tapas gibt (Hildastr. 35).

must-sees

Eher unfreiwillig: ›Wer in ein **Bächle** tritt, ist nicht das letzte Mal in Freiburg gewesen‹, heißt ein altes Freiburger Sprichwort. Das passiert besonders schnell, wenn man den Himmel nach **Störchen** absucht, die es hier noch ziemlich häufig gibt.

Im sogenannten Colombi-Schlössle befindet sich das **Museum für Ur- und Frühgeschichte,** das schon wegen seines Treppenhauses sehenswert ist. Für 16 Wochen im Jahr feiern die **Straußen- (oder Besen-) wirtschaften** Konjunktur, die mit den italienischen Agrituri vergleichbar sind: Wenn sie einen Besen (alemannisch ›Strauß‹) in der Tür hängen haben, bieten sie frisch gekelterten Wein und Hausmannskost an (Adressen unter www.regiowebcam.de).

Wer weiter ausholt, besichtigt das Umland mit dem **Kaiserstuhl** oder das **Markgräflerland** im Süden – oder fährt sogar ins beschaulichere **Baden-Baden** (s. dort).

Termine

Der Freiburger Karneval heißt **Fasching** und lohnt sich, weil sich die Menschen aufwendig maskieren, wenn sie zum Schnurren gehen.

Die **Badische Zeitung** ermittelt ganzjährig den Kultur-Veranstaltungskalender zwischen Basel und Baden-Baden, dort findet man im Winter auch den aktuellen Loipen-Fahrplan.

Wenn der SC Freiburg mal wieder in der ersten Liga spielt, lohnt sich der Besuch im **Dreisam-Stadion.** Natürlich auch, wenn der Verein einem am Herzen liegt, wie so vielen Intellektuellen.

Du bleibst nicht allein,
weil man ja nur Fahrrad fahren muss, um schnell jemandem näher zu kommen.

Nicht hinfahren,
wenn man keine intellektuellen Forellen mag, in der Hochburg der Grünen sind sie vom Fußball bis zum Jazzkeller breit aufgestellt.

Unbedingt hinfahren,
wenn man eine umwelt-, verkehrs- und behindertenfreundliche, also wirklich vorbildliche Stadt erleben will.

Sparen	***
Sport	*****
Kultur/Bildung	*****
Entertainment	****
Erotik	***

Zauberland Juist

»Wenn jeder Mensch eine Insel ist«, bemerkte Will Freeman alias Hugh Grant in der Nick Hornby-Komödie ›About a Boy‹ so schlau, »dann bin ich Ibiza.« Wenn er Deutscher wäre, könnte er auch Juist sein – als Alternative zu Sylt. Das autofreie ›Töwerland‹ (Ostfriesisch für Zauberland, Eigenwerbung) ist was fürs Leben. Generationen schwärmen von den angenehmen Anknüpfungsmöglichkeiten auf der ›schönsten Sandbank der Welt‹. Die Kinder gehen aus, die Oma grinst wissend: Sie weiß, was passiert. Knutschen in den Kutschen, Kuscheln bei den Muscheln, Sündigen in den Dünen, nachts nacktbaden, trinken in den Pinten … das hat sie schließlich selbst mal hier erlebt. Selbst bei miesem Wetter ist es hier aufregend. Und sei es für den berühmten ›einsamen Strandspaziergang‹.

Keine Autos, keine Hektik, keine Tagestouristen: Strand von Juist

Juist gehört zu den Ostfriesischen Inseln und liegt in der ›Perlenkette Deutschlands‹ zwischen Borkum und Norderney. Die Insel ist 17 km lang, aber nur 500 m breit. Zur Küste hin liegt das Wattenmeer, ein Naturschutzgebiet, zur anderen Seite rauscht die offene Nordsee und bietet einen der schönsten Sandstrände Deutschlands.

Die Insel ist zum größten Teil Natur, der Ort teilt sich in Ostdorf, Mitte und Loog. Aufgrund des breiten und langen Strandes wirkt die Insel selbst im Hochsommer nie überfüllt. Dazu kommt: Juist hat im Vergleich zu ihrer Nachbarin Norderney keinen Autoverkehr, keine Hochhäuser und auch keine besonders großen Hotels.

Warum Juist?

Keine Autos. Keine Hektik. Keine Tagestouristen. Das friesische Lebensgefühl vereint alle. Die Notwendigkeit, sich auf Fahrrädern, barfuß oder in Gummistiefeln fortzubewegen, macht alle gleich. Abends verfügt Juist über ein paar gastronomische Eigenheiten, vom Friesentee-Tempel bis zum Kult-Köbes. Und natürlich Natur pur. Außerdem bietet

Juist auf seiner Website ein Spezial-Arrangement für Singles!

orientieren

Nach Juist verkehren 1–2 x täglich von Norddeich **Schiffe** der Reederei Frisia, die sich nach den Gezeiten richten müssen (Fahrplan unter www.reederei-frisia.de), sonst gibt es noch das **Flugzeug** (ca. 35 €).

Die **Deutsche Bahn** fährt bis an die Mole, das Schiff wartet bei kleinen Verspätungen. Mit dem **Auto** muss man dagegen sehr pünktlich sein und vor allem einkalkulieren, dass man den Wagen auf großen gebührenpflichtigen Parkplätzen abstellen muss.

Aus dem Ruhrgebiet gelangt man über die **Emsland-Autobahn** in etwa drei Stunden an die Küste. Auf Juist selbst ist dann alles entspannt: Da geht es nur zu Fuß, mit dem Fahrrad oder Kutschentaxi voran (verschiedene Fahrradverleiher, Hollandrad zw. 7 und 10 €/Tag, je länger, umso billiger).

informieren

Alles und Aktuelles über Juist erfährt man auf www.juist.de, inklusive Zimmervermittlung und Singleprogramm (Tel. 04935-809 222, Mo–Fr 8.30–17 Uhr, Sa 10–12 Uhr). Schnell Entschlossene finden am Hafen einen aktuellen Aushang der freien Zimmer.

unterkommen

Unter www.unterkunft-ostfriesland.de werden auch Juister Pensionen angeboten. Der Standard ist in der Regel das, was wir als ›Siebziger Jahre‹ bezeichnen, Einzelzimmer kosten in der Regel um 60 €.

Für Mehrere: Weberhof. Der ›Schafstall‹, die ›Weberei‹ und die ›Töpferei‹ sind für jeweils 4–5 Personen und nicht unter einer Woche zu mieten – die reetgedeckten Häuser im Ostdorf gehören zu den schönsten der Insel (Dünenstraße 13b, Tel. 04935-244, www.weberhof-juist.de, Kosten pro Tag ab 95 €).

Edel, teuer, gut: Achterdiek. Eines der feineren Etablissements der Insel, mit eigenem Wellnessbereich (Wilhelmstraße 36, Tel. 04935-80 40, www.hotel-achterdiek.de, EZ ab 134 €).

essen & trinken

Gemütlich: Lüttje Teehus. ›Oma Miele‹, legendäre Juister Badefrau, überließ ihr saugemütliches Stübchen für Schmecklecker von

Reetgedeckt und saugemütlich: Pension Weberhof

heute. Bekannt vor allem für Gebäck, Krabbengerichte und echten Ostfriesentee (Im Januspark).

Nah am Wasser: Hafenrestaurant. Quirlige Fischoase vor dem Anleger mit Blick auf den Hafen (Tel. 04935-13 63, Do Ruhetag).

Far Out: Domäne Bill. 11–18 Uhr, Mi Ruhetag. Es ist ein weiter Weg nach Westen, darf aber im Juist-Programm auf keinen Fall fehlen.

tagsüber

Ankommen: Am besten schlürt man nach der Ankunft nur das **Gepäck** aufs Zimmer und geht in Friesennerz und Gummistiefeln gleich wieder auf die ›Straße‹. Der zweite Schritt besteht im **Fahrradleihen** und schon fühlt man sich auf satten 17 km Länge und ein paar hundert Metern Breite vollkommen ungebunden. Der erste Weg führt zu einem mächtig nach vorne bringenden **Matjes-Brötchen** auf der Strandstraße. Einmal schütteln, schon ist man angekommen.

Abmarsch: Eine der schwierigsten Entscheidungen besteht darin, ob man zuerst den Strand, die Ost- oder Westspitze oder das Watt in Angriff nimmt. Am ersten Tag fällt die Wahl meistens auf den **Strand,** wo die offene Nordsee seit Millionen Jahren ohne Unterbrechung tost.

Das verarbeitet man gemeinhin durch kilometerweites Wandern am Wasser mit ECM-Musik im Ohr (grundsätzlich hin gegen, zurück mit dem Wind). Die ganz Ausdauernden schaffen es bis zur **Domäne Bill** (Westspitze) und deren legendären Rosinenstuten oder zu den **Kalfamer Muschelfeldern** (Ostspitze) und berichten begeistert vom Seehund.

Tag 4 endet entweder direkt am Strand, oder man hängt noch das Naturschutzgebiet **Hammersee** dran, das mitten auf der Nordsee mit Süßwasser und vielen seltenen Vögeln aufwartet – und stärkt sich zwischendurch in der **Domäne Loog.**

Kilowattstunden: Die Wattführer **Heino und Ino** führen Sie im Rahmen ihrer legendären **Wattwanderung** (8 € p.P., 2 Std. Dauer, Treff s. Aushang oder www.heino-juist.de) zum gemeinen Spulwurm und anderen schlickigen Attraktionen – vorher gibt's oft eine hochprozentige Stärkung (übrigens, Heinos legendärer Vater Alfred war als Wattführer gleich zwei Mal Gast bei ›Was bin Ich?‹!). Trockener ist es, sich nackt in die Dünen zu legen, wofür inoffiziell die windgeschützten Kuhlen auf der Höhe des **Café Wilhelmshöhe** vorgesehen sind.

abends

Das Abendessen ist auf Juist in fast allen Restaurants spätestens um 10 Uhr erledigt, dann haben die Küchen dicht – vermutlich, weil alle müde sind. Wenn man doch nicht von der Salzluft erschlagen ist, sollte man auf jeden Fall einmal die **Insel-Lichtspiele** besuchen. Wo gibt es schon einen Knopf am Kinositz, den man bei Bedarf einfach anknipst, und schon kommt jemand herbeigeeilt, der die Bestellung aufnimmt? Außerdem kann man zuhause verpasste Filme nachholen (Warmbadstr. 1, Tel. 04935-773).

nachts

Mitschwingen: Nach dem Essen kehrt man zum Juister Traditionsdrink Wodka-Feige in den **Hummer-Köbes** ein, wo punkt halb Elf der sonst unbekannte 70er-Jahre-Schlager ›Er hat mich geliebt‹ von Bettina Storm ertönt, zu dessen Refrain kommentarlos die Lampen geschwungen werden. Außerdem

Von Ebbe und Flut geprägt: Hafen von Juist

Genuss von Anfang an: Überfahrt mit dem Schiff

gibt es einen merkwürdigen Hausdrink mit Würstchen (Strandstraße).

Abrutschen: Das **Café del Mar** ist ein vergleichsweise netter Laden mit Musik unter freiem Himmel, Cocktails und spanischen Tapas. Hier sieht man Teenager ihre Eltern um Geld anbetteln, mit dem sie nebenan in den wummernden **Strandkorb** verschwinden (Strandpromenade 7/Herrenstrandstraße). In der **Spelunke** ist der Name Programm (Strandstraße).

must-sees

Die Innenstadt mit dem legendären **Schiffchenteich,** die **Kurmuschel.**

Das **Kurhaus** ist nach jahrzehntelanger Gammelei renoviert worden – und seither ein Fremdkörper im Juister Geschehen. Statt durchaus vermögende, glückliche Menschen mit Sand im Haar zu bedienen, wartet man auf Scheiche, die mit dem Learjet zum Hummer rüberkommen. Schade um die grandiose Aussicht aus der **Kuppel.**

Das **Wellenbad** ist einen Besuch wert, vor allem, wenn es draußen kalt ist – außerdem kann man dort wahnsinnig gesundes Salzwasser in Flaschen trinken.

termine

Juist ist **immer** schön – nicht nur in einem heißen Sommer, wenn das halbe Rheinland am Strand herumtobt. Viele Freaks fahren sogar dann hin, wenn es stürmt, kalt und nass ist, in der Hoffnung, dass die Fähre hinter ihnen den Verkehr einstellt und sie so lange bleiben können, bis der Porrée im Supermarkt vollends braun geworden ist.

An alkoholischen Getränken hat es übrigens selbst bei extremer meteorologischer Belastung noch nie gemangelt. Und auch von der Kurtaxe sollte man sich nicht abhalten lassen.

Du bleibst nicht allein,
weil alle die gleichen Ziele haben – sei es geografisch oder amourös.

Nicht hinfahren,
wenn man ohne Motorengeräusche und Straßenverkehr nicht leben kann.

Unbedingt hinfahren,
wenn man sich mal rundum fühlen wil wie das Jever-Männchen: Keine Hektik Keine Termine. Keine andere Insel …

Sparen	**
Sport	*****
Kultur/Bildung	**
Entertainment	***
Erotik	***

Golf, -strom und viel Spaß
Kerry

»After too much Guinness, you see double and feel single«, verspricht Kutscher Jack, der seit 40 Jahren im Kerry National Park seinen Dienst tut. So weit lassen wir es nicht kommen. Es gibt genug Lichtblicke. Mit etwas Glück erwischen Sie endlich mal die Kobolde (leprechauns), die in Irlands Märchenwald ihren Schatz versteckt haben. Auf jeden Fall aber einen der meistfotografierten Blicke Irlands auf Lady's View. Oder auch ein Lächeln im Pub, im Spa, im B&B: in dieser ›einsamen Landschaft‹ kommt Alleinesein unter Umständen gar nicht erst auf.

Ein Traum: Ring of Kerry

Der ›Ring of Kerry‹ mit seiner Vegetation, seinem eigenartigen Wetter und seiner zum Verlieben charmanten Bevölkerung (die Kriminalitätsrate geht gegen Null) ist eine der schönsten Landschaften Europas. Es ist teuer, aber man gönnt sich ja sonst nichts.

Besondere Akzente setzt das Sport- und Wellness-Angebot: Unbestritten eine der schönsten Golferregionen der Welt, beste Reitgegend, ewige Straßen und Wege, die zum Radeln oder Wandern einladen. Für Leute, die einfach abschalten wollen, gibt es die Pubs und gleich mehrere Wellness-Spas von Weltklasse.

Warum Kerry?

Wegen der Natur: Das quirlige Killarney ist der Ausgangspunkt für die Rundfahrt auf den ›Ring of Kerry‹, den man alleine am besten im Auto mit seinen gesamten Lieblings-CDs absolviert. Aber warum allein, wo man in den B&Bs mit Gästen und Gastgebern frühstückt, wo sich die Pubs aneinanderreihen und wo es genug Leute gibt, die gerne Miete und Spritgeld teilen – und die die Tourist Information gerne vermittelt? Quirlig ist Killarney auch wegen seiner Wellness-Spas. Was die opulente Rundum-Erneuerung in Hotels kostet, die zu den schönsten der Welt zählen, holt man mit den Billigflug-Preisen und einer Erinnerung fürs Leben wieder rein.

orientieren

›It's a long way to Tipperary‹: Wer diesen Hit geschrieben hat, hat sich vermutlich mit dem Auto von Dublin her durchgeschlagen.

Besser ist es, sich in **Limerick** (Flughafen Shannon) einen Reim darauf zu machen, welchen Autovermieter man bucht. Oder direkt über Dublin nach **Cork** zu fliegen (z. B. mit **Aer Lingus** ab Berlin).

Zum **Kerry Airport** (www.kerryairport.ie) kommt man über Dublin (4 x tgl.) oder von Frankfurt-Hahn, bzw. von Hahn und Weeze nach Shannon (152 km), s. Dingle.

informieren

Vorwahl von Irland: **00 353,** dann die erste Null der Rufnummer weglassen.
Tourist Information: Kenmare Heritage Center, Kenmare. Auch für Kerry und Killarney zuständig: www.corkkerry.ie, vermittelt Unterkünfte, preiswerte Hotels, hilft bei der Planung und gibt Tipps und Termine.

unterkommen

Frische Farbe: Das **Scotts Hotel** in Killarneys Innenstadt ist brandneu und hält einen originellen Mix aus altirischem Inventar (Kamin, Lampen, Bücherwand) im modernen Design vor (O'Donoghue's Shop Street, Tel. 064 310 60, www.scottshotelkillarney.com).
Noch frischer: The Brehon in Killarney (Muckross Road, Tel. 064 307 000, EZ 145–260 €, www.thebrehon.com) oder das **Park Hotel** in Kenmare (Tel. 064 412 00, EZ ab 265 €, www.parkkenmare.com), denn hier hat man gleich Wellness-Programm von Welt unter Dach und Fach.
Preiswerter: Hawthorn House. Ausgezeichnetes B&B in Kenmare, lebt von Mary O'Briens Seele (Shelbourne Street, Kenmare, Tel. 064 410 35, EZ 80–90 €, www.haw thorn housekenmare. com).

Sehr fair: Foley's Town House. Das 4-Sterne-Hotel mitten im Zentrum mit üppiger Empire-Einrichtung bietet Singles das 117-€-DZ ab gnädige 80 € – und das ist truly ›value for money‹! Mit ›Seafood & Steak Restaurant‹ (23, High Street, Killarney, Tel. 064 312 17, www.foleystownhouse.com).

essen & trinken

Tipp: Bar Food & Early Bird: Das Essen ist in Irland ein teurer Spaß. Rechnen Sie mit 20–25 € für Seafood- oder Steakgerichte. Dafür kommt auch alles frisch aus dem Wasser – Sie werden nie wieder Billiglachs aus dem Supermarkt essen. Wenn Geld eine Rolle spielt, gibt es zwei Tricks: ›Bar Food‹, Essen im Pub (sehr oft sehr gut, und das Bier und die Musik sind schon da) oder ›Early Bird‹ (Rabatte für Frühesser, meistens zwischen 6 und 7 Uhr abends).

Originell: Das **Bricin** nennt sich Craft Shop & Restaurant, weil es zuvorderst ein lustiges Geschäft ist mit Dingen, die man nicht braucht – und treppauf ein Top-Restaurant birgt. Allein schon der schönen Bilder wegen, aber auch wegen ›Early Bird‹: Man trifft Gleichgesinnte (26 High Street, Tel. 064 349 02).

In **Kenmare,** wo der Ring of Kerry seinen Lauf nimmt, geht's im **Purple Heather**

Muckross House aus Jacks Perspektive

Spa-Blick, recht teuer: National Park

(Henry Street) zwar etwas plüschig zu, dafür ist aber alles von den Scones über Seafood und den anderen Gästen frisch und lecker – und außerdem preiswert. Wenn auf dem Ring of Kerry der kleine Hunger kommt, ist das **Blue Bull** in lustig-bunten **Sneem,** einem der hübschesten Ortschaften auf der Route, eine gute Wahl.

tagsüber

Reise zum Ich: Im **Samas at the Park Hotel** in **Kenmare** handelt es sich um ein Deluxe-Spa (Tel. 064 41 200, EZ ab 265 €), in dem man laut Prospekt zu seinem Ich findet – da lohnt sich doch die Reise! Von Bikini-Wachsbehandlung über Augenlider oder Ganzkörpermassage legen eingeflogene thailändische Fachkräfte Hand an. Hotelgäste werden bei den Spa-Programmen bevorzugt, von außen kommt man nur herein, wenn es noch Plätze gibt. Zum Beispiel: Das ›SAMAS Experience Programme‹ auf ganzheitlicher Basis kostet für 3 Stunden 245 €, oder das ›Rejuvenation Day Programme‹ für 6 Stunden 495 €. Selbst werdende Mütter bekommen eine Spezialbehandlung. Für das Geld ist man natürlich anschließend ein neuer Mensch, und der Blick über irische Seen und Berge aus dem Außenpool heraus wiegt alle Kosten und Mühen wieder auf.

In Killarneys topmodernem **Brehon Hotel** vergisst man Raum und Zeit im ebenbürtigen **Angsana Spa,** das erste europäische Spa der asiatischen Kette, das man auch besuchen kann, wenn man kein Hotelgast ist, zum Beispiel für die ›Ayurvedic Indian Massage‹ (90 Min. 90 €), ›Bliss‹ (Glückseligkeit, 3 Std. 230 €), ›Peace‹ (Frieden, 150 Min. 180 €) oder auch ›Serenity‹ (Heitere Gemütsruhe, 150 Min. 180 €, www.thebrehon.com).

Noch ein Spa gefällig? Für Spa-Hasser empfiehlt sich **Aghadoe Heights** nahe Killarney, weil es preiswerter ist und nicht so einschüchternd. Von innen eher unspektakulär, ist der Blick aus dem Wasser genau so schön wie im Park Hotel. Highlight: die ›Precious Stone Therapy‹ mit Kristall-, Stein-, Aroma-, Licht- und Klangtherapie (Tel. 353 643 1766, www.aghadoeheights.com).

Ein Glück anderer Art findet man auf dem Rücken der Pferde. Alleinreisende können sich schon von Deutschland aus für unvergessliche **Ausritte** durch Kerrys Landschaften anmelden – stunden-, tage- oder sogar wochenweise von Stall zu Stall, inklusive B&B und Lunch. Man sollte schon ein paar Mal auf einem Pferd gesessen haben, auch wenn's nicht im gestreckten Galopp durch die Landschaft geht. Eva freut sich, und wenn es beim Aufsitzen regnet, geht zur Aufmunterung schon mal eine Pulle Paddy's Whiskey von Reiter zu Reiter (vorbuchen bei Eva in den **Killarney Riding Stables,** Ballydowney, Killarney, Tel. 064 316 86, www.killarney-reeks-trail.com). Ein Erlebnis besonderer Art – auch für Anfänger – ist sicherlich der Ausritt durch den National Park, inklusive Betreuung durch die Kutscher, Abhol- und Bringservice und dickes Lunchpaket. Sie erobern den National Park ritterlich – ein unvergesslicher Tag (40 €, Informationen über das Tourist Center)!

Mal dort golfen, wo es dem Himmel am nächsten ist? So wirbt der **Killarney Golf & Fishing Club** (Tel. 064 310 34, www.killarney-golf.com), ebenso überirdisch ist der **Kenmare Golf & Fishing Club** (Kenmare, Tel. 064 412 91, www.kenmaregolfclub.com).

Stimmung: Laurel's Pub in der City von Killarney

Wenn man noch Sex hat, treibt man bekanntlich Sport – und unternimmt zum Beispiel eine Radtour. Gute Mountainbikes gibt es bei **O'Sullivan's Cycles** (Bishop's Lane, New Street, gegenüber Eviston House Hotel, Tel. 064 269 27, oder an der Tankstelle am Ende der New Street zum Park hin, 15 €/Tag). Auf die Frage nach einem Pfand meint der Chef »Wieso, Ihr bringt die Räder doch zurück?!«. Wer nicht nur den linken Zeh ins Wasser tunken will, leiht sich am **Ross Castle Pier** (Ross Road, Tel. 064 322 52) ein flottes Boot und unternimmt eine unvergessliche Tour über den See, besorgt sich gleich das nötige Rüstzeug für einen anständigen Süßwasserlachs bei **O'Neills Fishing Tackle Shop** (6 Plunkett Street, Killarney, Tel. 064 319 70) oder stellt sich bei **Jamie Knox Watersports** (Brandon Bay, Castlegregory, Tel. 066 713 94 11, www.jamie-knox.com) in der Brandon Bay auf die Bretter gegen den Wind. Jedenfalls soll abends keiner sagen, er hätte nicht genug frische Luft gehabt.

abends

Das **Laurels** (Main Street, in den Sommermonaten) bietet neben gutem Essen mit etwas Glück auch den Blick auf den diensthabenden Giorgio Armani-Lookalike, der Frauen (und Männer?) schmachten lässt. Er empfiehlt auch **Danny Mann Bar** im Eviston House Hotel (EZ 85 €) auf der New Street (März bis Oktober), wenn es um flottes Essen und flotten Irish Folk geht.

O'Connor's Traditional Bar (7 High Street, Tel. 064 311 15) ist vielleicht der lebendigste Laden der kleinen Stadt. Viel besucht von ausländischen Gästen, ein echtes Highlight vor allem bei Live-Musik. Der kann man nicht entkommen, sie kommt von Herzen und animiert zum Mitsingen. But, after too much Guinness …, s. o.

Natur und Kultur: Wasserfall im Victoria National Park

nachts

Die Main Street und High Street verfügen über die höchste Pubdichte weit und breit. Also einfach an die Theke stellen, zuhören, Bier trinken, schunkeln, tanzen, und weiterziehen. Im **Killarney Grand Hotel** (Main Street, Tel. 064 311 59) gibt es für Unausgelastete einen hauseigenen Nightclub. Ansonsten hat man in der Regel nach dem Pubbesuch und von der anhaltend frischen Luft (auch drinnen, es herrscht Rauchverbot) die nötige Bettschwere.

must-sees

Durch den **Victoria National Park** mit den **Torc Waterfalls,** der **Old Weir Bridge** und zahlreichen exotischen Bäumen kutschieren Jack und seine Kollegen meistens auf sehr unterhaltsame Weise (wobei Jack am St. Patrick's Day 2007 seinen Dienst quittiert hat, aber sein Sohn beerbt ihn). Direkt vor der Tür Killarneys und Kenmares liegt eine einzigartige Landschaft, weil sie Kultur und Natur in einem sieht.

Der **Lough Leane** am **Ross Castle** aus dem 15. Jh. ist der größte See, das im Park gelegene **Muckross House** (Kenmare Road, Tel. 064 314 40, www.muckross-house.ie) hat 365 Fenster und 52 Kamine (warum wohl?). Als die alleinreisende Queen Victoria dort untergebracht werden sollte, wurde der Besuch riesig vorbereitet, und nach einem Abstecher zu jenem Ort, der seitdem **Ladie's View** heißt und einer der schönsten Ausblicke Irlands ist, zog sie sofort wieder aus: Es gab in dem Gemäuer keinen Brandschutz. Wer den **Ring of Kerry** schwänzt, ist nicht zu retten.

termine

Eventsind auf www.corkkerry.ie aktuellgelistet, zum Beispiel das Guinness **Cork Jazz Festival** oder das **Kerry Film Festival.**

Zwischen November und Februar kann es schon recht klamm werden, daher auch alles auch recht spärlich besucht, vieles hat geschlossen.

Du bleibst nicht allein,
weil die Scenic Routes, die Wolken, die Herzlichkeit, der Irish Folk und ›a little too much Guinness‹ Sie ganz Ire machen.

Nicht hinfahren,
wenn Sie sich auf Absätzen auf und davon machen wollen, um die Ballsäle dieser Welt zu erobern. Denn, hey, wäre das nicht auch irgendwie eine Flucht vor Dir selbst?

Unbedingt hinfahren,
in der Phase zwischen Betrogen- bzw. Verlassenwerden und der Sperrung der Partner-Kreditkarte.

Sparfaktor 0
(rechnen Sie in Europas Aufsteigerland Nr. 1 immer mit dem Dreifachen), obwohl Killarney in der Regel preiswerter ist als etwa Dingle.

Sport	****
Kultur/Bildung	*****
Entertainment	***
Erotik	**

Sardiniens Norden

Für Naturschönheiten

Smaragdgrün das Wasser, die Buchten vielleicht die schönsten Europas. Um alleine zu bleiben, kann man eigentlich nur einen Fehler begehen: teuer buchen. Bekanntlich wollen die Reichen zurückgezogen leben, und das tun sie hier auch. Doch auch ohne Zugang zu Aga Khans Vermächtnis und Flavio Briatones ›Billionaire‹ lässt es sich hier trefflich Urlaub gestalten, bei dem man auf seine Kosten kommt. In jeder sozialen Hinsicht.

Ein bisschen wie bei Feuersteins: Porto Cervo

Sardinien wurde aus seinem Dornröschenschlaf geweckt, als der reiche Aga Khan Ende der 50er Jahre die nordwestliche Küste für sich entdeckte. Im Zuge des Touristenbooms wurden viele Frauen unverhofft reich, weil traditionell sie den agrarwirtschaftlich nutzlosen Küstenstreifen vererbt bekamen.

Glücklicherweise wurde die Küste nicht zugebaut, allerdings sehen die Ansiedlungen mit ihrer bunten, organischen Bauweise oft aus wie bei Feuersteins. Sehr unorganisch ist jedoch die soziale Infrastruktur: Hier lebt kein Mensch. Im Sommer sind die Orte total touristisch und außerhalb der Saison total tot. Das Leben tobt anderswo. Vor allem im Inland, aber mehr auf Gottes wilder Flur als auf dem Tanzflur.

Warum Sardinien?

Weniger wegen des ›Sardisney‹ getauften Streifens, um den so viel Aufhebens gemacht wird (vor allem Porto Cervo, auch wenn's der modernste Yachthafen Europas ist). Vielmehr wegen der Gelegenheiten, wo sich Single und Single ›Gute Nacht‹ sagen: in den zahlreichen Bed&Breakfasts, Agrituri und Campingplätzen. Dort kommt man preiswert und niveauvoll unter. Die meisten Unterkünfte liegen außerhalb der Städte und sind unmittelbar Ausgangspunkt für Wander, Reit- und

Radtouren oder den Weg zum Strand. Wer den Urlaub nicht dem Zufall, sondern seinen (sportlichen) Neigungen überlassen will – und man soll ja niemals alleine tauchen, ausreiten oder Blues tanzen – ist auf Sardinien bestens aufgestellt. Zumal, wenn Unterkunft und Tätigkeit am gleichen Ort sind. Zumindest verraten wir wo.

orientieren

TUIfly fliegt **Olbia** von Köln, Hannover, Stuttgart und München an, **Easyjet** von Berlin-Schönefeld, Air Berlin und **Hapagfly** von Frankfurt und Düsseldorf, **Lufthansa** als Charter von Frankfurt und München (nur in der Saison). Per **Schiff** von Genua mit Grandi Navi Veloci oder Moby Lines (Überblick und Buchung unter www.sardinien.com).

Von dort aus geht es am besten mit dem **Mietwagen** weiter, auch wenn das Busnetz relativ gut ausgebaut ist (alle bekannten Autovermieter direkt am Flughafenterminal von Olbia). Die schöne Küste sieht man schon bei der Landung, es geht nach Norden. Außerhalb der Saison kann man bleiben und hoppen, wie man will, von Mai bis September empfiehlt es sich, Übernachtungen zu reservieren.

informieren

Vorwahl von Italien: **0039,** bei Festnetznummern die Null mitwählen, bei Handynummern ohne Null durchwählen (Mobiltelefone anzurufen ist wesentlich billiger!).
Allgemeine Informationen unter www.sardinien.com, Unterkünfte bei www.ferien-in-sardinien.com, Sprachkurse und Wandertouren unter www.sardinienaktiv.de. Die lokalen Infobüros sind sämtlichst auch lokal organisiert.

unterkommen

Heimelig: Judith, Chefin des **La MeSenda B&B,** ist eine Herbergsmutter, die man sich nur wünschen kann. Mit ihrem Mann betreibt die australische Sardin einen umgebauten Tierstall mit Blick über die Berge bei Arzachena. Das Frühstück ist zum größten Teil selbst gemacht (inklusive Brot), die Gäste werden untereinander vorgestellt. Schon ist man verabredet, direkt hinter der Herberge geht's zu Fuß oder mit dem Rad in die Berge (zw. 30 und 40 € p.P., Tel./Fax 078-981 950, www.lamesenda.it).
Urlaub wie die Scheiche: Immer zu Ostern schlägt Veronika Rickert in Sardinien ihre Zelte auf. **Beduinenzelte,** genauer gesagt, mit Orient-Flair, aber auch Waschgelegenheit und eigenem Esszimmer und nach Bedarf Kinderzelt. Veronica wohnt das ganze Jahr über hier und vermittelt Gästen gerne Tips zur Urlaubsgestaltung (www.veronicaszelt.de, Tel. 0789 810 14, 480 €/Woche, Juli/August 600 €/Woche).
Schöner campen: **Centro Vacanze Isuledda.** Gilt als schönster Campingplatz der Insel, ist an einem traumhaften Strand gelegen, und bietet alles von Minimarkt bis Disco (Tel. 078-986 003, www.isuledda.it, geöffnet April–Oktober).
Für Stalker: Peter Gabriel-Fans können ja einmal probieren, bei ihrem Star im **Li Capanni** ein (allerdings frisch renoviertes) Zimmer für geschenkte 300 € zu bekommen. Es ist traumhaft, aber selbst ein Peter Gabriel-Konzert ist billiger (Loc. Miraculosu, Tel. 078-986 041, www.licapanni.com).

essen & trinken

Edel-rustikal: **Frati Rossi** ist ein kleines Lokal über der Bucht von Pevero; Meeresküche und sardische Spezialitäten (im Ortsteil Pantogia an der Straße von Arzachena nach Porto Cervo – ausgeschildert). Das **Giagoni** hat eine großartige Pizza, der hauseigene Bauernhof liefert Lamm, Ricotta, Käse und vieles mehr (April–Okt., San Pantaleo, via Zara 1).
Ehrlich-dörflich: Das **Linus** (Via Nazionale 117 in Cannigione) ist auf den ersten Blick vielleicht eine lebhafte Bar mit befürchtetem Logo, aber spätestens beim Tintenfisch-Car-

Surfer's Paradise: Porto Puddu

paccio, allerspätestens beim Meeresfrüchte-Risotto wird man verstummen, und drumherum tobt das Dorfleben. Siehe ›abends‹.

tagsüber

Deutsche suchen doch immer ›einsame Buchten‹ – was nicht bedeutet, dass andere die nicht auch suchen. Wer einfach faul sein will, schleppt sich am besten mit dem Handtuch an die vielleicht schönste Meeresbucht dieses Planeten, oder zumindest Europas: die **Cala di Volpe,** zum Beispiel in die Capriccioli-Bucht oder La Celvia nebenan. Schön, dass diese Ecke der Costa Esmeralda trotz der privaten Anwesen immer öffentlich geblieben ist, es herrscht also keine ›gated community‹-Atmo.

Wenn man sich von dem Anblick mal trennen kann, ist außer Schwimmen, Schauen und Schnorcheln vielleicht auch ein **Segeltörn** drin: Das **Hotel Capriccioli** (www.hotelcapriccioli.it) ist aus dem berühmten Restaurant Pirata entwachsen und vermittelt Gästen Segeltörns, Überlandtouren, Tauch- und Tennisunterricht und im **Pervelo-Club** Jet Set-Golfen auf dem angeblich schönsten Golfplatz des Mittelmeeres (Design: Robert Trent Jones, Rundkurs 50 €).

Am schönsten abtauchen kann man bei Franz Klotz in Cannigione, der Sie nicht nur runter-, sondern auch unterbringt (www.subway-sardinien.de, Tel. 329-547 69 27). Das Landesinnere ist geprägt von einer berauschenden Berglandschaft mit vielen kleinen und größeren Tieren, Panoramen ohne Ende und deshalb wert, lange Abstecher zu unternehmen.

Landcruisern sei es empfohlen, mit dem Mietwagen die Küstenstraße Richtung **Porto Cervo** zu nehmen und sich dort zumindest mal umzuschauen – zu viel mehr wird es nicht reichen, entweder saisonal oder finanziell … Richtig fette Jeeptouren gibt es unter www.barbagiainsolita.it.

Der **Gallura Bikepoint** (Via Grazia Deledda 10, Tel. 079-659 013, www.gallurabikepoint.com) bietet Fahrradbegeisterten nicht nur Fahrräder, sondern auch Zimmer ganz nach Wunsch (B&B, Hotel etc.), wo man mit anderen Radfahrern unter sich ist und vom Start weg auch jede Menge Spaß hat (alternativ veranstaltet Baumeler Gruppenreisen mit dem Schwerpunkt Baden/Radfahren 8- bis 10-tägige Gruppenreisen, www.baumeler.ch).

Zwischen Arzachena und Palau können Könner die Gegend auch ein- oder mehrtägig gemeinsam im Sattel erkunden (Centro Ippico Ruoni, Tel. 078-975 15 90). Richtige Landeier können im Landesinneren Urlaub bei Ulrike auf dem Bauern- und Reithof machen, Tel. 078-945 988, www.agriturismoasara.com, oder nahe Arzachena, www.agriturismocudacciolu.it, Tel. 078-981 207).

Von Palau gehen regelmäßig ›Lustfahrten‹ hinaus auf die naturbelassene Insel **La Maddalena,** wo es sogar rosaroten Sandstrand gibt (Budelli) – und an Bord gibt es zur Stärkung für alle meistens Pasta.

Die **Surfer** fahren sich in der Bucht von **Porto Puddu** gegenseitig über die Bretter und vertragen sich anschließend in einer der Strohhüttenbars beim Bier. Ausflügler müssen auf jeden Fall bis zu Capo Testa vordringen und festes Schuhwerk mitnehmen. Die Fahrt lohnt sich nämlich erst, wenn man den Rundweg in Angriff nimmt, der zu den bizarrsten Felsformationen und Naturerscheinungen vor der Nase Korsikas führt. Ach ja, und nichts, wirklich nichts im Auto liegen lassen. Die Strände um **Capo Testa** gehören übrigens zu den schönsten der ganzen Gegend. Allerdings mutieren die bizarren Granitfelsen in der Dämmerung schnell zu allen möglichen Tieren und Fabelwesen …

abends

geht man essen. Das ›Notenpapier‹ (carta di musica), die obligate Oblate als Entrée oder sogar ein unter Rosmarin-und Reisigfeuer bereitetes Spanferkel, Zicklein oder Lamm (das früher so bereitet wurde, wenn es geklaut war) – die sardische Palette kennt mehr als Pasta (aber wenn, dann ›malloreddus‹).

Selbst Gourmets beschweren sich anfangs gerne über den ›bitteren Honig‹. Wer sich gerne eines Besseren belehren lässt, lässt es sich an Sardiniens Tischen verdammt gut gehen. Zum Beispiel bei **Flavio&Luigi** in der Nähe von Arzachenas berühmtem Grab Coddu Vecchio (Richtung San Antonio/Lugosanto). Der römische Meisterkoch sammelt Pilze, Kräuter und alles, was die Gallura hergibt, und verwandelt sie in ein Mareturismo-Menü (30 €) vom Allerfeinsten, das wahrhaft paradiesisch unter alten Olivenbäumen eingenommen wird (La Locanda di Flavio & Luigi, Zona Capichera, Tel. 078-980 863, unbedingt reservieren).

Gallura wie die Gegend heißt auch ein Restaurant und Hotel in Olbia, in dem sardische Küche modern präsentiert wird: einer der besten Esstempel der Insel (Olbia, Corso Umberto I 145, Tel. 078-924 648).

Wer auf Musik steht und findet, Peter Gabriel hat genug Geld, dem ist es vielleicht eine Ehre, sich mit anderen von der Familie des Sängers Fabrizio André bewirten zu lassen (Agriturismo Agnata, Tel. 079-671 384, www.agnata.it). Wenn man zu viel des süßlichen hochprozentigen sardischen Weines genossen hat, kann man gleich in eines der 11 Zimmer rollen und zugunsten Grillenzirpenhörens auf Tanzvergnügen verzichten.

nachts

Keine halben Sachen: Wer meint, dass Geld sprechen kann, betritt die heiligen Hallen von Flavio Briatores Exklusiv-Club **Billionaire** (Loc. Golfo Pervero, Tel. 0789-94 192). Wenn Sie erst gar nicht in den erlauchten Kreis gelangen, haben Sie wieder 200 € gespart. Aber es geht auch anders: Für 170 € weniger hat man Zutritt in den **Sopravento** bzw. **Sottovento Club** und trifft dort vielleicht nicht gerade Michael, aber möglicherweise Ralph oder wenigstens Nico (auf der Straße nach Porto Cervo, das ganze Jahr über geöffnet). Naturfreunde gehen ansonsten eher schlafen oder sitzen gemeinsam beim Lagerfeuer, weil sie vom Wandern, Radfahren, Schwimmen schön müde sind.

must-sees

An **Nuraghen,** den beeindruckenden Steinbauten der Bronzezeit,kommt man nicht vor-

Wandern, Staunen, Mountainbiken: Das Hinterland

bei. Das heißt, andauernd. Das Gigantengrab **Tomba Giganti Coddu Vecchiu** vermittelt einen wirklich starken Eindruck von Sardiniens archaischer Kultur (bei Arzachena, tgl. 9–19 Uhr). Die Natur ist in den Buchten der Costa Esmeralda, im Golf von Arzachena sehr schön, am wildesten entfaltet sie sich im Zusammenspiel mit den Felsen am **Capo Testa.**

termine

Besonders lohnt sich Sardinien in der Nebensaison, wenn man den ausgestorbenen Schicki-Orten mental standhalten kann. Dann ist es preiswerter, und die Menschen sind wirklich sind liebenswerter.

Im Winter hat es tatsächlich wenig Zweck, außer für Wanderer, aber es ist im Gegensatz etwa zu dem gleichauf liegenden Mallorca noch im März/April recht zugig. Warm wird's erst ab Mai. Zu **Karneval** treiben die Sarden den Winter aus und feiern wild und ausgiebig – wie alle katholischen Feste, **Ostern** ist jedoch weniger lustig.

Richtig prächtig geht's am **1. Mai** und zu **Ferragosto** (15. August) zu, wenn alle ihre landesüblichen Kostüme aus dem Schrank holen. Die Schönen und Reichen können sich während des **Sardinia Cup** Anfang Juni vor der Costa Esmeralda kaum verbergen. Aber vorsicht: Wenn Sie von Sarden zum Feiern eingeladen werden sollten, gibt es weder ein Zurück noch ein Ende …

Du bleibst nicht allein,
weil liebe Herbergseltern, gleichgesinnte Sportler und Camper-Nachbarn immer ein kühles Bier parat haben.

Nicht hinfahren,
wenn man die Nacht zum Tag machen und den Rest der Zeit am Strand ausschlafen will.

Unbedingt hinfahren,
wenn die Natur Ihr Ding ist und Sie sie zu Wasser und zu Lande mit allen (Verkehrs-) mitteln erkunden wollen.

Sparen	**
Sport	*****
Kultur/Bildung	**
Entertainment	***
Erotik	****

Der Autor:
Dr. Patrick Krause (42), Autor, Ghostwriter, Journalist, schreibt in Köln, radelt im Bergischen, reist in Europa.

Weitere Autoren:
Claudine Engeser (41, freie Journalistin, Antwerpen), Elena Ellerbrok (22, Manchester), Andreas Jorissen (40, freier Journalist, Sizilien), Julie Hundertmark (35, freie Journalistin, Chamonix).

Herzlichen Dank an:
Elena Ellerbrok, Praktikantin auf dem Projekt. Und Anke für die schöne, folgenreiche Idee, einen Single auf eine Single-Erkundungsreise zu begleiten …

Bildnachweis:
Titelbilder: Getty Images, Jamie Grill (Frau mit Zeitung), Diego Uchitel (Junge mit Fotoapparat), David Toase (Gruppe beim Konzert)

Alle Innenabbildungen von Patrick Krause, außer:
Claudia Engeser (S. 10, 12, 13), Elena Ellerbrok (S. 35, 37), Turismo Norte de Portugal (S. 40, 42), Spanisches Fremdenverkehrsamt (S. 65), Gerrit Curcio (S. 84, 85), ENID (S. 86, 87, 88), Bayonne Tourisme (S. 107, 109), Julie Hundertmark (S. 111, 114), Tobias Oelmaier (S. 116, 177), Christoph Voigt (S. 143).

Kartografie:
DuMont Reisekartografie, Puchheim, © MAIRDUMONT, Ostfildern

1. Auflage 2007

Grafisches Konzept: Andreas Ellerbrok, Dortmund
Redaktion: Hans E. Latzke, Bielefeld
Druck: Rasch, Bramsche
Buchbinderische Verarbeitung: Bramscher Buchbinder Betriebe